巾帼传奇

张国恩篆刻

中華書局

张国恩篆刻

1949

1978

巾帼传奇

上海市妇女干部学校

编著

上海人民出版社

本书编委会

主编：马列坚

执行主编：刘武萍

编写组组长：周　淼

编写组副组长：夏　天、姚　霏

编写组成员：

　　　杨丹蓉、闫　云、谢　菲、华　晨、

　　　朱逸茗、沈菊花、施禛禛、罗晓彤、

　　　李梓昱、余春芳、谢建军、关书朋、

　　　胡平阳、刘佳瑄

编者的话

巾帼逐梦，不让须眉；逐梦巾帼，奋发有为。

今天的女性，不仅撑起半边天，更在各行各业以踔厉奋发笃行不怠书写着新时代华章。在科技强国的最前沿，在大众创业、万众创新的浪潮中，在乡村振兴的第一线，在社会治理的各领域，在国际交往的大舞台……女性们怀抱梦想又脚踏实地，拼搏奉献，让人生出彩，也铸就了新传奇。

特别是党的十八大以来，习近平总书记高度重视妇女事业发展，放在党和国家事业发展全局中擘画，发表重要讲话，作出重要指示，引领我国妇女事业沿着正确方向阔步前行。也正是在这样的大背景下，广大妇女的获得感、幸福感、安全感不断增长，更激励着亿万妇女听党话、跟党走，争做伟大事业的建设者、文明风尚的倡导者、敢于追梦的奋斗者，始终奋进在时代潮头。

此次，作为《巾帼传奇（1921—1949）》的续篇，《巾帼传奇（1949—1978）》正式出版，也格外令人高兴，具有意义。

上海，是中国共产党的诞生地，也是党领导的妇女运动的重要发祥地、妇女解放运动史的见证地、妇女事业发展的重镇。百年前，党的二大在上海召开，通过了我们党第一个妇女问题的纲领性文件——《关于妇女运动的决议》，由此开启了我们党领导妇女解放事业的伟大进程。2021年，中国共产党成立100周年之际，《巾帼传奇（1921—1949）》出版。今年，在开启全面建设社会主义现代化国家、实现第二个百年奋斗目标进军的新征程上，续篇出版。

《巾帼传奇（1949—1978）》从新中国建设时期群星璀璨的众多杰出女性中，选取了31位典型人物，以珍贵史料、翔实事迹、平实语句，讲述她们激荡人心、扣人心弦的动人故事，呈现妇女英雄们建设新中国、创造新生活的精神风貌。

她们来自各行各业，有共和国的好干部，有核事业的背后功臣，有三尺讲台的"常青树"，有大银幕上的女英雄，有军营里的"花木兰"，有技术改革的"急先锋"，有妇女儿童权益的捍卫者。她们打破了女性职业领域的壁垒，活跃在物理、数学、地质、医学领域；她们从事着传统女性无法想象的职业，开飞机、驾轮船，在点滴细节中发挥着女性特有的细腻坚韧。她们让东方女性的智慧和魅力闪耀在西方世界，让中国女性的身影攀登上世界之巅。

回看那段历史，我们依然看到动人的"她"力量，那是高尚情操、开阔眼界、深沉情怀、实干精神和坚强意志。她们代表的不仅仅是个人，而是在如火如荼的建设时期，走出家门、参加生产，发挥聪明才智，挥洒热血汗水，为各项建设事业作出了突出贡献的广大妇女。

征途漫漫，惟有奋斗。

当前，中国特色社会主义进入了新时代，我们正在开启全面建设社会主义现代化国家的新征程。新时代新征程赋予了妇女事业新的内涵，也赋予了当代中国妇女新的使命任务。

踏上新的赶考之路，中国故事的女主角们，以先辈为榜样，以勇立新功的豪情壮志昂扬向前，在万众一心、团结奋斗的时代召唤中，积极投身到全面建设社会主义现代化国家、全面推进中华民族伟大复兴的火热实践，在新的伟大征程上创造新的时代辉煌、铸就新的历史伟业、凝聚起强大巾帼力量。

1 编者的话

目录

1 吴贻芳：中国的和平与智慧女神

13 李德全：新中国第一任卫生部长

22 张汇兰：中华体育腾飞的助力者

33 顾静徽：物理学巾帼　大先生典范

42 林巧稚："巧"手回春著华章

53 斯　霞：斯人不老　胜似朝霞

63 王承书：中国核事业的"女功臣"

73 朱良璧：从数学世界到烟火人间

80 龚　澎：从燕大校花到共和国外交官

91 石联星：女英雄的塑造者

100 晏桃香：勤俭节约的模范人物

111 何泽慧：质朴无华求真理

120 汤蒂因：从"金笔汤"到人民经理

128 池际尚：中国地质学女儿

137 丁雪松：中国第一位驻外女大使

147 张瑞芳：做党的好演员

158 谢希德：心怀祖国的"科学女杰"

169 常香玉：戏比天大的"人民艺术家"

178 申纪兰：扎根农村的"共和国勋章"获得者

188 巫昌祯：婚姻法学泰斗　妇女权益战士

197 裔式娟：劳动织就出彩的人生

207　梁　军：新中国第一位女拖拉机手

216　周映芝：共和国的"飞天女"

227　解秀梅：中国人民志愿军唯一的一等功女战士

236　向秀丽：舍身忘我的救火英雄

246　沈　力：新中国第一位电视播音员

256　孔庆芬：巾帼亦有航海志

264　赵梦桃：梦里桃花　芳香永存

272　潘　多：用生命攀登高峰

283　吕玉兰：保持劳动人民本色的好干部

293　邢燕子：社会主义建设中的最美奋斗者

302　后记

吴贻芳：
中国的和平
与智慧女神

吴贻芳⋯⋯⋯⋯⋯⋯

1893—1985

号冬生，江苏泰兴人。1919 年毕业于金陵女子大学，是中国首批获得学士学位的女性之一。1928 年于美国密歇根大学获得生物学博士学位，随即回国出任金陵女子大学校长。1945 年作为国民政府出席旧金山联合国制宪会议代表团成员之一赴美，成为首位在《联合国宪章》上签字的女性。1949 年以特邀代表的身份参加中国人民政治协商会议第一届全体会议，之后历任南京师范学院副校长、江苏省教育厅厅长、江苏省副省长等职。1979 年，荣获美国密歇根大学为世界杰出女校友专设的"和平与智慧女神"奖。吴贻芳毕生从事教育事业，为祖国培养了大批优秀人才，是享誉海内外的著名教育家和社会活动家。

一、 幼学壮行新女性

吴贻芳 1893 年出生于湖北武昌，祖上是江苏泰兴的名门望族，自幼在家接受蒙学，也早早缠足。1904 年受当时维新思潮影响，长吴贻芳四岁的姐姐吴贻芬不惜吞金戒指向父亲争取到接受新式教育的机会，和吴贻芳两人到杭州，寄住外祖母家，入读杭州弘道女子学堂。

1907 年吴贻芳全家与陈叔通兄弟二人的合影
（前排左起：吴贻芳的父亲、妹妹、母亲、祖母，陈仲恕，
陈叔通；后排左起：吴贻芳、姐姐、兄长）

因为弘道女子学堂没有开设英文课，姐妹俩的二姨父陈叔通建议她们转去上海启明女子学校。后来为了能接受更好的英语教育，吴贻芳姐妹二人又于 1907 年初考入苏州景海女子学堂。走出武昌的旧式家庭到风气已开的杭州、上海、苏州新式女校求学的经历，为吴贻芳打开了新世界的大门，更催生了她内心立志教育的初衷。

然而，吴贻芳平静安逸的生活被家里接二连三传来的噩耗打断。1909 年末，吴贻芳的父亲因背上"挪用公款"的罪名投江自尽，全家不得不变卖家产勉强了结官司，移居上海另寻出路，家中四个孩子因此无法继续学业。1911 年，吴贻芳的哥哥感到前途无望，跳江自杀；她的母亲无法承受这个打击，一病不起，很快撒手人寰。她的姐姐吴贻芬将母兄的离世归咎于己，选择在母亲入殓前夜上吊自杀。一时间吴贻芳痛失三位至亲。几十年后她曾自述当时的心情："短短的一个月中，哥哥、妈妈、姐姐相继谢世，人生的不幸几乎全集中到我身上，我真是哀不欲生，也萌生了轻生的念头。幸亏二姨父陈叔通先生把我叫到身边，他谆谆地开导我，语重心长地说：'自杀是不负责任的表现，你上有老祖母，下有小妹妹，你对她们有责任啊！'姨父的话，使我又鼓起了生活的勇气。"

吴贻芳在陈叔通的支持下继续求学。1916 年 2 月她经推荐插班进入金陵女子大学，很快以全优成绩转为正式生。金陵女大由美国联合教会筹建，是中国第一所本科层次的女子大学，当时校址在南京城南绣花巷李鸿章故居，采取导师指导学生学习、生活的导师制进行学生管理。认真严谨的办学精神，幽美的校园环境，融洽紧密的师生关系，进一步滋养了吴贻芳。

1919 年 6 月，吴贻芳成为中国首批获得学士学位的五位女性之一。时任金陵女大校长的德本康夫人评价她："在今年 6 月毕业的学生中，吴贻芳是最出色的……我们觉得她的水平不逊于任何归国留学的本科学生。"

1919 年金陵女大全体同学合影（前排右起第二人为吴贻芳）

也是在金陵女子大学，吴贻芳在学校的宗教氛围和亲密好友的影响下受洗成为基督教徒。曾任江苏省委宣传部部长、后任中宣部秘书长的石西民回忆吴贻芳说："有一次我曾问她，为什么信仰宗教？你真的以为上帝存在？她回答十分坦率自然，大意是说，她一到礼拜堂里，参加一些活动，觉得感情有所寄托，道德精神也高尚起来，渐渐地也就成了习惯，这与迷信无关。"做一个真心爱世人的基督徒，以自己的智慧、牺牲精神和奉献情怀服务社会，成了吴贻芳的人生观和价值取向，她由此获得精神支柱和心灵归宿，也支撑她在后来终生心无旁骛投身女子高等教育事业、从事社会活动。

自金陵女大毕业后，吴贻芳获聘为北京女子高等师范学校英文部主任、教师。1921年冬，她担任来华访问的美国蒙特霍利克女子大学校长布莱克夫人的翻译，给后者留下深刻印象。后经布莱克夫人推荐，吴贻芳获得美国密歇根大学巴伯奖学金，于1922年赴美专攻生物学。

吴贻芳始终记得幼年初入学堂时，正值八国联军入侵中国，老师教育她用功读书，有了知识才能救国；在金陵女大就读时，时局之变也令她感到祖国强大的重要性，对读书报国有了更深的感受。因此她在美国不但奋力学习，更时刻挂念中国的情况，思考救国之道。在美完成学业前夕，吴贻芳收到母校来信，请她出任金陵女子大学校长。当时，国内各地纷纷发起"非基督教运动"及收回教育主权运动，金陵女大作为一所教会学校不可避免受到冲击，校长德本康夫人主动请辞，校董事会经研究决定聘请吴贻芳担任新校长。面对这一邀请，吴贻芳心存犹豫，因为她的志向本在科学研究，但她考虑到母校的殷切需要，再思及国之羸弱应施以"教育救国"，而已经有很好办学基础的金陵女大正是实践这一理念的极佳平台，她便决定接受。1928年，吴贻芳的论文顺利通过答辩，获得生物学博士学位，她随即向金陵女大发出12个字的电报："论文已毕，考试及格，定期回国。"自此，她开始了长达23年担任金陵女子大学（1930年，学校更名为金陵女子文理学院）校长的生涯。

二、厚生育才女校长

1928 年 11 月 3 日，金陵女子大学校长就职典礼上，吴贻芳正式任职，成为当时中国最年轻的大学校长。在就职演说中，她表示："金陵女大开办的目的是应光复后时势的需要，造就女界领袖为社会之用"，她保证"为发展金陵女大和中国的教育事业尽最大的努力"。

吴贻芳一上任，就面临履行教会学校办学宗旨与在民国教育部立案注册的两难问题。金陵女子大学最初的办学宗旨——培养基督徒，为中国的基督教化

**1928 年吴贻芳回国就任
金陵女子大学校长**

服务——与当时中国的社会需求及国家利益已明显不合，如不调整将违反当时政府的规定；但如果无视教会立场，又将失去外国教会对学校办学经费的支持。吴贻芳看到了中国社会的前进趋势，认识到教育主权归于中国人民的重要性，通过不懈的沟通、斡旋，最终获得校董会的同意，成功淡化了金陵女大办学的宗教目的，从而解决了这一问题。

吴贻芳随之对金陵女大的校训"厚生"内涵也做了新的诠释。"厚生"源自《圣经·约翰福音》："我来了，是为了叫人得生命，并且得的更丰盛。"她将其解释为："人生的目的，不光是为了自己活着，而是要用自己的智慧和能力帮助他人和社会，这样不但有益于别人，自己的生命也因之而丰满。学校以这个为目标来教导学生，并通过学校生活的各方面以潜移默化的方式引导学生向这个方向努力。"可以看到，吴贻芳将金陵女大的办学目标转向为培养专业女性人才以博爱和奉献精神服务国家建设，这也展现了她对国家和社会的担当。

因此吴贻芳治下的金陵女大注重培育学生的牺牲精神、奉献情怀和爱国精神，要求学生当国家和民族需要时，有"我在这里，来差遣我"的态度。所以吴贻芳对师生的爱国活动从来都是大力支持。1948年秋，国民党政府在南京展开了对进步学生的大搜捕。当她听说有本校学生被列入黑名单，连夜去见当时的教育部次长杭立武，严正表示：我吴贻芳担保，金陵女大没有你们要逮捕的人；为了女子大学的声誉，军警不得进入校园。就这样，尽管当时学校里有共产党地下组织活动，金陵女大没有一名学生被抓走。

　　为培养有独立精神、掌握专业知识技能的女性人才，吴贻芳主张学生应拓展知识面，在学习和研究上，"男女之间没有差别"，鼓励学生探索"男性化"的研究领域。因而金陵女大一方面实行课程主、辅修制度，一方面要求文科学生必须修一定理科学分，理科生则要修一定的文科学分，而且大力支持学生学习、钻研自然科学。金陵女大的兄弟院校金陵大学的校刊曾记载，做过云南地理考察的德国教授克莱脑来校讲座《云南山川与生活景况》，听众中没有一个本校女同学，而金陵女大校长吴贻芳博士亲率五十多名女生前来，令金陵男生深感"足证现代男女的眼光，对问题有同等兴趣矣！"后来成为清华大学第一位女教授的金陵女大学生王明贞，最初想通过考取英庚款公费留学名额，出国深造物理学。她考试得了第一名，教育部的命题组长却认为女生留学，还学习自然科学纯属浪费，将留学名额给了第二名的男生。后经吴贻芳的推荐，王明贞最终如愿前往密歇根大学攻读物理学。还有一些学生在学校的鼓励下有意识地挑战传统的职业性别隔离。如金陵女大1947级学生陈治毕业后到美国费城学医，那时医学在美国也被视为男性的天下，全班只有她一个女生，而她表示："我为什么要学医？一是女人总是做护士，我要改变它……我喜欢进这道门，代表女界做别的事情"，"女孩可以做男人的工作，化学、机械都可以"。金陵女大对体育极为重视，四年都是必修课，还开展各式趣味横生的体育、舞蹈活动，锻炼学生的身体和意志品质，使得金陵女大的学生能以吃苦和亲力亲为为荣。抗战时期，地理系主任刘恩兰博士带领学生先后考察了金沙江、岷江、灌县、威州等地，她们自带粮食，一路挖野菜、架帐篷，露宿山洼，在土匪、野兽出没的荒山野岭徒步行走两个月。1951年金陵女大和金陵大学两校合并后，有校友回忆化学课上有些实验金大女生不敢做，交由男生完成，而金陵女大的女生都是自己动手，搬桌椅设备不在话下，做实验也是热火朝天。在吴贻芳的主持下，金陵女子大学培养了一批强健、清新、积极、自信的女性，大大加速了中国女性的性别角色由传统转向现代的步伐。

吴贻芳还极其重视社会服务工作，重视科系设置同社会服务的联系。抗日战争全面爆发后，学校西迁至成都华西坝，吴贻芳支持金陵女大社会学系和家政系先后在仁寿县、华阳县创办乡村服务处，设立轻症门诊、助产部、小学教师会、妇女夜校、托儿所等，不仅为学生提供实习机会，还为当地乡亲提供服务，后援抗战。正如前任校长德本康夫人所言："没有她（指吴贻芳）不屈不挠的勇气和毅力，很可能金陵在战争年代将做不出任何积极的贡献。"

三、 享誉中外勤务员

吴贻芳作为教育家的同时也是极有影响力的社会活动家。她很早就展现出了领袖气质和领导才能。在就读金陵女大时期，她以优秀的学业和出色的组织才能被推选为学生自治会会长。1919年五四运动期间，虽毕业在即，吴贻芳还是带领同学罢课，打着校旗手持十字架加入学生游行。留美期间，吴贻芳还先后当选为中国基督教学生会会长、留美中国学生会副会长、密歇根大学中国学生会会长，是颇有号召力的学生领袖。

抗战全面爆发前，吴贻芳的主要精力在教育上，但她在国内外已经颇有声望，担任了一些国际组织的职务，比如于1935年当选为中国基督教协进会执行委员会主席。抗战全面爆发后，吴贻芳大力投身抗战救国社会活动，做了很多推动妇女团结抗日的工作。1941年3月，吴贻芳当选为国民参政会主席团主席，是五位主席中唯一的女性。她的组织才干和社会活动能力引起社会各界的注意。著名女作家冰心曾是国民参政会参政员，回忆当年情形说："我最喜欢参加她主持的会议。我又是在会堂台下，仰望吴主席，在会员纷纷发言辩论之时，她从容而正确地指点谁先谁后，对于每个会员的姓名和背景她似乎都十分了解。那时坐在旁边的董必武同志，这位可敬的老共产党员，常常低低地对我说：'像这样精干的主席，男子中也是少有的，'我听了不知为什么忽然感到女性的自豪。"

1945年4月，美、苏、英、中、法五国共同发起的旧金山会议召开，吴贻芳作为无党派人士入选中国代表团，是其中唯一的女性。她发现中国代表团不太有发言权，就在各种场合大力宣传中国人民在战争中的牺牲及功绩，不放弃任何一个讲演和交朋友的机会。6月26日，《联合国宪章》获得一致通过，中国因为在反法西斯战争中的巨大贡献被推举为第一个签字的国家，而吴贻芳被中国代表团推为签字的代表，从而成为第一位在《联合国宪章》上签字的女性。

1945年6月26日，吴贻芳在联合国制宪大会上代表中国在《联合国宪章》上签字

解放战争中，蒋介石政府的腐败、黑暗及对同胞的残害令吴贻芳对国民党彻底绝望，同时在陈叔通的影响下，她的政治天平倾向了共产党。在此期间，国民党政府先后两次请她出任教育部长，均被她拒绝；1948年底，吴贻芳拒绝将金陵女大迁往台湾；1949年南京临近解放，吴贻芳更是拒绝飞台，她"静静而又不安地等待着光明的到来"。南京解放后，吴贻芳参加了陈毅、刘伯承等召集的各界知名人士座谈会，表态："金陵女大愿在信仰自由的原则下，为人民服务，在中共领导下，继续为社会培养人才。"

之后，吴贻芳对学校做出了许多调整：宗教教育与宗教活动均自愿参加；设计入学分的政治思想课和政治讲座等。新的人民政府的宽容与学校的主动调整使金陵女大在新时期继续发展，直到1951年教会经费中断、师资短缺，金陵女大与金陵大学合并，1952年又经全国高校院系调整，在原校址与其他学院共同组建南京师范学院，吴贻芳任副院长。1953年，周恩来总理亲自签发任命状，任命吴贻芳为江苏省教育厅厅长。新中国成立前她拒绝国民党政府教育部长的任职，而今她欣然接受省教育厅长的职务，对此吴贻芳是这么说的："解放以后党要我担任江苏省教育厅长，我是很乐意的。因为前者（新中国成立前的国民党政府的教育部长）是反动的官衔，后者是人民勤务员的职务啊。"

吴贻芳以极大的热情投入新中国的教育事业。她关注妇女儿童教育，关心师范院校建设，常常深入基层学校了解教育一线的问题与困难。任教育厅厅长期间，有教师来访，吴贻芳总是热情接待；有教师写信向她反映情况，她都看得很仔细，她总说这是同老师保持密切联系的渠道。就是通过这种联系，吴贻芳发现有些地方上把优秀的小学教师调去当采购员、记账员、营业员、会计等，对此提出了批评，在省人民代表大会上要求各方面、各阶层尊重教师、重视教育。1956年8月，吴贻芳当选为江苏省副省长，这也是江苏有史以来首位女副省长。而她对教育事业的关注持续了终生，晚年还就幼儿教育、家庭教育、青少年职业教育等提出了多项建议；

即使重病卧床，当在得知 1985 年 9 月 10 日被定为中国第一个教师节时，她还在《江苏工人报》上发表寄语庆贺。

时任江苏省副省长的吴贻芳在办公

四、 金陵桃李晚来香

吴贻芳本人向以热爱学生著称。主持金陵女大期间，每年新生入学，她都细看名册，记学生的长相、特征、名字、籍贯，为的是学生一入校就能叫出她们的名字；抗战迁校，办学条件有限，冬天公共浴室一周只烧一次热水，她和学生一起排队洗澡，无任何特殊待遇；校园活动学生筹划演出戏剧，她也上台扮演角色，毫不做作；学校实行导师制，她不顾校务繁忙，兼任班级的顾问；凡学生患病，她都要求食堂为其补一份营养菜；外出演讲得到的酬金和礼物，她会转赠师生；出任国民参政会主席所获办公费，她全部捐作贫寒学生的奖学金。金陵女大的毕业生寓居海内外，同吴贻芳一别几十年，而牵念之情甚笃。1980 年代任南京师范大学校长的归鸿回忆道，1983 年金陵女大旅美校友应吴贻芳邀请回国观光，相隔多年再度与老校长见面，吴贻芳竟能一一喊出这些学生的名字，令她们感动得不能自已，泪流满面。

1983 年 11 月金陵女大校友看望吴贻芳（中着蓝衣者）

金陵女子大学毕业生之自立自强特别体现在婚恋观的自主上，当时有一些学生选择独身不婚，曾招来不少社会上的非议。而实际上，尽管吴贻芳本人就是独身，她管理下的金陵女大对学生恋爱婚姻一直抱持自由包容的态度。有校友回忆："学校从来不禁止恋爱。金陵女大 100 号就是过去的

1979 年 4 月吴贻芳（左）应邀于美国密歇根大学接受"和平与智慧女神"奖

会客室，隔成一个一个格子，没有门，就是给学生会朋友的。"对于选择婚姻的学生和教师，学校都报以衷心的祝福，吴贻芳多次亲自为学生主持婚礼，赠送礼品。

1979年2月，吴贻芳收到密歇根大学女校友会的来函，通知她荣膺"和平与智慧女神"奖。这一奖项自1972年起设立，专授予终身从事某项事业取得杰出成就，并对社会服务事业、世界和平作出重大贡献，为母校争得荣誉的女毕业生。当年4月27日，吴贻芳赴密歇根大学参加授奖仪式。在答谢词中，她深情地说："这不仅是给予我个人的荣誉，也是给予我的祖国，我的人民，特别是我们中国妇女的荣誉。"

（杨丹蓉）

▷ 参考文献

[1] 孙岳、吴为公等：《吴贻芳纪念集》，江苏教育出版社1987年版。

[2] 金一虹：《民国时期女子高等教育的性别议题——以金陵女子大学为个案》，《妇女研究论丛》2006年第2期。

[3] 杨家余、王红岩：《吴贻芳女子高等教育思想述评——以金陵女子大学为例》，《黑龙江高教研究》2010年第2期。

[4] 王震亚：《厚生育桃李 薪火传万代——20世纪中国最具影响力的女社会活动家吴贻芳》，《民主》2012年第12期。

[5] 赫思童：《教育家吴贻芳个体成长史研究》，天津师范大学硕士学位论文2017年。

[6] 钱焕琦、孙国锋：《厚生育英才——吴贻芳》，南京师范大学出版社2021年版。

李德全：
新中国第一任
卫生部长

李德全·····················
1896—1972

蒙古族，北京通县人，中共党员，著名的社会活动家，爱国将领冯玉祥的夫人。早年投身妇女运动和抗日救国的战斗，新中国成立后，任中央人民政府卫生部首任部长，兼任中国红十字会会长，先后担任政协全国委员会副主席，中苏友好协会副会长，国务院文化教育委员会委员，国家体委副主任，全国妇联第一、二、三届副主席，中国人民保卫儿童全国委员会副主席等职。李德全一生致力于中国妇女解放事业，是新中国卫生事业和红十字事业的奠基人之一。

一、 生逢乱世，一腔热血为国

1896年，李德全出生在直隶通州（今北京市通州区）德兴庄草房村的一个贫苦家庭。当时的京冀地区传教士广泛活动，并在通州设教堂。李德全出生三个月的时候，全家人就带着她受洗，成为基督教徒。1904年，李德全进入教会办的通州富育小学读书。1911年小学毕业后，李德全入读北京贝满女中。贝满女中是北京近代最早建立的西式学校之一，学校学风良好，管理严格。李德全在这里较早接触到男女平等的先进文化，也让她养成了勤劳认真、吃苦耐劳的性格，拥有了热心助人的情怀。1915年，19岁的李德全从贝满女中毕业，以优异的成绩考入北京私立协和女子大学（1916年改名为华北协和女子大学），是当时不可多得的女大学生。

由于家庭贫困，李德全上大学是申请教会贷款资助的，大学毕业后要逐年偿还贷款并回母校贝满女中任教。她本想学医，但学医时间较长，且学费高，受制于有限的贷款经费，李德全放弃了学医的想法，但这并不影响她努力学习。在进入大学以后，李德全成绩优异，并积极参加爱国革命运动，不久就被同学们推选为学生会会长。

1919年五四爱国运动爆发。北京女子高等师范学校、华北协和女子大学、协和女医学校、尚义女子师范学校、贝满女中等十几所女校成立了北京女学界联合会，李德全成为该会的积极分子。五四运动期间，李德全带领同学齐集天安门，列队到总理府上书，组织女同学上街演讲，声讨反动军阀，支援被捕学生。同年，李德全大学毕业回母校贝满女中担任老师，在此期间，李德全一边向学生传授知识，一边向学生灌输爱国思想。

1921年，李德全离开贝满女中，担任北京基督教女青年会学生部干事。在此任职时期，李德全结识了冯玉祥。两人互相欣赏，于1924年2月19日结为夫妻。在时代潮流的推动下，冯玉祥与李德全两人的思想日趋进步，并与中国共产党保持了良好联系。

冯玉祥、李德全与子女

1925 年李德全随丈夫冯玉祥到苏联考察，了解苏联的社会制度和妇女生活状况，开始受到马克思列宁主义的影响。1930 年和 1933 年，她相继创办 15 所小学，使当地农民子女得以受教育。1936 年 1 月随丈夫冯玉祥到南京后，积极投身妇女解放运动，联合南京知识界妇女组织"首都女子学术研究会"，任常务委员。同时，积极参与营救被捕的共产党员和爱国民主人士。1937 年抗战全面爆发后，李德全参加全国慰劳总会，与中国共产党密切合作，广泛团结各界妇女，投入支援前线一致抗日的工作。

抗日战争胜利后，李德全积极促进国共两党和谈。1945 年 8 月 25 日毛泽东前往重庆与蒋介石举行和平谈判，李德全到机场欢迎。1946 年 6 月蒋介石撕毁《双十协定》发动内战，此时的李德全和丈夫冯玉祥在美国考察，对国内局势深感担忧。旅美期间李德全出席世界妇女大会，并深入美国社会各阶层，向世人揭露蒋介石独裁专政的内幕。

1948 年李德全和冯玉祥决心回国加入同蒋介石反动派的斗争。9 月，冯玉祥在从美国回国的途中因轮船失火遇难，李德全强忍悲痛，回到东北解放区。1949 年 3 月李德全出席在北平的第一次全国妇女大会，号召全国妇女把革命进行到底。9 月李德全参加中国人民政治协商会议第一届全体会议，被选为政协全国委员会委员。1949 年 10 月 1 日，中华人民共和国成立，李德全在天安门城楼出席开国大典，并在中央人民政府担任卫生部部长。

二、 担当重任，致力卫生建设

早在学生时期，李德全就梦想当一名医生，救死扶伤。医学专业学期长、学费高，苦于家庭贫苦，李德全大学并没有选择心仪的专业。李德全也一直为此耿耿于怀。新中国成立后，中央人民政府卫生部正式成立，李德全被任命为卫生部部长，从此她开始为新中国医疗卫生事业奋斗。

接受任命的这天晚上，李德全心情激动，深感压力巨大，久久不能入睡。此时的新中国医疗基础薄弱，面临着许多困难与挑战。这一夜，李德全想了很多：要向有经验的老医务工作者、卫生工作者学习；向广大医生学习；向人民群众学习。因此她下决心深入基层，深入农村，深入贫困多病地区，深入流行病多发地区，让人民卫生事业真正为亿万人民服务。

上任后，李德全便积极与卫生部两位副部长认真研究新中国的卫生工作方针。旧中国的医疗基础十分薄弱，新中国的卫生工作首先从哪里做起呢？在党中央的关怀和领导下，李德全与卫生部的领导们经过全面的研究，认为应集中力量预防那些严重危害人民健康的流行性疾病和严重威胁母婴生命的疾病。

1950 年 8 月 7 日，第一届全国卫生会议在北京隆重召开。毛泽东主席为大会题词："团结新老中西各部分医药卫生人员，组成巩固的统一战线，为开展伟大的人民卫生工作而奋斗。"李德全主持了这次大会，作了简短的开场讲话。这次大会后，我国卫生事业形成了"面向工农兵""预防为主""团结中西医"和"卫生工作与群众运动相结合"四大方针。

李德全在大会上发言

作为卫生部部长，李德全呕心沥血，做出不懈努力，推动卫生政策的落地。当时国内卫生建设差，各地卫生情况复杂。为了解各地的卫生建设情况，李德全经常深入基层，深入边疆，深入少数民族地区，深入灾区和流行病区了解疫情，宣传卫生保健知识，号召人们锻炼身体。为了加强群众的卫生健康意识，李德全经常说："有革命的大志，就必须要有实现革命大志的本钱，就要有健康的体魄。"在李德全的带领下，新中国卫生事业很快便有了起色。1949—1952年间，李德全带领卫生部在人力、财力十分缺乏的情况下，先后组织八十多个防疫队、十多个鼠疫队、若干妇幼卫生工作队，积极开展防治工作。仅仅三年时间，就使鼠疫的发病率降低了92.9％，基本消灭了霍乱，控制了天花流行，降低了母婴死亡率，使人口死亡率从35％降至17％，这对新生的共和国政权意义重大。

李德全认为要预防和控制急性传染病和地方病的流行，除了要充分发挥专业人员的作用外，还必须开展群众性卫生建设运动。1952年，为应对美国在朝鲜发动的细菌战，党中央号召全国开展爱国卫生运动。在爱国卫生运动中，李德全曾作为团长，组建调查团。她带领调查团到达朝鲜，进行实地调查。调查结束后，根据中共中央的部署，向全世界揭露了美帝国主义的罪行。作为中国红十字会会长，李德全积极向国际红十字会报告美军细菌战的恶行，并促使国际红十字会大会通过了关于禁止细菌武器与化学武器的提案。

同时，在李德全的带领下，卫生部大力推广爱国卫生运动，经过广大群众的努力，仅仅十几年就在我国基本消灭了在旧中国严重危害人民健康的霍乱、天花、鼠疫、性病、血吸虫病等主要流行性疾病，帮助群众改变不良卫生习惯，改善环境，预防疾病，增强体质。人民群众的卫生意识因此得到了提高，国民的生活环境有了明显的改善。

作为一个母亲，李德全对于妇女和儿童健康问题尤为关心。早在1949年3月，在全国第一次妇女代表大会上她就反复提到"别忘了妇女儿童啊"。1958年，为了推进全国妇幼卫生工作的开展，卫生部在北京召开全国妇幼卫生座谈会。李德全在会上强调，劳动妇女生活艰难、文化落后，缺乏科学的卫生知识，导致妇幼卫生工作在卫生建设中十分薄弱，因此社会各界要关心、关注妇幼卫生工作。为了支持新中国妇幼卫生工作，李德全积极动员自己的老同学、在美国工作的妇产科专家杨崇瑞回国主持新中国妇幼卫生工作。作为卫生部部长，李德全在每次进行国内考察工作时，各个地区的幼儿园和妇幼保健站是她必须要去的地方。在基层的调研中，李德全经常亲自在广播中宣讲妇女卫生保健知识，同广大妇女群众亲切交流，深入了解农村、厂矿等劳动妇女的生活状况。

在李德全的大力推动下，全国建立起大量妇幼保健所（站），培训了规模庞大的专业接生员群体，在城市基本上实行了现代科学接生，农村接生水平也明显提高。与此同时，婴幼儿发病率显著下降，婴儿和产妇健康有了保证。除此之外，在维护妇女尊严、保障妇女健康的一系列举措，如查封妓院、禁止缠足、改造旧产婆、提倡新法接生等工作中，李德全都倾注了大量心血。

1982年，时任全国妇联主席康克清曾这样说过："她（李德全）历任全国妇联一、二、三届副主席，虽是兼职，却是尽职，她把卫生工作和妇女工作有机地结合起来。这是她对人民卫生事业和妇女解放事业的一大贡献。"

由于工作操劳，1965年李德全住进了医院，并因病痛而导致脑功能受损。为了不耽误卫生部的工作，她辞去了卫生部部长职务，在家休养。在李德全担任卫生部部长的15年中，我国的卫生健康事业得到了显著提升。

三、 廉政爱民，永葆公仆本色

李德全作为国家高级干部一直保持着廉洁的本色。1949年2月李德全回到北平之后，就将丈夫冯玉祥留给她的房产和一些珍贵史料无偿捐献给国家。担任卫生部部长之后，李德全穿着朴素，出行低调。根据当时国家规定，部长是可以乘坐专车上下班的，李德全不仅自己不坐专车，家人更是不可以乘坐。她自己说，步行上班可以强身健体，同时还可以观察社会，了解人民群众所需。每日清晨，在北京后海通向卫生部的路上，总能看到一个夏天穿着灰色制服，冬天穿着布衣棉裤的中年妇女，普通人怎么也想不到，这位妇女就是新中国卫生部部长。

李德全当上部长后，她家乡的父老乡亲们都很高兴。当时有很多老乡亲戚来北京找李德全，她每次总是热情接待。他们的困难，只要是合理需求，李德全总会帮着解决。但面对亲友的不合理要求，李德全从不徇私枉法。50年代初就曾有个自称是李德全亲戚的人来到卫生部人事部门，要求给他安排工作，人事部门的同志迫于无奈就给他安排到卫生部下属的部门。李德全听闻这事后，严厉批评了相关人员，责令人事部门立即纠正，并且要求把这位亲戚辞退。这位亲戚回家后，对李德全很不满意。后来，经过李德全一家人反复做工作，这位亲戚终于明白了：人民政府的官是不徇私情的！

不仅如此，李德全也从未利用职权给自己的子女提供任何便利。李德全的二女儿冯颖达由于在黑海事故中受到刺激，身体状况一直不好，不好找工作，做了 15 年的临时工。李德全从未在女儿的工作问题上说一句话，总是鼓励女儿要靠自己的能力找工作。儿子冯洪达从苏联学习航海知识回国后，许多老同事、老朋友建议李德全将他留在北京工作，但李德全明确表示反对，并认为既然是学航海的就应该在海上，在舰艇上工作。冯洪达也十分赞同母亲的想法，回国后常年在海上工作。但对于革命先烈的子女，李德全总是细心关爱。听闻吉鸿昌烈士的女儿吉瑞芝生活困难，李德全每个月都在自己的工资中支取一部分资助她，并鼓励吉瑞芝要好好抚育下一代，培养好革命接班人。

在李德全的心中，还有一个梦想：成为一名中国共产党员。尽管李德全在幼年时，就随着父母信仰基督教，但之后的成长经历却让她与中国共产党越走越近。早在 1924 年，李德全就与中国共产党创始人之一的李大钊结识。1926 年李德全随丈夫去苏联考察，看到了社会主义国家建设热火朝天的局面，她更清楚地认识到人民的力量是伟大的。抗日战争期间，李德全与周恩来、邓颖超建立了深厚的友谊。抗战胜利后，李德全与国民党顽固派坚决斗争。蒋介石发动内战后，李德全更清楚地认识到了蒋介石的专制独裁和国民党的腐败，因此她坚定地选择了接受中国共产党领导，并在新中国成立前夕回国，投入新中国的建设工作。

新中国成立之初，李德全在给周恩来总理的信中，就曾表示自己想要入党。1958 年，经过党组织的发展和考察，李德全光荣地成为一名中国共产党员。入党后，李德激动地表示，自己新的生命刚刚开始，今后要更多更好地为党为人民工作。而李德全也用自己的实际行动表现了一名共产党人为党和人民不懈奋斗的初心和使命。

作为妇女运动和共和国卫生事业的先驱，李德全一生致力于妇女的解放事业，为新中国的妇幼卫生保健工作倾入了大量的心血。纵观其一生，无论是在战火纷飞的动乱年代，还是百废待兴的建设时期，她始终与人民群众站在一起，经历种种考验，表现出非凡的胆识。

（罗晓彤）

▷　参考文献

[1]　《当代中国卫生事业大事记》编写组编：《当代中国卫生事业大事记 1949 年—1990 年》，人民卫生出版社 1993 年版。

[2]　刘巨才：《李德全的故事》，河北少年儿童出版社 1995 年版。

[3]　中国中共党史人物研究会编：《中共党史少数民族人物传·第四卷》，民族出版社 2012 年版。

[4]　中国中共党史人物研究会编：《中共党史人物传·第 86 卷》，中国人民大学出版社 2017 年版。

张汇兰：
中华体育腾飞的
助力者

张汇兰⋯⋯⋯⋯⋯⋯⋯

1898—1997

江苏南京人。1919 年起先后任教于上海女青年会体育师范学校、金陵女子大学、国立中央大学、河北省立女子师范学院，并三度赴美留学，攻读体育、生物学和公共卫生专业，获学士、硕士和博士学位。新中国成立后，张汇兰创立全国体育院校中第一个运动解剖教研室——华东体育学院运动解剖教研室，确立了一整套完善的科学管理制度和方法，培养了一批体育理论研究者。1956 年被授予全国先进生产者称号。1984 年被国家体委授予"体育运动荣誉奖章"和证书。1986 年被联合国教科文组织授予"在体育运动方面做出杰出贡献荣誉奖"。

一、 结缘体育，"病秧子"变健将

张汇兰 1898 年 1 月 1 日出生在江苏南京。她的父亲是一个教员，在她2 岁那年病故，家境由此直转而下，全靠母亲在教会学校里教针线刺绣的微薄收入维持生计。张汇兰 1907 年入读的南京培珍女中是一所教会学校，教学严格甚至可说是严厉，她学习很努力，打下了很坚实的文化和外语基础，可惜体质虚弱，冬天要穿两件棉袄御寒，气候稍有变化，就会感冒咳嗽，所以张汇兰在校的几年过得非常辛苦。

1917 年张汇兰从培珍女中毕业，没想到这个毫无体育基础、裹过小脚的"病秧子"居然一门心思要考上海女青年会体育师范学校。原来十年前，"江南第一次联合运动会"在南京举办，年幼的张汇兰前去观赛，被这一规模空前的运动会上许多有趣的体育比赛项目吸引，由此在她的心灵深处种下了对体育感兴趣的种子。另一方面，自戊戌维新以来，出于强健体魄以生育优良后代的期许，发展女子体育成为政府和精英阶层公认的要务，学校体育逐渐成为女子教育的基本组成部分之一。而随着民族意识的觉醒，确实有一批女性为救国主动投入体育事业，将参与体育锻炼、强健身体、增强国家力量作为自我要求和事业方向。

借这股东风，张汇兰想要报考的上海女青年会体育师范学校由中国基督教女青年会于 1917 年创办，前身是 1915 年女青年会在上海试办的一年制体育师范速成科。速成科的六名毕业生极受各类学校欢迎，供不应求。因此女青年会正式成立体育师范学校，对外招生。读其招生简章，在字里行间就能读出"体育救国"的宏大理想："中华地大，女学如林，大都课以中西普通科学，而未计及夫体育一科，时为三育上之缺憾，矧我国旧习，每以女子体质柔弱，一若不足与言体育者，阻力之来，莫此为甚，本会怒焉忧之，力矫此弊，爰有体育师范学校之设。"想必张汇兰也是受到体育对民族解放和社会改良之意义的触动，不顾母亲反对阻拦，毅然投考上海女青年会体育师范学校，成为该校第一期 16 个学生之一。

上海女青年会体育师范学校很重视运动人体科学、体育学、自然科学等课程。当时颇有名望的美籍体育专家麦克乐在学校开设体育生物学课，课上所展示的一具人体骨骼标本让张汇兰深感兴趣。她不仅课上认真听讲，课后还经常提问，麦克乐对她这种好学精神十分赞赏。在学校的运动训练学课程中，各类生动活泼的体育游戏和球类活动也让张汇兰充分体会到了体育的乐趣。当时社会上其他同类女子体育院校或师范院校广开兵式体操教学，但女青年会体育师范学校受到美国影响，开展西方舞蹈教育，令人耳目一新，非常有特色。学校教授俄、英、波兰、匈牙利等地的土风舞，在张汇兰眼前展开了一个全新的世界。她很快脱胎换骨，体质增强，精神焕发，让曾经反对她学体育的母亲惊喜万分。而张汇兰自己谈起在上海女青年会体育师范学校求学的往事时，也曾感慨地表示："要是当初不学体育把身体练好的话，也许终生什么也学不成。因此，体育对我来说，倒是一种追求，一种信仰。"

此时，处于专业学习初期的张汇兰通过自己的直接体验对女子体育教育的意义有了认识和理解，并且坚定了终身从事女子体育教育工作的志向。毕业后她先短暂留校为外籍教师做翻译工作，之后在学校的推荐下，作为两名优秀毕业生之一于 1920 年 8 月 8 日前往美国密尔斯学院（Mills College）体育系深造。三年后应学校要求回校工作，1924 年随校并入金陵女子大学体育系。

二、 投身教育，名灌南北体育界

金陵女子大学被誉为中国"近代教育史上影响最大，办学最具特色"的教会女子大学，随着上海女青年会体育师范学校的并入，金陵女大成为当时国内拥有最强体育专业教育的女子学校。张汇兰所任教的体育课非常受学生欢迎。1927年秋，张汇兰第二次赴美获取学士学位回校继续任教不久，被聘为金陵女子大学体育系主任，成为该系有史以来第一位中国人系主任，也是最具影响力的一位系主任。她基于在美国学习期间对女子体育教育改革的整体认识，结合自己的教学和管理实践，推动金陵女大以培养社会道德、陶冶性灵为目标开展普及化的体育教育，制定了必修的体育课课时、体育考试不合格不能毕业等规章，以此强制全体学生参加体育运动；同时也在学校开设形式多样、内容丰富的体育活动，包括球类、舞蹈等，吸引学生主动运动；还采取能力分组的教学方法，将学生根据体格检验的情况分组教学、因材施教，使每位学生都能参加适合的运动；并且根据女子身体特点开展卫生健康教育，以帮助学生养成卫生的生活习惯。在体育专业教育上，张汇兰同样借鉴美国经验，开设生理学、解剖学、哲学、心理学、社会学、教育学等课程，优化学生专业结构，以培养专业的女子体育教师、研究者、"体育领袖"等。张汇兰将金陵女子大学的体育教育以及体育专业教育推到了新的高度，并且逐渐形成了她"女性取向""全人教育"的体育教育思想。

张汇兰（后排右三）执教金陵女子大学时期

1928 年 8 月，张汇兰受国立中央大学体育科主任吴蕴瑞的邀请，担任了该校女子体育部主任，主管全校女学生的体育课教学。她开设运动人体科学课程期间，由于缺乏必要的教具，就趁当时国民党建都南京大兴土木之机，带领学生到工地上找被挖掘出的坟墓搜集骨骼，拼成标本。她这一因地制宜的创举却遭风言风语，被说是"盗人祖坟，触犯法律"，还要"判刑一年"。张汇兰由此意识到中国的女子体育教育要取得发展，不能缺少政府的支持和专业人士的研究与倡导。因此她开始抓住一切机会参与社会上各类男性主导的体育实践活动，通过各种途径呼吁女性在体育方面的平等权和话语权。她同马约翰、董守义在清华创办暑期体校，培训体育师资；担任初中暂行课程标准体育科起草、整理及审查组成员。1930 年 4 月第 4 届全国运动会，女子篮球被列为正式比赛项目，她成为出现在全运会篮球比赛场上的第一位女裁判。1932 年 8 月她参加了在南京召开的第一次全国体育会议，是会上寥若晨星的女性委员之一。1932 年 10 月，国民政府成立了中国历史上第一个正式的体育行政机构"教育部体育委员会"，负责指导和管理全国体育学术研究和运动竞赛、预算体育经费、编审体育教材、督促各级机关实行体育计划等工作，张汇兰又当选为其 18 名委员之一，也是为数极少的女委员之一。1933 年 10 月，她担任第 5 届全国运动会主席团成员、竞赛委员。1936 年第 11 届柏林奥运会是中国参加的第二次奥运会，当时张汇兰在天津的河北省立女子师范学院体育系任系主任、教授，5 月 26 日，出战此次奥运会的中国田径训练班的选手抵津比赛，她担任了比赛的计时长；随后又参加了此次奥运的中国体育考察团赴柏林参观奥运会，并对丹麦、瑞典、德国、捷克、奥地利、匈牙利、意大利等七个体育发达国家的体育工作开展考察，这支三十人考察团里的九名女团员可谓是中国官方组织的、最早观摩奥运会的中国女性；考察团还编写了详尽的《出席第十一届世界运动会中华代表团报告》，其中赴德国的体育考察报告是由张汇兰与另一位女团员谭莹斌负责编写。亲历此次奥运会，眼见中国选手在比赛中全军覆没，零战果而归，张汇兰对中国体育的出路忧心忡忡。她回国之后，"七七事变"发生，河北省立女子师范学院被迫停办。此时的张汇兰年近四十，仍抱着继续深造的决心，第三次赴美留学，先后在密尔斯学院、麻省理工学院和爱荷华大学攻读，接连获得了体育学、生物学和公共卫生学的硕士和博士学位，成为中国近代首位以体育学为研究方向获得博士学位的女性。

1936 年中国奥运代表团在柏林车站合影，二排左四为张汇兰

三、 倾力研究，开拓新中国体育教育

张汇兰在爱荷华大学的博士论文《基于中国体育课程合理化建设的事实和原则的总括》是有关中国体育课程建设的理论研究，她学成归国后，继续实践自己"提倡体育原旨，除发达身心外，在发达德智群，以完成教

育目的"的理念，回到大学院校做体育教学和教学管理工作一直到新中国成立。新中国成立之初百废待兴，体育运动的群众基础、教育基础和科学基础都十分薄弱，张汇兰义无反顾地投入发展体育和体育教育的事业。她先是应邀参加筹建中华全国体育总会，然后参与筹建我国第一所体育高等学府——华东体育学院，并于1952年出任该校首届教务长。

华东体育学院由南京大学、金陵女子大学和华东师范大学三校的体育系合并而成，是今天上海体育学院的前身。这三所学校的体育系当时在全国都是顶尖的，然而全都面临学生人数少、办学条件简陋的困境。并校后的华东体育学院也没有好到哪里去，全校仅有一幢大楼，同时用作教学、办公和宿舍，被师生们戏称为"三合一大楼"。所设的四年制本科和二年制专科两种学制所有学生加起来也只有162人，88名教职员工也是从各校临时抽调而来，好在教师的素质普遍很高。

在学校筹建期和建校初期，张汇兰充分发挥了她教学行政方面的才能及经验。但很快，她就辞去了行政职务，把全部精力投入组建全国第一个运动解剖教研室的工作。除了从金陵女大带来的一副人体骨骼和不满两箱的书籍、教材等，教研室一穷二白，张汇兰便又重拾之前在南京中央大学"捡骨头"的老办法，利用五年计划建设需要平整一些无主墓地的机会，到许多建筑工地像淘金般搜寻人体遗骨。有一次在一大堆散骨中，她意外地找到了一块完整的颈椎骨，她兴奋地逢人便说："我找到了一块'无价之宝'。"因为碎骨好找，整骨难寻，凭借这一块完整的人骨，张汇兰就可以向学生讲解清楚头颈部转动的原理。就这样，在学校技术人员的帮助下，张汇兰的运动解剖教研室拥有了当时全国最好的骨架标本。为了解最新的学科知识，张汇兰每周四次坐车横穿市区，到上海第一医学院旁听人体解剖学课程。有时教室满座，她便倚窗而立，站着听课，其好学精神令周围的年轻学生都敬佩不已。张汇兰也十分关注国外的研究动向，她注意到当时美国著名生物力学专家的最新研究，立刻敏锐地意识到运动生物力学将是体育科学一个新的发展方向，因此大力引进一位铁路工程师出身的教授到教研室，请他凭借深厚的力学专业造诣担当发展运动生物力学的中坚。在研究生培养方案中，张汇兰还增加了高等数学、理论力学等课程，当时这些课程体院没有条件开设，她就送学生去复旦大学旁听。1960年代初，张汇兰携教研室领衔编写了我国第一本体育院校专用的人体解剖学教材——《运动解剖学》，结束了国内体育院校无该学科统编教材的历史，同时也奠定了中国运动解剖学发展的基础。在张汇兰的努力之下，上海体育学院运动解剖教研室发展迅猛，成了我国研究运动解剖学的重要基地，直到1980年代，上海体育学院还是全国体育院校中唯一的人体解剖学博士学位授予单位，为中国体育、体育教育以及体育研究事业培养了一大批骨干人才。

新中国刚成立时，张汇兰曾经一度是国内唯一一位从事运动解剖课程教学的女性教师。她自教学生涯开始就主张体育专业学生应系统学习运动人体科学知识，主张构建学科与术科并重的体育专家培养体系，还尤其主张需特别培育具备以下五点要求的女子体育领袖人才，作为实现男女体育平等的必经之路：一是完美的人格，二是全面的普通知识，三是专业的技能知识，四是专门的运动技能，五是自修与研究能力。她鼓励女生进入运动生理与解剖领域开展专业学习。在解剖课上，当有女生表现出害怕和恐惧时，张汇兰就勉励她们用专业精神去克服。她还推荐了很多学生到国际上参加科研会议或是出国深造。1983年在加拿大召开的国际生物力学第9届学术讨论会上，她的学生金季春代表我国第一次在会上发表论文，获得"卓越成就奖"。她的爱徒之一陆爱云曾任上海体育学院基础部主任、博士生导师，她的关门弟子白怡春则是美国芝加哥伊利诺伊大学的终身教授。1985年，从教学一线退休的张汇兰捐出积蓄2万余元给上海体育学院，设立"张汇兰体育科学基金"，奖励、资助青年学者从事体育科学研究。

张汇兰与教研室同事讨论教学大纲

张汇兰数项"第一"的头衔中有一个最具国际影响力。1986年10月，联合国教科文组织首次颁发"在体育运动方面做出杰出贡献荣誉奖"，并决定将这一奖项授予张汇兰，以表彰她参与开创中国妇女现代体育的成就。这一年张汇兰88岁。六年前，她还曾自费赴美考察华盛顿、夏威夷、洛杉矶等地大学的体育课程设置和科研现状，最后婉拒了定居美国的侄子、侄女请她这位独身老人留在美国养老的提议，带着大批资料回到了上海。张汇兰保持独身到晚年，在她青年时代，曾见过许多女同学留学归来却因为成了达官贵人的夫人太太而荒废了学业和理想，因此她选择执意攀登事业高峰，一生奋斗不息。直到晚年她都非常自律。在1995年失去生活自理能力以前，学习和锻炼一直是张汇兰生活中的两大主旋律。她每天早、中、晚都准时收听英语和法语广播，以免自己的外语生疏。她还自编了一套20分钟的床上操，以腿部运动为主，每天清晨和午睡醒来后各做一次。张汇兰始终没有忘记当年上海女青年会体育师范学校给她上的重要一课：体育锻炼是身体健康的最好保障。

张汇兰 1980 年访问威斯康星大学

上海体育学院召开庆祝张汇兰（前排右三）荣获联合国教科文组织荣誉奖大会

张汇兰在获得联合国表彰时曾表示："我是体育战线的一个老兵，我没有作多大贡献，但党和人民给了我很大的荣誉。人生是有限的，事业是无限的。我要在有生之年，竭尽余热，继续为中华体育的腾飞当一名啦啦队员。"

（杨丹蓉）

▷ 参考文献

[1] 韩君生:《她同体育结伴一生——记中国女子体育的创始人张汇兰》,《辽宁体育》1989 年第 7 期。

[2] 金海:《体坛名宿张汇兰的人生追求》,《纵横》2002 年第 5 期。

[3] 刘春燕、赵斌、白少双:《张汇兰与天津近代体育》,《体育学刊》2008 年第 4 期。

[4] 匡淑平、虞重干:《张汇兰的体育思想及启示》,《上海体育学院学报》2011 年第 2 期。

[5] 曹均:《张汇兰"女性取向"对中国女子体育的影响》,《兰台世界》2013 年第 9 期。

[6] 赵富学、程传银:《张汇兰女子体育教育思想研究》,《体育文化导刊》2017 年第 5 期。

顾静徽:
物理学巾帼
大先生典范

顾静徽··················
1900—1983

又名作薇,上海嘉定人,中共党员,我国著名的物理学家、物理教育家。1920 年考入上海大同大学,1923 年考取清华庚款留美,1926 年获康奈尔大学物理学学士学位,1928 年获耶鲁大学物理学硕士学位,1931 年获美国密歇根大学哲学博士学位。回国后,先后在南开大学、大同大学、中研院物理研究所、唐山交通大学、广西大学任教。1952—1983 年间担任北京钢铁学院(今北京科技大学)教授及物理教研室主任。顾静徽专长于低温物理学和光谱学研究,培养了以世界著名物理学家吴健雄为代表的一大批杰出学者。

一、 物理学女博士养成记

1900 年的夏天，顾静徽出生在嘉定镇城区居北府的一条弄堂里。童年的顾静徽并没有享受到亲生父母的温情，在母亲离世后，顾静徽由继母养育，可好景不长，不久后她的父亲也离世，好在继母心地善良，对待小静徽如同亲生女儿一般。当时顾家虽贫苦，但继母思想开明，坚持让其进入学堂读书。

在继母的支持下，顾静徽八岁进入嘉定县立小学识字学习，由于学习刻苦，成绩优异，1914 年顾静徽去往苏州，入读江苏省立第二女子师范学校。当时的江苏省立第二女子师范学校校长杨达权以"诚朴"为校训，志在培养学生淳厚忠诚、艰苦朴素的品德，同时为了进一步争取妇女的社会和政治权益，发起组织了"江苏女子公益团"，呼吁女子齐心协力、团结起来，使妇女问题得到真正的解决。在这样的教学环境下，顾静徽在学习和思想上进步很快。

在当时学校的校刊《江苏省立第二女子师范学校校友会汇刊》上，顾静徽留下了多篇文章和作品。在《学术：讹字矫正表绪言：附表》一文中顾静徽认为，"概自欧风东渐科学日新，莘莘学子竞越于文明之轨，而国学于是乎渐衰，将欲保持国学必先注重文字，文字者国学之原素，亦即贯通各科之精种也"，强调文字是国学文化的出发点。在《文萃：观级友会演中国梦感言》一文中写道，"改良家庭社会非普及教育不可，我侪肄业师范即未来之教师兴国兴家，责任恐重，愿吾同学其各自勉哉"，认为教学是振兴中华的关键。同时这份校友汇刊也刊登了顾静徽的画作，可见学生时期的顾静徽是位多才多艺且热爱祖国、心系社会发展的好学生。1925 年已经在美国留学的顾静徽仍然没有忘记对母校的牵挂，在校刊上发布《通讯：康奈耳大学（Cornell University）概况》向母校学子介绍外国留学情况。

顾静徽刊登在《江苏省立第二女子师范学校校友会汇刊》上的画作

品学兼优的顾静徽于1920年顺利考上了上海大同大学,并通过自己的不懈努力,于1923年考取清华庚款留美,在美国康奈尔大学文理学院就读,并于三年后获得学士学位。出于对物理学的兴趣,顾静徽选择进一步深造,于1928年获取耶鲁大学硕士学位,同年获巴伯奖学金进入密歇根大学研究院,师从著名的理论物理学家丹尼森(D. M. Dennison,1900—1976)研究光谱学,1931年获物理学博士学位,成为我国近代史上第一个获此学位的女性。

取得博士学位后,顾静徽并没有留恋美国的繁荣,而是选择回到祖国。1931年顾静徽先后担任了南开大学教授、大同大学教授,其间兼任民国中央研究院物理研究所研究员。1938年赴德国,任柏林普朗克研究所研究员。1940年,在贵州任交通大学唐山工程学院教授。翌年,任广西大学教授。抗战胜利后回到上海任大同大学教授。1947年8月,任民国国立编译馆编纂。

1928—1929 年度巴伯奖学金获得者合影（二排右二为顾静徽）

二、 新中国物理事业奠基人

1949 年 5 月 27 日，上海解放。上海作为全国重要的经济文化中心，科研院校数量众多，既有综合性大学，又有各类专科院校；院校情况复杂，部分学校为外国教会学校，更有甚者受到境外反动势力支持。为了巩固新政权，对于上海高校的改造刻不容缓。此时的顾静徽在上海大同大学物理系担任教授。上海解放的消息传到大同大学后，学校次月出版的校级刊物就取名《新大同》，从此该刊物在新政权之下获得"新生"。

新中国成立初期，百废待兴，急需科技界的人才。顾静徽在物理学、光谱学领域造诣颇深，尤其在光谱分析、低温技术领域成果较多，是共和国不可多得的物理学人才。在新中国建设过程中，政治、经济、军事、文化各领域取得的伟大成就，使她真正感受到作为一名中国人的骄傲。尤其是系统地学习了马列主义毛泽东思想后，顾静徽宣布："从今以后我要一边倒，倒向革命一边，倒向工人阶级一边，站到革命队伍里来，在培养祖国建设干部工作上，献出所有力量。"言必信，行必果。之后的岁月里，她始终以饱满的政治热情开展新的工作与生活。

1952年秋，大同大学在院系调整中被撤并，其院系分别并入复旦大学、交通大学、华东师范大学、同济大学等院校。此时的顾静徽为响应国家"培养冶金专门技术人才，适应社会主义经济建设"的需要，于同年加入新成立的北京钢铁工业学院，任物理教研室主任。

作为北京钢铁工业学院唯一的女教授，顾静徽专长低温物理学和光谱学。早在1931年顾静徽的博士论文《二氧化氯（ClO₂）的吸收光谱和对称三原子分子带光谱系中的强度分布》就对相关光谱现象进行了分析研究。即使过了40年，1971年的诺贝尔化学奖获得者赫兹堡（G. Herzberg）仍在他三卷本的名著《分子光谱和分子结构》中引用了顾静徽的论文，并注明她的工作是当时唯一一篇研究三原子分子 ClO₂ 的紫外吸收光谱的论文，可见顾静徽在光谱学地位非同一般。50年代，顾静徽结合我国资源情况，组织领导有关人员对稀土元素进行光谱分析。本可以在光谱行业大有可为的她，响应国家需要，于60年代再度研究低温物理。不仅如此，顾静徽还与同为物理学家的丈夫施汝为共同筹建了中国第一个磁学研究室。这是中国最早的磁学研究机构，为中国现代磁学研究奠定了基础。值得一提的是，顾静徽与施汝为因物理学结缘，于抗日战火中结为伉俪，新中国成立后，两人在事业上相互支持，连入党时间也为同一年。

在北京钢铁工业学院从党支部到建立党委制的过程中，顾静徽作为第一批教授，于1956年3月加入中国共产党。顾静徽思想进步，科研成果丰硕，在教学、科研、生产、行政管理、政治思想工作等方面，都发挥了模范带头作用。作为高级知识分子，顾静徽是可以享受相应的物质待遇和特殊津贴的，但她并没有接受额外的优待，并曾坚持超额缴纳党费。1960年

7月，顾静徽还被评为北京市文教系统先进工作者，花甲之年，仍任北京市物理学会副理事长。

1984年北京钢铁学院（1988年更名为北京科技大学）物理系成立，其前身即是北京钢铁学院基础部物理教研室。从1953年物理教研室成立到1983年，这30年间，顾静徽一直担任物理教研室主任，为物理专业的发展作出重要贡献。在物理系成立前夕，她选择退休。如今的北京科技大学物理系经过多年建设，已经发展成为集教学、科研和开发于一体的多学科、综合性实体，为我国的物理事业输送了很多专业人才。

北京钢铁学院首批教授名单（顾静徽是其中唯一的女性）

三、 传道受业解惑的孺子牛

顾静徽长期执鞭于大学讲坛。作为留学归来的物理学家，顾静徽并没有因为国内环境的艰难而影响教学质量。讲课时她总是慢条斯理地讲解某一理论的来龙去脉，一个因子的变化和影响、量纲的判断与失误等也都——一道来。作为一位知名的物理学家，顾静徽培养了一批又一批优秀学生，桃李满天下。吴健雄便是其中之一。

吴健雄曾受聘来到上海，进入设在愚园路的中央研究院物理研究所，在顾静徽领导的光谱组从事光谱研究。顾静徽十分欣赏吴健雄的工作能力，赞她"思想敏捷，开放、精明"，是难得的天才。但由于中国实验设备较差，很难提升学术水平，所以她建议吴健雄出国深造。吴健雄经过认真考虑，决定接受顾静徽的建议，于1936年8月，乘美国"胡佛总统号"邮轮赴美留学，最终成为举世闻名的实验物理学家。虽远在大洋彼岸，但吴健雄一直未曾忘记顾静徽的师恩。1972年尼克松访华，中美关系破冰，中美两国之间的交流开始逐渐恢复。趁此机会，吴健雄于1973年和1977年两度回国探亲，并到北京看望顾静徽，对当年的恩师执礼甚恭。

1952年，顾静徽去往北京工作。作为一名南方人，她的普通话说得并不好。为了不耽误学生的听课质量，顾静徽每次上课都会请一位语言能力较强的助教协助。顾静徽对待学生一视同仁。学生有问题向其请教，她都会耐心地与学生讨论。对于贫困学生，她还会拿出自己的工资进行接济。每逢节假日，她总会邀请不能回家的学生到自己家做客。她对教学的认真严谨、待人的诚恳友善给同学们留下了深刻印象。

作为新中国成立后第一所钢铁工业高等学府，北京钢铁学院在承接国家主要钢铁建造任务中责任重大。我国金属物理学专家、中国科学院院士柯俊曾与顾静徽同在北京钢铁学院任教。当年新中国钢铁工业落后，为了培养钢铁材料人才，柯俊在北京开设了金属物理专业。由于专业人才紧缺，全国各地的高校都会派人前来北京钢铁学院进修，但也造成了学生专业素养参差不齐的局面。为了提高学生素质，顾静徽主动要求给全国各地学校开设基础课程，这使得金属物理专业在全国高校系统树立了极高的声誉。五十多年来，顾静徽培养了一大批高水平的学科带头人和优秀毕业生，为我国金属领域科学研究和金属行业的发展作出了巨大贡献。

新中国建设初期钢铁工业所需人才紧缺，当时很多怀有报国志向的知识分子都会选择来到北京钢铁学院从事科研工作。我国物理学家、中国科学院院士陈难先也曾在顾静徽指导下工作。1962年，从北京大学物理系毕业后，陈难先认为应该用所学的物理知识服务于社会，选择了教书育人和学术研究兼备的学校工作，便选择在北京钢铁学院开启了他的教师生涯。初来到北京钢铁学院，陈难先被分配到物理教研室从事助教工作，由于缺少实践经验，还不知如何上课，身为物理教研室主任的顾静徽先生给了他很大的帮助。仅一年后，陈难先就在顾先生的信任和关心下走上了讲台，成为一位人民教师。

从北京钢铁学院退休后，顾静徽的身体状况大不如前。1983年1月18日，顾静徽的丈夫、我国著名物理学家施汝为因病去世，其追悼会由钱三

顾静徽与丈夫施汝为（前排右一右二）

强致悼词。十个月后，1983年10月30日，顾静徽的心脏也停止了跳动。

2021年仲夏，一部反映民国知识分子往事的话剧《春逝》亮相国家大剧院。话剧的女主角便是以顾静徽为原型创造的女物理学家"顾静薇"。话剧中曾有这么一句台词："'薇'这个字，可不是什么安静不起眼的野草，它虽矮小，但最是蓬勃。"顾静徽把她的一生献给了中国的物理学研究和教育事业。作为中国第一位物理学女博士，她的事迹必将载入中国物理学发展史册。

（罗晓彤）

▷ **参考文献**

[1] 北京科技大学编：《钢铁摇篮四十年 1952—1992》，内部资料，1992年版。

[2] 上海市嘉定县县志编纂委员会编：《嘉定县志》，上海人民出版社1992年版。

[3] 戴念祖、刘娜：《顾静徽——中国第一个物理学女博士》，《物理》2009年第3期。

[4] 刘晓东编：《师韵 北科大走出的院士》，冶金工业出版社2012年版。

[5] 尹艳秋编：《近现代苏南教育家概览》，苏州大学出版社2013年版。

林巧稚：
"巧"手回春著华章

林巧稚⋯⋯⋯⋯⋯

1901—1983

福建厦门人，中国妇产科学的主要开拓者、奠基人之一，北京协和医院第一位中国籍妇产科主任及首届中国科学院唯一的女学部委员。林巧稚为我国现代医学事业发展作出了杰出的贡献，她以仁爱之心和精湛医术，六十年如一日严谨治学、无私奉献。林巧稚一生未婚，却亲自接生了五万多名婴儿，被尊称为"万婴之母""生命天使""中国医学圣母"。

一、"被放下的试卷"和放不下的夙愿

1901年，林巧稚出生于厦门鼓浪屿一户开明的知识分子家庭。父亲林良英是一位归国华侨，母亲是一名普通妇女。在林巧稚五岁那年，母亲因宫颈癌病故，小小年纪的林巧稚已经朦胧地意识到，身为女子有难以承受的生命之重。她立志学医，做一名救死扶伤的医生。自上学之后，林巧稚便成为学校里的佼佼者，人人都道，林家有个小姑娘，是难得的读书苗子。

1919年，林巧稚从厦门女子师范学校毕业后，留校做了老师。虽然待遇尚可，但她心中成为一名白衣天使的理想信念未曾改变。第二年机会终于来了，北京协和医科大学开始对外招生。得知此事，林巧稚说服父亲，决心去上海参加考试。当年，处于北京东单三条的协和医科大学前身为"协和医学堂"，由在北京的英美六个教会团体联合创办。他们的目标是建立一个与欧洲、美洲同样好的医学院。协和一进入中国，便成了医学界的翘楚。林巧稚被录取的那一年，协和在全国只招录了25名学生，考核严格，竞争激烈。

1921年，在争取到家人的支持后，林巧稚如愿参加协和医科大学的入学考试。前几科考试，林巧稚答得都很不错。不料在最后一科英语考试时，一位女考生突然晕倒急需救助，安静的考场瞬间躁动起来。碍于女生的身份，监考老师不便施救，林巧稚毫不犹豫地放下试卷，将晕倒的女生移到阴凉处并进行紧急救治，整个过程非常专业且利索。当她返回考场时，时间已不够，连最拿手的英语试卷都未能做完。林巧稚非常失落，以为年少的梦就此错过。然而，让林巧稚意外的却是，她不仅榜上有名，甚至高居榜首。那一刻，她的激动和惊喜简直难以言表。原来，协和医科大学为她在考场挺身而出救人的出色表现所感动，认为林巧稚具备医生最重要的"救人为本"的品质，同时她的各科总成绩并不低，遂给了林巧稚一个机会破格录取了她。殊不知，这也是给了万千妇女、儿童以生命和喜悦。

学校高昂的学习费用和来之不易的学习机会让林巧稚异常珍惜这一切。协和医科大学要求学生在正式入学前要先读三年预科，在这三年中，不仅要完成将近 1 800 小时的六门课程，而且每门要达到 75 分才算及格。一门主科不及格留级，两门不及格除名，没有任何的补考和商量的余地。

最初林巧稚在学习上感觉非常吃力，因为她在女子师范学校读书的时候没有学习过物理和化学。压力很大，但她没有慌乱，也没有选择退却。每天午饭时，林巧稚狼吞虎咽般吃完饭后，便夹上书本走出宿舍，在环境僻静的地方"开小灶"。那时候学生宿舍是晚上 10 点熄灯，但一过 12 点，总电闸又合上，林巧稚就常常在 12 点之后把电灯罩上纸，悄悄地继续看书。冷了就裹紧身上的毛毯，饿了就啃几口干粮，困了就用凉水醒醒脑子……所有的难关都是检验和挑选，经过如此穷追猛赶，林巧稚人虽然消瘦下去，却逐渐适应了协和紧张有序的竞争节奏，物理、化学成绩已将大家远远甩在身后。三年的预科学习，林巧稚顺利升入本科。全班入学时 25 人，升入本科的有 19 人，入学时的 5 个女生，还剩下 3 人。整整八年潜心苦读结出硕果，她的学习成绩一路领先。到 1929 年毕业，林巧稚的成绩高居榜首，获得了协和医学院毕业生的最高荣誉——每届只有一个的文海奖学金。这也是协和医学院第一次有女生获得此奖。

优异的表现让林巧稚在毕业时成了所有科室的香饽饽，但她出乎所有人的意料，选择了并不起眼的妇产科。面对老师同学们的劝说和不理解，林巧稚说出了自己的原因："给同胞姐妹看病，帮她们解除病痛"，这是母亲去世后埋在她心底的夙愿。

从协和毕业后，林巧稚成为一名普通的助理住院医生。按照协和医院的规定，刚毕业的学生在担任住院医师期间，女性不得结婚，住院医师一年一聘。对医学的热爱使林巧稚在事业与个人生活之间作出了抉择：她选择了独身一辈子，把时间和心血奉献给妇产科事业。

为了拓展妇科知识，学习最前沿的治疗方法，林巧稚选择去美国芝加哥大学医学院留学进修。在留学期间因表现优异，她又被美国方面聘为自然科学荣誉委员会委员。林巧稚的导师——著名妇科专家艾蒂尔劝说她留校，但林巧稚婉拒了："我是一个中国人，不能离开灾难深重的祖国。中国的母亲和婴儿需要我回去！"就这样，林巧稚谢绝了艾蒂尔博士的热情挽留，放弃了美国优裕舒适的生活条件，于1940年冬结束了在美国的进修，义无反顾地回到了满目疮痍的祖国。回国后，林巧稚凭借出色的表现很快升任协和医院妇产科主任，成为协和医院第一位中国籍女主任。

二、 家庭诊所的万余份病例

1941年12月，日军偷袭珍珠港，紧接着，美国对日宣战，太平洋战争爆发。北平的日本侵略军闪电般包围了由美国人创办和控制的协和医院，医院的工作被迫停止，各住院部的病人被日军强迫迁出，林巧稚和她的同事也全部被遣散。

不久后，在东堂子胡同10号的门口，挂出了一个牌子，上面刻着"医学博士林巧稚医师妇产科"。林巧稚谢绝了同事劝其远走保身的好意，在破碎的山河中寻找为同胞排除病痛的立锥之地。

在东堂子胡同的妇科诊所，林巧稚只收殷实家庭的钱，而对很多贫苦家庭免费，甚至给予资助。前来求诊的众多人中，遇到产妇行动困难的，林巧稚也要去产妇家里出诊。

有一次下雨天，整理完一天的病例，林巧稚比平时早了一会儿关门。不久就听见了门外急切的拍门声："医生！医生！快开开门啊！"林巧稚赶忙打开了门，就看见一个浑身湿透了的汉子气喘吁吁地说："医生，快跟我去看看……我老婆快不行了。"林巧稚详细问了产妇的情况，没有多耽搁，拿起急救包跟着男人冲进了雨夜里。待赶到时，看见产妇悄无声息地躺在

林巧稚给病人看病

撇去炕席的光炕上，身子下垫着旧布缝的草木灰袋，血水、羊水浸透了草木灰，赤裸的下身被染得污黑一片，汗湿的头发凌乱地贴在脸上，经过长时间的挣扎已经没有了气力。林巧稚心中警铃大作，经过检查发现孩子胎位不正，属于难产。她迅速采取了急救措施，经过一系列的忙碌，孩子终于出来了。筋疲力尽的林巧稚长舒一口气，准备坐下来歇会儿，这才发现这户人家家徒四壁、一贫如洗，连凳子都没有。看到这样的情形，林巧稚默默打开了自己的就诊包，拿出了几张钞票放在炕头，没等那家人反应过来，林巧稚已经消失在了茫茫雨夜中。

硝烟弥漫的北平，林巧稚就这样提着一只破旧的出诊箱，穿梭在大小胡同的低矮房屋里，为同胞治病救危，也为产妇接生孩童。无论什么时候，她总是尽其所能地提供帮助，善待每一位病人。她曾说："作为一个医生，既然病人把自己的健康希望给了你，你就要尽心尽力，负责到底。"从家庭诊所开业到1948年协和医院恢复的六年里，东堂子胡同10号没有假日、不停息地运转着。在那里，林巧稚共接诊万余人，光坐诊的病例就留下了8 887份，再加上出诊急诊，万余份病例就在这诞生了。

三、 一封来信，一份坚守

1955年，林巧稚被中国科学院聘为学部委员，她是新中国成立以来唯一的一名女性学部委员，是新中国首位女院士。1956 年，林巧稚出任新中国第一个妇产专科医院——北京妇产医院的第一任院长，并组织力量不断攻克重大医学难关。

林巧稚每天都会收到很多从全国各地寄来的信。有痊愈的患者向她表达谢意，有分到外地的学生向老师问候，更多的是各地患者慕名写信给她。林巧稚看信和回信从不随便应付。1962 年，一封来自内蒙古自治区的孕妇求助信让林巧稚停住了目光。

林巧稚主任：

　　大家都知道您是全中国有名的妇产科专家，我和我的爱人、我们全家向您求救。我是怀了第五胎的人了，前四胎都没活成，其中的后三胎，都是出生后发黄夭折的。求您伸出热情的手，千方百计地救救这还没有出生的第五胎，求您伸出热情的手，救救我这腹中的婴儿……

林巧稚读后久久不能平静，她不得不承认，世界上还有那么多让医学无可奈何的疾病。她从来信中判断那些夭折的和即将出生的孩子患的应是新生儿溶血病，这是母子之间因血型不合而引起的同族免疫性疾病。在我国当时的条件下，新生儿溶血病患者还没有被治愈的先例，贸然接诊可能会面临许多风险。林巧稚在长期对妇产科疾病的研究治疗中，非常重视对遗传性疾病的研究。她本可以拒绝这位孕妇的要求，但她茶饭不思，查遍新生儿溶

查阅医学资料的林巧稚

血症的资料，彻夜未眠，最终决定试一试。

这位孕妇女工入院后，林巧稚组织了几次会诊，她将专家们的意见整合在一起，决定制订对新生儿进行全身换血的方案。一切都做了充分的准备，血库根据林巧稚的提血申请，准备了可供使用的 12 瓶血浆。在孩子娩出后不到 3 小时，婴儿的皮肤开始发黄，不久就出现了全身黄疸，生理指标也越来越危险。林巧稚先把听诊器放在自己的手心捂热，再轻轻贴到婴儿胸前，同时用手示意按照原计划配血待用。400 毫升新鲜血液输入了新生儿体内，婴儿的肤色由黄转红。医生们并没有离开，他们知道，新生儿体内还残留着自身的血液，病情还会反复。果然，十几个小时后，婴儿身上减退的黄疸又浸润上了肌肤，林巧稚又决定做第二次换血。

太阳升起又落下，不知不觉已过去两天两夜。在观察期过去后，孩子全身黄疸明显消退，生命体征也逐渐转好，患儿重获了新生。他成为有记录以来中国首例成功获救的新生儿溶血症患者。热泪盈眶的女工夫妇决定给这位重获新生的孩子取名"协和"。

多年后，当年的小"协和"已经长大成人，医学界对新生儿溶血病的预防和治疗也有了突破性的进步。这是对林巧稚妙手仁心的最佳褒奖。

四、 下乡的巡回医疗队

六十多岁的老专家林巧稚，带头参加农村巡回医疗队，远走湖南，在简陋的条件下，治疗了不少老大难的疾病……所做的工作，实际上就是党的妇女工作，是最实际的群众工作，也是最受广大妇女群众欢迎的工作，从这个意义上来说，你们不仅是医生，而且是妇女工作者，是社会活动家。

——摘自 1965 年全国妇联书记处的一封贺信

1965 年，毛泽东主席针对国内医疗卫生工作状况，做出了"把医疗卫生工作的重点放到农村去"的指示。林巧稚也参加了"巡回医疗队"，随协和医院其他专家一同前往湖南省湘阴县关公潭公社。林巧稚注意到，这里的妇女承受着双重的劳作，每天和男劳力一样下田插秧、割谷，干不少农活，回家还要挑水、拾柴、做饭、带孩子，长期的营养不良和缺乏护理使得她们普遍早衰。医疗队经过开会商量后决定，两人一组，到村里巡诊问诊。

当时，有一个妇女队长找到了林巧稚。当地人说她得了"干血痨"，来月经时腹部剧痛、流血不止，数十年来被折磨得面黄肌瘦。家人们曾经花费了两百多块钱带她去县里看病——这几乎是整个家庭的全部财产——却依旧没有任何效果。就在医疗队用药箱架起的木板上，林巧稚给她做了检查。原来，她是因为多次分娩造成的韧带松弛，导致了子宫重度后倾。林巧稚为她矫正了子宫的位置，仅开了 4 毛钱的药，就把折磨了病人数十年的病痛治好了。这件事一传开，一些妇女开始找上门来，而在之前她们无论如何也不肯脱了衣服接受妇科检查。这些妇女中很多人患有妇科疾病，其中最严重的因过重的体力劳动或分娩后遗症造成子宫脱垂。就在药箱架起的简陋门板上，林巧稚一一为她们施治，解除病痛。一传十，十传百，"林巧稚"这个象征着起死回生高超医术的名字就在十里八乡传播开来。渐渐地，协和医疗队也打响了名声。

巡回医疗的时间是三个月，三个月不可能改变一个地方的医疗卫生状况。为了从根本上解决问题，几经商议，林巧稚在医疗小分队其他队员的一致拥护和支持下，挑选当地受过中等教育的农村青年，办起了农村卫生员、助产员培训班，这很可能是中国最早一批接受培训的赤脚医生。林巧稚为这些湘妹子从理论上讲解妇女的生理卫生和保健工作，以及常见妇科病的诊治方法，并结合临床实践提升她们的认识。她亲自动手用稻草与塑料布包扎成胎儿形状的教具，深入浅出地耐心讲解……经过卓有成效的培训，卫生员们也可以诊治一些常见的医疗病症了。尽管城乡之间仍然存在巨大的差距，但中国培训的"赤脚医生"，当时被世界卫生组织和世界银行称为"以最少投入获得最大健康收益"的"中国模式的农村卫生革命"。

五、"为人民服务一辈子的值班医生"

多年来络绎不绝的病人和形形色色的疑难杂症让林巧稚始终坚守在临床一线。她将电话安在卧室的床头，每晚临睡前给医院妇产科值班医生打电话询问病人的病情；医院有严重的病例，她就整夜守着电话等消息。有时候，年轻的医生怕经验不足，处理不好突发的意外情况，每当碰到比较棘手的手术时，就不约而同地想到了林巧稚，这时他们就会把电话打到林巧稚家中。当深夜睡下的林巧稚被急促的电话铃声惊醒后，她又会根据不同的症状，慎重地说明自己的意见，给年轻医生技术上的指导、心理上的安慰。在"文化大革命"动乱的数十年里，林巧稚一度"靠边站"。即便如此，她仍和同事说："电话就在我的床头，有事就找我，别担心！"数十年如一日，她依旧把自己当成一位普通的妇产科值班医生，将自己的一生奉献给了妇产科医学事业。

林巧稚经常说，关爱是医生给病人的第一张处方。她用对待亲人的方式对待患者，为她们擦擦汗水，披披被角，拉拉病人的手。很多产妇为了感谢她的救命之恩，把林巧稚接生的孩子起名念林、爱林、敬林等，还会寄来婴儿照片以示感谢。

1983年4月22日，林巧稚安详地走了。临走之前，她留下了一份遗嘱，交代了三件事：平生积蓄的3万元捐献给首都医院幼儿园和托儿所；遗体献给医院做医学研究；骨灰撒在故乡鼓浪屿的海面上。

林巧稚在尘土飞扬的世界里走了很久，和满目疮痍的大地一起承受苦痛。故乡人也依旧记得她最后的心愿。在林巧稚逝世后，厦门鼓浪屿于

1984年5月建造了名为"毓园"的林巧稚纪念馆，园子里有林巧稚的汉白玉全身雕像，塑像后安葬着林巧稚的骨灰，故乡接回了自己的女儿。邓颖超亲手种植的两棵南洋杉，挺立在毓园一角，在风响起的时刻，抚过每一寸土地，吟咏着林巧稚曾经爱的诗篇。2009年12月23日上午，厦门首个医德教育基地在林巧稚纪念馆揭牌成立。被誉为"中国医学圣母"的林巧稚，就像是落入凡间的天使，用自己的一生守护着危难中的中国妇女，兢兢业业、不求回报。

林巧稚雕塑

冰心老人在《悼念林巧稚大夫》一文中这样写道："她是一团火焰、一块磁石。她的为人民服务的一生，是极其丰满充实地度过的。"

（朱逸茗）

▷　**参考文献**

[1]　丁万斌：《科学巨匠——林巧稚》，河北教育出版社 2001 年版。

[2]　张清平：《林巧稚传》，团结出版社 2017 年版。

[3]　言实：《林巧稚：中国"提灯女神"》，《科学家》2017 年第 5 期。

[4]　谢姣：《万婴之母——林巧稚》，《中国医学人文》2018 年第 4 期。

[5]　胡新民：《林巧稚：从相信上帝到坚信共产党》，《党史博采》2020 年第 12 期。

斯霞:
斯人不老　胜似朝霞

斯霞……………

1910—2004

浙江诸暨人，中共党员，小学语文教学改革的先锋。1927 年毕业于杭州女子师范学校，先后在绍兴第五中学附属小学、嘉兴县集贤小学、萧山湘湖师范学校、南京东区实验学校、中央大学实验学校小学部（南京师范大学附属小学前身）等校任教，在教师岗位耕耘近七十年。1956 年加入中国共产党。1958 年接受江苏省教育厅小学五年制学制改革试验的任务。1960 年被评为全国"三八红旗手"，并出席全国文教群英会。1978 年被评为全国第一批特级教师、江苏省劳动模范，并再次被评为全国"三八红旗手"。首创小学语文"随课文分散识字"教学法，沿用至今；其"童心母爱"的教育思想更是影响了几代人。

一、"终身许给少年儿童"

1910 年 10 月，斯霞出生于浙江诸暨。由于家境贫寒，从小很爱读书的她在小学毕业后报考了一所不用付钱的学校——杭州女子师范学校。斯霞并不在意，首先想到的是又可以看书学习了。斯霞如饥似渴地学习着，她的勤奋与上进给老师和同学留下了深刻的印象。在杭州女师学习了五年的斯霞受到了正规的师范教育和良好的熏陶，她以优异的成绩毕业，成为绍兴第五中学附小的新教师。在这个岗位上，她觉得和天真活泼的孩子们生活在一起自有乐趣，看着孩子们一天天地进步都能感到莫大的欣慰。

尽管满腔热爱，但斯霞想在一个小学安安稳稳教书的良好愿望，被无情的现实击得粉碎。所谓"家有二斗粮，莫当孩儿王"，旧社会的小学老师被贬为"猢狲头"，在当时地位非常低。在这种社会风气下，一些教师也看不起自己的工作，与斯霞一道分到绍兴五中附小的同学在两年后就改了行。微薄的薪资、颠沛流离的生活、贫困交加的折磨都没有让斯霞放弃这份职业，她不管别人如何看待，个人情况如何变化，怀着虔诚之心，立下了把自己"终身许给少年儿童"的志向。从此，斯霞一直在这条艰辛而漫长的路上跋涉着。

斯霞

1932 年，斯霞来到国立中央大学实验学校小学部工作，从此在这里扎下了根。学校深厚的文化底蕴、浓郁的教研氛围和求真务实的学风都让她着迷。斯霞凭着对岗位的坚守和对孩子们的热爱，七十年如一日地在基础教育战线散发着醉人芬芳。

二、 接手五年制试点班

1937年夏天抗战全面爆发，斯霞因学校被炸被迫离开南京，辗转内地，直至1946年才顺利回到南京，重返附小的工作岗位。在流亡途中，斯霞对长子孙复初进行识字、阅读、写作教育。他是斯霞进行"不增加负担前提下，提高教学效率"试验的第一个被试对象。这一试验也让斯霞对尝试学制改革心中有了底。

1958年9月，江苏省教育厅经省委批准，决定南京师范学院附属小学和扬州师范学校附属小学在秋季开学的一年级班进行小学六年改五年的试点。斯霞高兴地接受了这一任务，担任了试点班的班主任。五年制试点班没有教材，斯霞经过审慎的思索，将新中国成立前后的教材都找出来，参考了六年制教材，适当加快速度，又根据自己的经验和儿童的生活实际编了一些教材选段，以增加学生的识字量。

在教学方法上，斯霞删繁就简，突出重点，创造出"字不离词、词不离句，句不离文"的识字方法。她先教学生掌握拼音这一工具，接着通过看图，教给他们一些简单易懂的生词。在学生识别了一两百字后，便开始结合学习短文，提高识字量，并注意把识字、阅读和写作结合起来。这种教学方法生动形象，充分调动了孩子们的积极性，被迅速推广至全国。

为了充实儿童生活内容，扩大他们的阅读面，斯霞常结合教材介绍儿童阅读书籍。在儿童识字不多的时候，介绍他们看字少图多的读物。随着阅读教材程度提高，介绍的读物也逐步增加。《小朋友》《英勇不屈的赵一曼》《永生的刘胡兰》《把一切献给党》等都成了学生们爱读的书刊。

从说到写，从简单的一个词、几句话到写一段话、一篇文章，都是在学生们对事物对生活有感受的基础上进行的。有一天，斯霞对小朋友说："我们已经学了'看见'这个词儿，现在请小朋友说说看见的东西或情况，看看哪个小朋友肯动脑筋，说得好。"于是小朋友们七嘴八舌地说开了：

"我看见毛主席的像挂在教室里。"

"我看见老师在黑板上写字。"

"我看见工人叔叔在修马路。"

……

斯霞说："你们都说得很好。你们说的话，好多字都会写了，现在我们就把它写下来。不会写的字，如'操场''修路'等就用拼音标注。写好了一句话，末尾还要圈上一个圈，就是句号，表示一句话完了。"孩子们听明白了，兴致勃勃地开始写起来。写完了，斯霞还请几个小朋友站起来念给大家听听。

在学了"学校""同学""老师"几个词后，斯霞引导孩子们：我们的学校在什么地方？叫什么名字？学校里有些什么人？老师怎么样？同学怎么样？你喜欢我们的学校吗？儿童一一做了回答。写下来就成了这么一段话，还加上了一个题目"我们的学校"：我们的学校在四牌楼22号，叫南京师范学院附属小学。学校里有许多老师，老师很好。学校里有很多同学，同学也很好。我喜欢我们的学校。

进入命题作文阶段，斯霞总是要想一想，这些日子学生在生活、工作和学习中有些什么可以说的话，如果找不到新鲜的内容，她就选一个旧的选题，通过指导激发学生新的认识，写出新的内容。

试点班三年级时，有一次斯霞在作文课上写了一个题目《我们的学校》。题目一出，学生就嚷嚷起来："我们写过啦！""对，这个题目在一年级的时候写过了，可你们记不记得，当时是怎么写的？"斯霞顿了顿，让学生回忆，然后她背诵起一年级学生写的内容："我们的学校在四牌楼22号，叫南京师范学院附属小学。学校里有许多老师，老师很好。……"斯霞还没背完，学生就笑了起来，透露出一种怀疑的神情：我们竟然写过这么幼稚的作文？斯霞进一步启发："就说我们学校的位置环境，是不是只能写四牌楼22号呢？现在可以这么写：北极阁下面，南京工学院旁边。说学校很好老师很好同学很好，究竟怎样好？那时候我们不懂得如何具体去写，现在我们知道可以找出一个个生动具体的事例来说明，使别人一看这篇文章就觉得，这个学校真好，这个学校的老师同学多么团结友爱，他们的学习、劳动、活动多么有生气……只要达到这个目的，从哪儿写起都可以。这样不是跟过去不同了吗？"经斯霞这么一说，学生都豁然开朗，开心愉快地投入写作。试点班的孩子们在斯霞的指导下，成倍地增加了识字量和阅读量，言语表达能力和阅读写作能力都有了极大的提升。

斯霞和家人们在一起

在五年学制改革历程中，斯霞的家庭正面临着困境。据斯霞长子孙复初回忆，当时父亲病重，母亲要照顾的不仅仅是一家人，还有一大群孩子，还身负五年制学制改革的压力。她起早贪黑，独挑生活和工作的重担，尽可能地压缩生活需求，追求工作最大化。斯霞几乎把所有的精力都投入教学。没有教材，她就自己编；没有教学方法，她就自己摸索、实验。最终，斯霞顺利地把第一届试点班带到了毕业，她的教学改革也获得了突破：试点班的学生在两年时间里认识了 2 000 多个字，读了 174 篇课文，三年级就达到了六年制四年级的水平。

三、 身体力行诠释"母爱童心"

在斯霞构建的儿童教育世界里，她视童心为教育的"本色"，就如同"绿者叶之本色"，质朴自然，不加矫饰；而母爱为教育"着色"，浓墨重彩，呕心沥血。斯霞认为："作为一名教师，不仅要掌握知识，更要有童心、有母爱……把学生当作自己的孩子一样看待，这就是对学生的母爱。"

斯霞每接手一个新班，都会拿着花名册挨家挨户走访，力求把握每一个孩子的个性特点和兴趣特长。她在与家长交谈的时候，既向家长介绍孩子的优点，也指出存在的缺点，还和家长们恳切地探讨怎么帮助孩子克服缺点、取得更大的进步。孩子们靠斯老师言语中饱含的期许和赞扬获得了信心，建设起积极向上获取更大进步的心理，不仅不害怕斯霞的家访，还十分欢迎她去自己的家里。有时候斯霞工作忙，一时安排不过来，学生会邀请她："老师，我们家你还没去呢!"她便愉快地回答："好，我去。"这一"家访式备课"在斯霞从教的七十余年里从未间断。

斯霞认为，热爱学生是教师的天职。学生是祖国的未来，是祖国的希望。诚如国家教委副主任何东昌 1985 年 5 月为《斯霞教育文集》的题词："把对事业、对祖国的爱，倾注于自己的学生，这是人民教师最重要也是最基本的品德。斯霞同志几十年的经历说明这一点，是值得我们学习和尊敬的。"

斯霞在长期教育实践中养成了这样的习惯：早晨学生到校，她都要仔细观察每个学生的气色、精神状态、行为举止。谁的乳牙动了，谁的情绪异常，谁的穿戴不整洁……她都能及时掌握，给予关心、帮助。斯霞作为附小有名的"牙科医生"，扬名校内：一、二年级的学生正是换乳牙的时候，只要她发现孩子舌头舔动，小手乱摸，就知道准有牙松动了，就把孩子找到办公室，一边洗手擦碘酒，一边问孩子："你张开嘴给老师看看，哪个牙动了？没关系。"话音未绝，她就把动的牙拔了下来；天气突变，她翻箱倒柜找自己孩子穿过的衣服，甚至连她自己的毛衣也拿出来，一下子几十件衣物，分别给体弱的、路远的、穿着单薄的孩子。1953年秋季入学的一年级小学生中，有个孩子从小患过敏性小儿哮喘，稍微一受寒，就要发病。斯霞特别注意他的衣着冷暖。有一天，天气突然凉了，斯霞找了一件厚点的衣服让他穿上。回到家里，家长看到孩子身上加了一件大衣袍，十分感激。三十多年过去了，这个学生的儿子也进入了小学，家长看到斯霞还提及往事："孩子得到老师的关心，少生了多少病，我们做家长的又因为这样的老师少操了多少心！"

斯霞给孩子们看牙

南京师范学院附属小学的校门口原本比较低洼，一到下雨天便成了一个大水塘。这对于七八岁的小学生来说，是个不小的障碍。为了保障学生们上学放学的安全，每当下雨天，斯霞总是带领附小的老师们早早地站在校门口，把学生一个个背过来；放学了，又把他们一个个背过去，看着他们安全离去。

在学生们的心里，斯霞不仅是一位老师，还是一位慈爱的母亲。她的床铺，学生们睡过；她的衣服，学生们穿过。每个学生的思想品德、温饱冷暖，无不牵挂在她的心上。"如果教师热爱学生，对他们抱有希望，经过你几年的教育，学生就会像你所希望的那样有进步。不但在学习上、品德上，而且在做人的道理上都会达到教师所希望的那样。"斯霞不止一次向在职的教师、未来的教师传授她的经验。

四、 初心未改，重回一线

时光飞逝。1966 年，"文化大革命"开始了。斯霞因为"童心母爱"受到了打击，被当作"反动学术权威""人性论"的典型，遭到了批斗。在这十年里，斯霞在食堂里淘过米、洗过菜，也打扫过厕所。后来虽然也让她教教副科，但与孩子关系最为密切的班主任工作，却一直没有让她再担任。

1976 年的 10 月，作恶多端的"四人帮"被粉碎了，历时十年之久的"文化大革命"随着"四人帮"的垮台彻底宣告结束。当时还在省教材编写组的斯霞向领导提出返回教育第一线的要求。她说："我现在身体还好，应该在有生之年多做点工作。现在学校正需要教师呢！……我要回到教学第一线去，我还能够为教育事业出一点力呢！"

面对斯霞如此热切执着的期盼，领导同意了她的请求。1977 年 6 月，

67岁的斯霞实现了愿望，回到了她日思夜想的孩子们中，重新以一个普通教师的身份耕耘在小学教育的园地里。

1978年春，南京市委组织部任命斯霞为南京市教育局副局长，斯霞对这份突如其来的任职感到非常不安和意外："我做惯了教师，不会当领导，也当不好领导。"她向市委组织部、教育局明确表示："我不当副局长，也不要给我安排办公室、办公桌，我还在附小上班、上课。"

1979年5月，斯霞在《文汇报》发表《"爱生"何罪之有》，重申自己的立场。她始终对"反动学术权威"这几顶帽子耿耿于怀，并且一直在思考，教师关心学生有什么错呢？1979年3月，教育部副部长张承先在全国教育科学规划工作会议上，代表教育部正式宣布为"童心母爱"教育思想平反。

斯霞对名利和荣誉已经看淡，她兢兢业业深耕岗位一直到85岁才正式办理了退休手续。2003年10月，病重的斯霞老师，最后一次来到学校，看看学校的一草一木，以及去过无数次的教学楼，最终告别她眷念的孩子们。翌年1月，94岁高龄的她，永远地离开了这个她热爱和辛勤奉献过的世界。斯霞的子女根据她的遗愿，将她留下的几十年来积攒的稿费、丧葬费、储蓄等捐赠出来，成立"斯霞奖教基金"，用以奖励南京市优秀的教师。"母亲留给我们的是勤奋、善良、友爱、忠厚的家风和师风，我们会一代代传承下去。"大儿子孙复初说。

在斯霞老师的大理石墓碑上，仅仅镌刻一句简短的碑文："我为一辈子当小学教师感到自豪。"

"一个和孩子常年在一起的人，她的心灵永远活泼像清泉。一个热情培育小苗的人，她会欣赏它生长的风烟。一个忘我劳动的人，她的形象在别人的记忆中活鲜。一个用心温暖别人的人，她自己的心也必然会感到温暖。"这是诗人臧克家为斯霞所作的诗，是斯霞老师童心母爱的真实写照。斯霞用一生践行着"终身许给少年儿童"的志向，坚持做一名教师，坚持党的教育事业。对她而言，这是刻骨的初心，是坚持一生的角色，也是她永不褪色的人生底色。

（朱逸茗）

▷　参考文献

[1]　斯霞：《我的教学生涯》，上海教育出版社 1982 年版。

[2]　储继芳：《斯霞之路》，人民教育出版社 1986 年版。

[3]　斯霞、王先炯、储继芳：《爱心育人——斯霞教育生涯》，江苏教育出版社 1999 年版。

[4]　徐文、古平：《斯霞和孩子》，《小学语文教学》2010 年第 3 期。

[5]　孙复初：《母亲的嘱托：纪念斯霞老师诞辰 100 周年》，花城出版社 2010 年版。

[6]　胡金波：《斯霞：给学生带得走的美好》，《人民教育》2016 年第 6 期。

王承书：中国核事业的"女功臣"

王承书·················

1912—1994

上海人，中共党员。我国杰出的核物理学家，中国科学院院士。1924 年入读北京贝满女中，1930 年保送燕京大学物理系，1936 年获得硕士学位。1941 年留学美国密歇根大学，1944 年获得博士学位，毕业后在美国从事物理学研究。新中国成立后，克服万难于 1956 年 9 月回到祖国。在铀同位素分离领域成绩突出，为我国核事业创建、发展和人才培养作出了杰出贡献。王承书一生鞠躬尽瘁，死而后已，时刻关心着祖国和人民利益，并将毕生大部分积蓄捐献社会，是当之无愧的时代楷模。

一、 学成归来"报国心"

1912年6月26日，王承书出生于上海一个诗书之家。王承书的父亲是清朝后期的一名进士，曾在日本留学，并担任政府高官，母亲是扬州名门何芷舠的外孙女。王家共有四个女儿，父母取《诗经》《书经》《礼记》《易经》的字给女儿们起名为"承诗、承书、承礼、承易"，王承书排名老二，因此得名。在王承书出生后不久，父亲因工作调动，全家迁往北京。童年的王承书清秀脱俗、聪明伶俐，很小便展示出在数学方面的天赋，每次家中买东西的钱数她很快就能算出来。当时，王承书家里流传着一句口头禅："二小姐，算账。"

少年时期的王承书身体并不好，总是因为生病而中断学业。但瘦弱的王承书很要强，每次病假之后总是自学将落下的学业补上。六年级小升初那年，王承书因病耽误了一年的学业。学校校长就对王承书说："你六年级的课都没上，怎么考？考不上怎么办？还是回去再学一年吧。"当时王承书大哭不止，苦苦哀求校长，非要参加考试。最终，校长允诺了她与其他六年级学生一起考试。王承书也没有让大家失望，1924年以优异的成绩考取了北京贝满女中。

贝满女中是北京最早的西式中学之一，培养的英才遍及国内外各行各业。在贝满女中，王承书接受了良好的教育。在王承书入学的第三年，北京爆发了"三一八惨案"，还只是个初中生的王承书就加入学生反示威游行队伍，强烈的爱国主义情感在王承书的心里埋下了火种。中学时期的王承书虽然身体孱弱，但成绩依旧很好，以优异的成绩顺利升入贝满女中高中部。在高中的课堂上，王承书了解到居里夫人发现"镭"并获得诺尔贝物理学奖的事迹，这引起她对物理学的兴趣。此后，王承书以居里夫人为榜样，更加发奋钻研。1930年，王承书被直接保送燕京大学物理系。

当时有人问她为什么要选择物理学，王承书说："现在正是物理学突飞猛进的时代，物理学已经成为判定国家科学是否发达的标志。我们中国的物理学非常落后，因此，我才要学物理。"王承书也是当时物理学班上唯一的女生。燕京大学物理系实行逐年淘汰制，王承书所在的班最终只有四名学生毕业，她名列榜首。1936年王承书获得了硕士学位，并留校任教。

抗战全面大爆发后，王承书随父母一起离开北平，在扬州何园生活了一段时间后，又往武汉撤离，其间曾在湘雅医学院担任讲师，之后又随学校前往贵州。此时王承书的未婚夫张文裕也从英国留学回来。张文裕与王承书是燕京大学物理系同学，两人因物理相识并相恋。1939年9月，在著名物理学家吴有训博士的主持下，王承书与张文裕结为夫妻。这对物理学

伉俪在后方昆明的西南联大物理系通力合作，分析了当时能够分析的核物理数据，取得了丰硕成果。1940年，日军大举入侵缅甸，昆明受到敌机轰炸。张文裕看到妻子研究的痛苦，于是鼓励她出国学习。1941年3月，王承书收到美国密歇根大学的录取通知书。1943年，张文裕接到美国普林斯顿大学邀请，再次远渡重洋，与妻子王承书在美国相聚。1944年，王承书获得物理学博士学位，并继续在密歇根大学从事博士后研究。由于在物理学领域的优异表现，1946年起王承书开始担

1957 年的王承书教授

任密歇根大学研究员，并曾两度在普林斯顿高等研究院工作。

1949年中华人民共和国的成立，激起了王承书夫妇归国的赤子之心。王承书坚定地表示："虽然中国穷，进行科研的条件差，但我不能等别人把条件创造好，我要亲自参加到创造条件的行列中。我的事业在中国。"然而美国政府规定：凡是学理工农医的科学家一律不许回国。王承书的回国之

路充满艰辛，一等就是五年。

1954年，经过周恩来总理在日内瓦会议上的努力，中美两国就中国科学家回国问题达成了协议：凡是希望回国的中国人都可以回去，如有困难，可以找印度大使馆。这个消息公布后，王承书激动不已，很快就和丈夫张文裕递交了回国申请书。同时，为了将最新的研究成果和资料带回国，他们夫妇俩开始秘密地将科技书籍按照邮寄标准整理打包，寄送回国。一年里他们采取分散邮寄的方式，总共寄回国内300多包书。然而，他们回国的申请却石沉大海。王承书一家人也因此受到了美国政府的秘密监视，并要求每季度报告一次行踪。

然而一切困难都没有磨灭王承书的回国之心。最终美国政府迫于压力，答应了王承书一家回国的要求，但只同意王承书夫妇二人回国，他们的孩子在美国出生，美国政府不给一个美国公民批准到中国的通行证。为此，王承书感到愤慨，并明确表示放弃儿子的美国国籍。最终王承书夫妇冲破重重困难于1956年9月30日回到了祖国。

二、 隐姓埋名"我愿意"

1956年，周恩来总理发表"向科学进军"的伟大号召。回到祖国之后的王承书按捺不住内心的激动，很快投入研究。当时她担任北京大学物理系教授，负责讲授热力学及统计物理学。王承书回国不久，就有民主党派的同仁找到她，希望她能够参加民主党派。王承书回答道："如果不是新中国的成立，我也许就不会回来了。我的愿望是加入中国共产党。"

王承书回国当年的11月16日，第一届全国人大常委会决定，成立主管原子能工业的第三机械工业部（后改为第二机械工业部）。时任部长宋任穷，对于人才十分渴望，听说王承书从美国回来后，非常希望能把王承书调到近代物理研究所，从事同位素分离理论研究工作。这项工作当时在国内尚属于空白领域，国际上只有美国等几个国家能掌握，并且高度保密。同位素分离理论工作与王承书研究方向完全不同，这意味着她必须要放弃自己的研究领域，重新开辟新的研究。这对已经 40 岁的她来说，绝非易事。当时宋任穷找到王承书说起这事后，王承书二话没说，并坚定向宋任穷承诺："既然谁去干都需要改行，那么我改行好了。"

在那之后，钱三强代表组织和王承书谈了一次话。钱三强说："承书同志，国家需要你离开北大，到近代物理研究所那里，搞同位素分离理论研究，请你考虑考虑……改行就意味着中断，对于一个科学家的而言，这是件残酷的事"。王承书想都没想就答应了。后来她回忆道："有人说中国人穷，搞科研没条件，其实我们回来时何尝不知道，那时条件更差。但我们是中国人，祖国还处在百废待兴的时候，我不能等别人来创造条件，我要亲自参加创造条件、铺平道路的行列。"调到近代物理研究所后，为了进行铀同位素分离的基础理论、培养相关技术人员，王承书先后为清华大学工程物理系的老师和数名北大毕业生讲课。后来清华大学的老师根据当时讲课内容编著了我国第一本铀浓缩著作。

两年后的 1958 年，钱三强又代表组织与王承书进行了一次谈话。这次是原子能研究所决定筹建热核聚变研究室。组织考虑到王承书有着深厚的基础理论、严谨的科学态度和拼命的工作精神，希望她能担任热核聚变研究室（第 14 研究室）的主任。这一次，王承书同样没有丝毫犹豫，当场就回答说："不用考虑，我愿意服从领导的安排。"

原子能研究所坐落于北京郊区，王承书的家住在北京中关村，家中尚有八岁的儿子。面对组织的任务安排，王承书很快就从家搬到了新的研究基地居住，在她的办公室里支一张行军床，一天三餐都在食堂吃。她一边主持热核聚变的研究工作，一边学习新的理论和指导年轻人学习，每天的工作时长都超过 10 个小时。

1959 年 3 月，为了攻下热核聚变理论，王承书前往莫斯科原子能研究所学习了三个月。1959 年 9 月的一天，一辆披红挂绿的彩车在鞭炮齐鸣中驶出原子能大院，车里面坐的是参加全国群英会的三名代表，王承书便是其中之一。在这次群英会上，王承书受到了党和国家领导人的接见。据王承书回忆，在群英会上她如坐针毡，因为她觉得她做得还不够多。她想像其他同志一样，做更多的事情。经过两年的努力，王承书带领其团队攻下了热核聚变理论，填补了国家在这项技术领域的空白。

1960 年，由于中苏关系恶化，苏联对中国毁约停援，撤走全部专家，而此时，我国兰州铀浓缩工厂刚刚建成。苏联专家的撤走，带走了大量技术资料，给建造工作造成了很大困难。能不能依靠自己的智慧和力量战胜困难？让谁来担负起浓缩铀的工作呢？钱三强思来想去，又想到曾经两次为国家转行的王承书。于是，钱三强再一次代表组织去找王承书谈话。钱三强说："这次是气体扩散理论，像两年前你改行时一样，这在我国也是空白。"王承书这次仍旧毫不犹豫地说："我愿意！"钱三强知道这次工作比之前每次都要困难，于是说道："这次不在北京了，要到外地去，很远的地方……因为工作关系，也许以后要隐姓埋名……你和丈夫孩子也要分开。"王承书默默地点点头，仍说道："没关系。"此时的王承书已经是一名中国共产党员，共产主义的理想已使她的思想升华：一生交给党安排。从此"王承书"的名字在理论物理界无声消失，开始了她后半生的默默奉献。

王承书开始投入高浓缩铀的生产工作，这直接关系到我国第一颗原子弹能否试制成功。1961 年，王承书和她的伙伴们从了解铀浓缩工厂开始，进行了深入的讨论、调研、工艺研究，为兰州铀浓缩厂的启动提供了重要技术资料和经验。1962 年 11 月，扩散厂主辅工程全部配套安装完毕。随着机器一批批的启动，分析结果一批批出来。1964 年 1 月，合格的高浓铀产品生产成功；4 月，浇铸出毛坯并加工成原子弹的核部件；10 月 16 日，我国首颗原子弹爆炸成功。

1966年国庆节，王承书作为对社会主义建设有重要贡献的科技工作者，被党中央、国务院邀请至天安门城楼观礼。当聂荣臻元帅向毛主席介绍王承书时说："她为我国第一颗原子弹的装填工作作出了巨大贡献。"毛主席听后非常高兴地说："这是中国第一颗原子弹爆炸的女功臣。"

三、 勤劳无私"显党性"

"文化大革命"期间，王承书也面临着很多莫须有的"罪名"，但王承书始终坦然而自信。面对无端的指责，王承书并没有自暴自弃，她心里担心的还是科研工作受到冲击。那段时间，王承书被转到实验组劳动锻炼。据当时与王承书一个办公室的研究员陆聚林回忆，每天王承书总是提前上班，最后下班，和大家的关系处得十分融洽。看到谁家里有经济困难，她总是出手相帮，是个大好人。

在这个时期，王承书意识到国内科学技术与国外的发展差距，这使她非常渴望了解国外同行的研究动向，缩小国内外差距。1974年，美国一位学者发表论文称美国的铀同位素分离膜性能提高23倍。王承书看到这篇文章后，认为可能是生产能力扩大了，最终通过调研，确定了的确是生产能力提高了23倍。1975年国际铀同位素分离会议在伦敦召开，王承书在得到会议论文后，认真阅读，从中汲取新知识，并组织相关人员进行翻译。整个"文化大革命"期间，王承书始终密切关注着国外研究动态。

在70年代，随着中美关系的缓和，许多美籍科学家不断回国探亲访友。这些科学家中有很多是王承书的好友，因此领导让她参与了多次接待外宾的工作。1971年7月28日，周总理在人民大会堂接见了著名华裔美籍物理学家杨振宁，王承书参与了这次会见。1975年11月，高能物理学家丁肇中回国探亲，作为王承书在美国密歇根大学的校友，丁肇中赠送给王承书一台计算器。当时国内还没有这样先进的计算器，但王承书自己并没有留下这台计算器，而是转送给理论计算人员使用，大大提高了计算效率。

1971年王承书与邓稼先（左一）、杨振宁（右二）、张文裕（右一）在北京友谊宾馆合影

1978年，王承书被调离科研一线岗位。为此，她向当时核工业部部长刘伟申请，希望延期她的调动。但刘部长看着这位已经66岁的老人，心里很不是滋味。一方面，一线岗位的确需要这样有经验、有理论的老专家，可王承书已经在一线奋斗了二十余年，长期与家人分离，实在于心不忍。因此规定被严格执行，王承书终于离开一线和家人团聚了。

王承书心中也明白，人有生老病死，她不可能总在科研一线，机会要留给年轻人，知识技术要讲究传承。因此，退居二线的她把大量的精力和时间放在对青年的培养上。凡是受教于王承书的人，都深深体会到她严谨治学的精神。研究员严世杰曾表示，王承书先生批改过的论文，连标点符号的使用不当也会标注出来。研究员钱新回忆道，王承书先生会亲自帮助学生改正论文中的不足。研究员诸葛福曾经把一篇论文交给王承书看，由于是复印，墨色很淡，王承书收到论文后用放大镜一字一字地看，并且提出了修改意见。诸葛福拿到经王承书修改后的论文稿后感动得说不出话。

对金钱、名利，王承书也始终看得很淡。作为二级教授，王承书每个月有 280 元的工资，但她从 1963 年开始后，将工资的四分之三（200 元）用于交纳党费，余下的工资还要资助家庭困难的研究人员。三年自然灾害期间，王承书和大家一起吃菜根、粗粮，并将省下来的粮食分给身体虚弱的同志。

1986 年是王承书回国三十周年。这年的 10 月 6 日，王承书举办了一次小小的家宴。家宴上王承书感慨万分："三十年了，至今我可以聊以自慰的是，我的选择没有错，我的事业在祖国。"

由于常年的不倦工作，晚年的王承书身体并不好，但她却因忙于科研从不看病，以致发现她患有严重心衰的时候，却找不到有关她心脏病的病历。回国几十年中，她只有一次是主动去看病的，那是为了治疗她的青光眼和白内障。因为这个病太影响她的工作了。当她得知，她的眼睛已无法治疗的时候，她既不紧张，也不懊丧。医生对她说，有一种进口药，可以打 10 针试一试，王承书问："能治好我的眼病吗？""不能，最多只能暂时控制。"医生答道。"多少钱一支？""600 元。"王承书笑了，幽默地说："你看，我这对眼睛还值 6 000 元吗？"说完转身就走，随行的人劝也劝不住。

1992 年下半年，王承书病情严重，住进了医院。之后不久，她准备了一份遗嘱，上面写道：

（1）不要任何形式的丧事；

（2）遗体不必火化，捐赠给医学研究或教学单位，希望能充分利用可用的部分；

（3）个人科技书籍及资料全部送给三院；

（4）存款、国库券及现金等，除留 8 000 元给未婚的大姐王承诗补贴生活费用外，零存整取存款作为我最后一次党费，其余全部捐给"希望工程"……

这不仅是份遗书，也是一名共产党人把毕生献给党和人民的誓言。1994年6月18日傍晚，王承书的大脑停止了思考。按照王承书生前的意愿，人们将其生前点点滴滴积累的10万元，捐献给了"希望工程"。

聂荣臻元帅曾经说过："我国核科学家们为创建自己的核工业，经过了一段艰难困苦的历程，留下了不同寻常的足迹。"而王承书便是那批科学家中极为普遍又熠熠生辉的代表。

（谢建军）

▷ **参考文献**

[1] 董玉琴、于卓编：《〈中华百名女杰〉丛书·科学卷》，中国国际广播出版社1997年版。

[2] 贾俊明、董学斌：《倚天：共和国导弹核武器发展纪实》，西苑出版社1999年版。

[3] 王文木编：《张文裕与中国高能物理》，张文裕故居修缮委员会印，2009年版。

[4] 李鹰翔：《"两弹一艇"那些事》，中国原子能出版社2013年版。

[5] 席学武编：《永恒的人生：王承书传》，中国原子能出版社2015年版。

朱良璧：
从数学世界到
烟火人间

朱良璧··················

1913—2021

上海人，我国杰出的数学家。1936 年毕业于浙江大学数学系并留校任教。在国际顶级四大数学期刊《数学年刊》(Annals of Mathematics)、《数学新进展》(Inventiones Mathematicae)、《数学学报》(Acta Mathematica)、《美国数学会杂志》(Journal of the American Mathematical Society) 上均发表过文章，且是迄今为止唯一一位在《数学年刊》上发表过文章的中国女数学家。朱良璧一生淡泊名利，默默耕耘在教学一线，为祖国的科研和教育事业奉献了终身。

一、 以赤子之心臻于学术研究

1913 年朱良璧生于朱泾镇上塘中市。幽幽小镇，秀美而宁静，朱良璧就是在这样的温静小镇上长大的。我们对童年时期的朱良璧知之甚少，但纵观她后来的人生轨迹，朱良璧从小便对数学的感情不一般。也许是本就对数学有着极致的追求，又或许是在上中学时期萌发了对数学的兴趣，总之时光在她 19 岁时，不经意间翻开了她人生中的另一页。

1932 年，朱良璧考入浙江大学。这一级为"民二五级"，其中数学系 8 月入学注册的总共 10 位学生，朱良璧就是其中一员。彼时的浙大数学系要求严格，不得缺课，如有缺课逃课者，其学号将会在校刊上被公之于众；若一个学期的缺课时数超过了规定的限额，就要扣学分；在数学辅导课上，学生们需要轮流做练习的题目，如果解不出来，名字就会被写在黑板上。因此，在系风严厉的浙江大学数学系，入学不易，毕业更有门槛，能如期顺利毕业的学生并不多。1936 年 7 月，朱良璧毕业了。而与她同时毕业的，仅有六位学生，朱良璧是其中三位女学生之一。更值得一提的是，她不仅如期顺利毕业了，而且还留校担任助教。

在校期间的朱良璧在学业上用功努力自不用说，但在社会动荡、日寇侵华的社会背景下，个人的命运早已与国家的命运连为一体。温静小镇出来的朱良璧也自有她热血强韧的一面。1935 年一二·九运动后，为响应当时北平学生的示威行动，浙江大学发生了史上规模最大的学生爱国运动及驱郭风潮。翻开 1936 年 1 月《浙江大学》第一期刊登的学生立誓签名的影印件，朱良璧的姓名，赫然签在了数学系学生名册的前列。

朱良璧更是将其热血御敌的情怀一贯到底，两年后，再次让周遭师生同侪们见识到了她的修竹韧劲。1937 年的朱良璧已经是浙大数学系的一名助教了。当 7 月抗日战争全面爆发、9 月杭州告急之时，浙大被迫走上西迁之路，此时的朱良璧可以选择不随校迁，但她义无反顾地追随浙大，真正与数学系风雨同舟。浙大初迁建德，继迁江西吉安、泰和，三迁广西宜山，几经周折，历尽艰辛，行程 2 600 余公里。在此途中，浙大师生先遇疟疾威胁，后遇敌机轰炸，江边天然岩洞便成了自习室，而朱良璧就是在辗转迁移的途中，长途跋涉。

1939 年 9 月，浙大增设理学院理科研究所数学部，也称数学研究所，数学系从此可招收研究生。1941 年 9 月，数学系由遵义再迁至湄潭南门外朝贺寺。当时整个中国货币贬值，物价飞涨，度日艰难，师生们的衣食住行都是问题，而朱良璧就是在这种缺衣少食的艰苦环境和氛围中，考上了数学所，成了一名研究生。在此期间她潜心治学、科学报国，并产出了一系列优秀成果，其中最重要的就是 1945 年作为首篇刊登在数学顶尖期刊《数学年刊》上的《关于傅里叶级数的一般部分和》（"On the General Partial Sums of a Fourier Series"）。这本期刊于 1884 年创立，之后由普林斯顿高等研究院与普林斯顿大学共同主办，是数学科学领域最有分量的刊物之一。与朱良璧在同一期上发文的，还有爱因斯坦、陈省身和西格尔。七十多年过去了，朱良璧仍是迄今为止唯一一位在此期刊上发表过文章的中国女数学家。不仅如此，朱良璧还是在国际顶尖四大数学期刊——《数学年刊》《数学新进展》《数学学报》《美国数学会杂志》全部发表过论文的中国科学家。

1937 年浙江大学数学系师生合影（前排左三为朱良璧）

二、 以伉俪之情支持丈夫工作

朱良璧在浙大攻读数学时的老师，是名声斐然的数学家陈建功。陈教授主管的数学系在四年级开设了一门叫"数学研究"的课程，吸收高年级学生和青年助教参加，是一个学生由单纯学习走向独立从事研究工作的过渡阶段，被誉为"中国有数学讨论班之始"。无论是以高年级学生的身份还是以青年助教的身份，朱良璧都符合该讨论班的要求，事实上，她确实也是该讨论班的一员。在函数讨论班中，傅里叶分析是当时的主要讨论内容之一，陈建功教授本人也是我国研究傅里叶的第一代学者，朱良璧在学术研究上深受陈教授影响，是我国傅里叶分析的第三代学者。

就这样，因为在学术上有着共同的研究兴趣，也因为在乱世中有着共同的爱国情怀和革命情谊，渐渐地两个人产生了感情，走到了一起。1943年9月，朱良璧和陈建功在湄潭结婚了，时任浙江大学校长的竺可桢还特意作一诗《减字木兰花·贺陈建功教授与朱良璧女士缔姻》恭贺。

此后的岁月里，朱良璧和陈建功用对彼此的真挚感情，谱写下了两位数学家平常但又不凡的婚姻家庭生活。而朱良璧作为陈建功曾经的学生、现在的妻子，家里家外一手包揽。婚后的朱良璧将重心放在了家庭生活和教学上，无论是在工作上还是在生活上都全力支持丈夫的工作。陈建功产出大量优秀学术成果的背后，少不了朱良璧默默付出的身影。

新中国成立后，浙江大学回迁。1952年，全国高等学校院系进行调整，浙江大学的学科和院系设置发生了很大变动，部分系科调整到省外兄弟院校和中国科学院，部分院系或独立成校，或与之江大学、浙江省立医学院等院校组合重新建校，其中数学系并入复旦大学，朱良璧服从组织安排，也调入了复旦大学，担任讲师。1958年，浙江新建杭州大学，请陈建功担任副校长，于是朱良璧就追随丈夫前往杭州大学任教，直至1977年退休。

生活上，朱良璧还是陈建功的贤内助。20世纪50、60年代，陈建功应上海科技出版社之约，将自己数十年在三角级数方面的研究成果结合国际上之最高成就，写成巨著《三角级数论》。1964 年 12 月该书的上册出版，而其下册虽然在 1966 年 5 月完稿，遭逢"文化大革命"，并未及时出版。幸运的是，这些手稿并未在"文化大革命"中被损毁，而是被朱良璧一直妥善保存着，直到陈建功逝世八年后，《三角级数论》下册才得以出版。该书上下册终于合璧，朱良璧功不可没。

纪念陈建功先生 100 周年诞辰时的合影（前排左二为朱良璧）

三、 以淡泊之境耕耘教育事业

多年来，朱良璧作为一名高校教师，一直默默耕耘在教学一线。朱良璧教的课程是《高等数学》，性质相当于现在所说的公共课。这门课对各个系都开放，因此为学校的不同学科培养了很多优秀的数学人才。

说起教书这件事，又有一个淡泊名利的真实故事，一直流传在原杭州大学数学系的教师中间。1962 年，陈建功还兼任杭州大学教师升等委员会主任，领导管理全校教师的职称评审工作。他始终主张以学术水平作为评审的唯一标准，这一举措使得教师升等真正成为一项激励教师奋发向上的良性机制。彼时的朱良璧虽然已经从教十几年，年轻的时候也曾经在数学领域的国际顶级期刊上发表过学术论文，但依旧是一名普通的数学讲师，所以当时大家都推荐朱良璧先生申报副教授的职称，且陈建功又是杭州大学学术委员会主任，看来应该是不会有问题了。当时数学系有位教授对陈建功说："朱良璧先生毕业早，她不升副教授，下面的年轻人压着不好办。"没想到陈建功听完后，断然说道："她小孩子多，在外系教课，以讲师身份上课还可以，不能升副教授。"就这样，即使后来陈建功当了杭州大学的副校长，同在杭大任教的朱良璧也一直任讲师，直到退休。在同事们和学生们的记忆中，从未听过朱先生对评职称这件事有过任何抱怨。他们都说，如果将朱良璧在学术上的成就放在如今，或许都可以申报成为院士了，但她不以名利为重，心境宽阔自有一番天地。

2013 年，为感恩师母也是师长的朱良璧老人，昔日弟子、后来毕业留校的浙大教授王斯雷在第 495 期《浙江大学报》专门为当时"新晋"百岁的老人撰文《"没脾气的"朱先生》，其中回忆了他与朱先生的认识缘由。当时王斯雷还只是一名助教，也是中国第一位数学女博士徐瑞云的"徒弟"。因为陈建功在数学领域的名气很大，所以徐瑞云就要这些青年人平时多向陈教授请教，就这样，王斯雷每周都会去旁听陈教授的课。当时，陈建功鼓励青年人多做科研，要求他们将研究成果写成论文。于是，在耳濡目染之下，王斯雷开始写论文了，并将写完后的论文交给陈建功改。但陈建功事务繁多，有时候就会让王斯雷先将论文给朱良璧，再由朱良璧将论文带回家，看完后又由朱良璧带回给王斯雷，一来二去，王斯雷和朱良璧就这样熟稔起来。通过多年的往来，王斯雷认为朱良璧是一个没有脾气的好人。在这篇笔墨不出千字的文章中，王斯雷回忆了朱良璧协助丈夫默默帮助学生的事迹，多年来也从未跟任何一位同事红过脸闹过脾气，晚辈们去给她拜年只要她身体方便都会坚持送出门，等等。

在家庭教育方面，朱良璧夫妇注重身教重于言传，老实做人、踏实工作、与人为善、彼此尊重俨然已经成为家风。次子陈翰麟是中国科学院数学研究所研究员，三子陈翰馥于 1993 年当选中国科学院院士，小女儿陈翰坤是杭州师范大学数学系教师，就连其孙子也是著名数学家、中国科学院外籍院士丘成桐的徒孙。

追求极致的数学世界，归于简朴的烟火人间，朱良璧先生用一生诠释了浙大人的精神和风骨，践行了数学人的初心和使命。她在烽火狼烟中与浙大风雨同程，在三尺讲台上对数学热血倾尽，艰苦环境仍潜心治学、科学报国，在数学基础研究领域造诣颇深，四十二年诲人不倦、提携后辈，一生都奉献给了祖国的科研和教育事业，终其一生追求纯粹、淡泊名利，始终践行着"大先生"的品格。

（胡平阳）

▷ **参考文献**

[1] 程民德：《一代数学宗师：陈建功》，《百科知识》1993 年第 11 期。

[2] 王斯雷：《"没脾气的" 朱先生》，《浙江大学报》2013 年第 495 期。

[3] 朱惠霖、田廷彦：《当代世界中的数学　数学之路》，哈尔滨工业大学出版社 2019 年版。

[4] 《深切缅怀！浙大数学家朱良璧先生逝世，享年 108 岁》，浙江大学官方百家号：https://baijiahao. baidu. com/s? id = 1717222933012374769&wfr = spider&for = pc，2021 年 11 月 23 日。

[5] 《百岁人生　平凡而又不凡的美好人生——108 岁浙大最高寿老人朱良璧》，浙江大学离休党工委：http://www.ltx.zju.edu.cn/2021/1201/c31847a2446973/page. htm, 2021 年 12 月 1 日。

龚澎:
从燕大校花到共和国
外交官

龚澎·················
1914—1970

原名龚维航，安徽合肥人，中共党员。1935 年在燕京大学读书期间，参加一二·九抗日救亡运动。解放战争时期，在沪、港分别组织出版英文刊物《新华月刊》《中国文摘》，是中共第一位新闻发言人。新中国成立后，长期在周恩来领导下从事外交工作，是外交部首任情报司（新闻司前身）司长，任职14 年之久。1964 年升为外交部部长助理，主管新闻工作。两度参与日内瓦会议，跟随周恩来出访亚非欧十四国。

一、 中共对外声音的传播者

龚澎出身合肥名门龚家，父亲龚镇洲是辛亥革命时期著名的革命党人。1914 年，二次革命失败后，龚镇洲携妻女亡命日本。10 月，次女出生于横滨，取名龚维航。1916 年，袁世凯死后，龚家才得以归国，辗转于粤沪。1933 年，龚维航考入燕京大学历史系。在家庭和学校的影响下，龚维航很早就接受进步思想的熏陶，关切时事，热心国事。

华北事变后，日本通过"何梅协定""秦土协定"等攫取我国平津冀大部分领土的主权。1935 年 8 月 1 日，中共中央发表《为抗日救国告全国同胞书》，号召"停止内战，一致抗日"。北平进步学生受到鼓舞，积极响应，聚集在玉泉山，刻下了"保卫华北"的庄重誓言。12 月 9 日，六千余名学生涌上街头，撒传单、喊口号，举行抗日救国示威游行，反对华北自治。当游行队伍在高梁桥遭遇警察围堵时，龚维航和另外五个学生队长一起走到前列，带领同学们一边高喊，一边奋力冲破警察防线。

当时，国民党政府厉行新闻统制政策。当天的新闻都被扣压，只有美国记者埃德加·斯诺发了一条独家简讯，报道学生运动情况。斯诺虽不是共产主义者，却被学生们的激情感染，建议学生们一定要设法冲破新闻封锁，制造舆论，扩大影响。在他的帮助下，龚维航与姐姐龚普生在燕京大学未名湖畔召开外国记者招待会，到会的外国记者有十几名，包括《密勒氏评论报》《合众社》《芝加哥每日新闻》《法新社》等多家在华知名报刊的主笔或记者。会上，龚维航姐妹介绍了一二·九学生运动当天的真实情况，痛陈日本侵略者在华恶行。龚维航敏捷机智的应对、流利的英语表达能力，给参会记者们留下了深刻印象，随后《密勒氏评论报》和《芝加哥每日新闻》还专门派记者采访北平学生。这次记者招待会，不仅代表北平学生向世界发出了正义的呼声，更是龚维航走向新闻工作的一次成功预演。

经过一二·九的洗礼，龚维航的政治立场愈发坚定，并于次年获准加入中国共产党。因敬仰革命先烈澎湃，她给自己改名为龚澎。大学毕业后，龚澎回到上海，在进步学生中开展地下活动。上海沦陷后，她借道香港，奔赴延安马列学院学习，随后根据组织安排，被分配到太行山区《新华日报》社开展宣传工作。

1940年，中共中央调龚澎到重庆南方局工作。接到调令后，龚澎风尘仆仆赴渝，在红岩村开展工作。她的公开身份是《新华日报》记者，实际上却是周恩来的外事秘书，主要负责中共的对外宣传，既要密切跟踪国际形势，也要积极联络在渝外国记者。为此，龚澎每天下午两点都要去巴县中学内的外国记者站，及时将中共南方局的主张和解放区的新闻译成英文，传递给外国记者。为了躲避特务跟踪，龚澎几乎都是早上七点多就出门，在山城的崎岖道路和大街小巷里转来转去，更换不同的路线前往记者站，保证消息的安全传递。

为打开宣传局面，实现南方局在抗战期间"宣传出去，争取过来"的工作方针，龚澎还很有智慧地结交了几乎所有驻重庆的外国记者。作为中共第一位新闻发言人，龚澎驾轻就熟活跃在重庆新闻界的身影，给外国记者们留下了深刻的印象。以致大家想到中国，回忆到重庆时，总会不约而同地想起龚澎。美国记者塞瓦赖德就曾说："一看见龚澎，我便产生了毫无用武之地的感觉"，这是"一个三心二意的自由主义者面临一个具有献身精神的真正强者时，产生的全然徒劳无益感"。

1946年，国共和谈破裂，龚澎离开重庆，辗转沪港，开始了新的战斗。在上海，龚澎创建了中共第一份外文期刊《新闻周刊》（*New China Weekly*），她和外事组工作人员焚膏继晷地书写，使更多海内外读者了解到中共和平建国的各项主张。10月11日，国民党占领张家口，局势日益紧张。周恩来致电中共中央，为疏散南京和上海的工作人员争取时间。龚澎和乔冠华夫妇也被要求立即南下赴港，利用中间地带的特殊条件，开展宣传工作。

这是黎明前的黑夜，但龚澎和同志们并不灰心，立即着手筹建另一份英文期刊《中国文摘》（*China Digest*），龚澎担任社长兼主编。其间，她不仅以钟威洛的笔名发表多篇精彩时评，更肩负着中共的对外联络工作。龚澎灵活利用各种机会，联络和拜访暂住香港的文化名流与民主人士，阐明中共立场，开展统战工作。在港三年，终于等来了解放，龚澎和来自各地的六百余位代表齐聚北京，共同见证新中国的诞生。

二、 外交部新闻司的奠基人

1949 年 10 月 1 日这天，龚澎和丈夫乔冠华早早地登上了天安门城楼。当毛泽东主席向全世界庄重宣告，"中华人民共和国成立了！"他们随着人群一起沸腾起来了。

弱国无外交。没有中国人民的胜利，哪里会有新中国外交？望着迎风飘扬的五星红旗，龚澎意识到，新中国要有真正独立自主的和平外交了，这是同世界各国人民友好相处的外交。

1949 年 11 月 8 日，中华人民共和国召开外交部成立大会，会上周恩来总理兼外长宣布了政务院任命的外交部司级及以上干部，龚澎任情报司（后于 1955 年更名为新闻司）司长。提到龚澎，周恩来总理亲切地介绍道："你们认识龚澎同志吗？她是我们部里情报司司长。乔冠华同志的爱

1949 年 10 月 1 日龚澎在天安门城楼上参加开国大典活动

人。有的年轻同志可能听不惯，过去在国统区，前不久在香港，都是称她为'女士''夫人'的，以后出国人家还是这么叫。"就这样，龚澎与新中国的外交事业结下了不解之缘，并满怀信心地开始了她的外交生涯。

外交部初建阶段，所有部门都是在摸索中前行。情报司怎样才能创建一套适应新中国外交的新闻体系呢？没有现成模式可依，龚澎就号召同志们积极了解其他国家的新闻情报司运行机制，用以更好地完善新中国情报司的各项章程。但她更是反复强调"我们要建立中国自己的外交学"，"要代表国家，一切都要正规化，要堂堂正正地打正规战"。

龚澎给新闻司的定位是"充当好中央的耳目喉舌"。一方面是要认真了解中央领导的要求，及时将国际动态消息准确地报告给上级领导，发挥好耳目的作用；另一方面是要有智慧地发声，有效统筹外国记者，积极开展对外宣传工作，将新中国的真实情况客观地呈现给世界人民。

在"冷战"的特殊时期里，我国不能直接订阅西方报刊航空版，因此想要及时了解世界消息根本不是一件容易的事。为了能准确、及时、高效地收集国际新闻，龚澎多方打听，辗转托人从美国购回一个二手微波收录机，安排情报司工作人员每天收听国际电台的广播，边听边录边译，摘录其中的关键信息。当时，海外没有中国记者站，为更快地在瞬息万变的国际信息中捕捉到有价值的新闻，龚澎第一个提出在驻外使馆设新闻站。1951—1957年间，新闻司曾派出三批人分别前往东柏林、日内瓦等地搜集信息。后来，这项工作主要由新华社的外派记者承担，新闻司也就不再外派工作人员了。

情报司收集到的新闻，如果不能及时上达中央，仍是无效的。为此，龚澎提议情报司创办不定期的《临时通报》《快报》等内部刊物，针对中央最关心的和最需要作出决策的问题，将收集到的消息随时加工分析，整理后及时编辑上报。她还特别强调，情报司的工作人员编辑时一定要不隐恶、不虚美，"好的要讲，说新中国坏话的当然也要分析"，要坚持"彻底的唯物主义"。每篇文章完成后，龚澎都要亲自过目。这两本刊物都曾受到毛泽东、周恩来、陈毅等中央领导的高度肯定和赞扬，以后逐渐完善，统一更名为《新情况》。

除了让中央准确地了解到国际情势，情报司的另一项重要工作是更好地发出中国声音，驻华的外国记者在其中也起到了重要的作用。新中国成立后，原驻国民党政府的西方新闻机构纷纷撤离，留下的外国记者只有十几人了，怎样才能更好地"另起炉灶"呢？龚澎鼓励情报司工作人员任何时候决不能失去信心。开展工作首先要做到有规可依，她立即带领科员们着手起草《外交部关于颁发外国记者登记证暂行条例》，报请周恩来总理审批后于 1950 年 7 月公布。这是新闻司处理外国记者事务和参加国际宣传的工作准则，更是新中国第一部有关新闻工作的法规。此后，三十年里不断修改总结，形成了今天的《外国记者来华工作指南》。

新中国成立初期，我国面临着复杂的外部舆论压力。一些时候，外国记者的报道要比情报司的稿件更有说服力。为此，龚澎总是利用一切机会做工作，以一种豁达的态度对待形形色色的抱有不同看法的记者和国际友人。她对情报司工作人员说，在对兄弟国家和党报的记者给予大力支持时，也应该对西方记者尽量提供些方便，争取让他们能够做出公正而客观的报道。

针对各国记者的报道，龚澎一直强调要让事实开口说话。为此，她曾多次组织新闻司带领外国记者结团去各省游历考察。50 年代初期，情报司就开始组织外国记者去往湖南考察了。考察团先去长沙，再去韶山农村，贯彻龚澎提出的好、中、差要全面地看，要深入百姓中间，让外国记者亲身体验新中国的变化。此外，龚澎也非常重视根据形势组织针对性的考察，如 1955 年去往西藏的考察。西藏和平解放后，外国记者们仍是普遍对西藏有误解，为使他们了解到西藏民族团结的真实情况，龚澎决定组织外国记者进藏采访，让大家切身感受西藏的变化。这里还有一个小插曲：当时一对意大利夫妇也报名了前往西藏的采访考察，但他们正在读小学的女儿却没人照顾了。龚澎了解到这一情况后，特意派细心的科员前去照顾小女孩，好让这对夫妇没有后顾之忧地去采访。虽是一件小事，但龚澎争取外国记者的努力却于此可见一斑。

除了新闻司常规工作的开展，龚澎也积极利用各种机会开展临时性的宣传工作。1964 年 9 月 26 日，自美归国的李宗仁，在京举办了一次记者招待会。龚澎注意到外国记者云集北京，建议请陈毅副总理也趁机举办一次记者招待会。报经中央审批后，定于 29 号下午在人民大会堂召开记者会，龚澎是会议的总负责和主持人。在短短的三天时间里，龚澎协调整个新闻司集思广益，大家不仅草拟了数百条记者们可能会提出的问题，并引经据典地列出答复提纲；还对会场情况做了细致的布置，设想了各种细节以应对意外发生。这是新中国成立以来我们党和国家领导同志首次举办的记者招待会，会场上座无虚席，陈毅副总理兼外长的讲话通过多国媒体的传播，在国际上产生了重大影响。

龚澎（二排左二）与情报司部分同志的合影

从组建情报司，确立工作职责和业务范围，到制定方针政策并有效地开展工作，这些都是在龚澎的直接领导下进行的。正如曾文彬回忆所说："正是由于龚澎非凡的组织与实干才能，惊人的魄力，才在周总理兼外长的直接领导下，创建了一个崭新的新闻司。她的功绩是不可磨灭的，人们永远忘记不了她。"

三、 国际舞台上的发言人

1954 年，为解决朝鲜问题和印度支那问题的日内瓦会议召开。这既是新中国参加的第一个大型重要的国际会议，也是龚澎作为外交部新闻发言人在国际舞台上崭露头角的开始。

此前，为做好准备工作，周恩来、张闻天等主要领导人一起考核筛选赴会人员。龚澎不仅以好成绩通过了考核，还带领情报司会同相关单位一起编辑了 1 700 多万字的资料，供代表团参考。会议召开期间，龚澎的主要任务是和黄华轮流召开记者招待会，担任新闻发言人，向各国媒体工作者传达中国代表团的主张和意见。4 月 28 日，周恩来在会议上首次发言。当天下午，中国代表团就在记者中心举办了第一次招待会，龚澎作为发言人向各国记者介绍周总理的发言内容和主张，并对记者们提出的问题对答如流，侃侃而谈。谈判过程中，每天都会有新的情况出现，随时都可能召开记者会，龚澎每次都充分准备，不卑不亢，冷静地阐述中国代表团的主张。赴会的记者感

龚澎在 1954 年日内瓦会议新闻发布会上

慨道："这真是一位年轻优秀的发言人。"其间，龚澎还代表周恩来会见了法国反对越南战争的妇女代表团，同她们进行亲切交流，表达中国人民爱好和平、支持正义的主张。

1960年底，美国公然向老挝派驻武装力量。为解决老挝问题，第二次日内瓦会议召开。虽然中国代表团此前已经积累了不少参加国际会议的经验，但这次会议还是远比中国代表团想象得艰难。美国处处挑衅，多次阻止会议召开，为揭露他们的阴谋，带队的陈毅副总理兼外长紧急召集中国代表团主要成员开会，决定率先举办一次记者招待会。5月13日，中国代表团在我国日内瓦总领事馆，召开记者招待会，龚澎作为新闻发言人，义正词严地揭露了美国干涉他国内政的阴谋，以理服人地回答各国记者的提问。中国代表团此举，被赴会代表认为是有力地粉碎了美国阴谋，争取到了谈判的主动权，在国际上赢得了广泛的舆论赞赏。

龚澎在外交舞台上行程最长的一次是1963—1964年间随周恩来总理赴亚非欧十四国进行访问。同以往一样，龚澎仍旧担任中国政府的新闻发布官，负责新闻组的工作。中国代表团到达阿尔及利亚后，举办了一次记者招待会，周恩来总理在会上回答各国记者提问。会后，一个电视台记者提出要采访周总理，并询问中国代表团愿意为此给多少好处。龚澎毫不客气地对这个记者说："你以为让我们周总理在你们的电视上露面，是你们给我们的favor（恩赐）吗？你想错了，记者先生！我们不需要favor，当众多的国家电视屏幕上出现周恩来的形象时，贵国的电视台才姗姗来迟。那时，记者先生，你就会知道你现在是犯了怎样的一个错误了！"龚澎滴水不漏的回答，尽显大国风采，受到了周恩来和陈毅等人的高度赞扬。

实际上，龚澎在外交上的魅力不仅体现在出访时的沉静从容，也体现在她的乐于分享，既能积极抓住和国际友人交流的机会，也愿意提携晚辈，给年轻人提供经验。亚非欧十四国之行归国后，龚澎不仅在部里讲述自己的经历，还接受外交学院的邀请，和同学们交流见闻。在国际舞台上做新闻发言人，需要龚澎在公众场合频频出现，但她却始终保持着豁达沉稳的性格。周恩来曾说她是"静如处子"，一直视她为外交上的最得力助手，并多次称赞："没有人能够代替龚澎！"

龚澎与非洲妇女在一起

1966 年的春天，"文化大革命"开始，史无前例的风暴骤降到外交部。龚澎倾心组织的新闻司，成了被批斗的中心之一，不少老干部和科员被迫接受审查，不仅日常工作难以稳定有序地开展，就是大家对自己会不会被当成"反动派"都疑虑难消。风雨飘摇中，龚澎仍是顽强支撑，绝不人云亦云，勉力保护着司里的工作人员，一直到生命的最后一刻。曾经的下属柯华后来回忆道："在那艰难的日子里，龚澎同志没有做过一件对不起人的事，没有伤害过任何一个战友。相反的，她总是不忘记用一切办法，用各种斗争方式去帮助别的同志，不怕自己承担责任和风险。"

从燕大求学到红岩历练，再到成为共和国外交官，龚澎既是新闻司的创建人，也是我国对外新闻工作的奠基人。曾与她一起共事的宋以敏回忆道，龚澎是一位杰出的女性领导干部，她达到了很高的真善美境界，内在和外在的美融为一体。回顾龚澎的一生，这位伟大的先辈，甘愿冒险犯难，下定决心，把自己完全奉献给祖国高贵的事业，献给她还没有来得及看到的未来。

（关书朋）

▷ **参考文献**

[1] 《建国初期的外交部》编委会编：《建国初期的外交部》，世界知识出版社 2005 年版。

[2] 宋以敏：《早期外交部新闻司和龚澎同志》，载赵化勇主编：《外交家风采》，中国广播电视出版社 2010 年版。

[3] 乔松都：《乔冠华与龚澎：我的父亲母亲》，世界知识出版社 2014 年版。

[4] 曾文彬：《一个逃难儿的人生：荆州走出的外交官》，世界知识出版社 2015 年版。

石联星：
女英雄的塑造者

石联星·················

1914—1984

湖北黄梅人，中共党员。原名石莲馨（一作石莲心），戏剧、电影表演艺术家，导演。1932年参加革命，在苏区开拓红色戏剧，1941年参加新中国剧社，1945年赴延安，先后在鲁迅艺术文学院、延安电影团、华北联大工作。1948年加入中国共产党，并调入东北电影制片厂。1949年主演影片《赵一曼》，获1950年第五届卡罗维发利国际电影节表演奖，这是新中国第一次获得国际电影奖。后在北京电影学院、北京人民艺术剧院工作，执导《渔人之家》《红岩》《年轻的一代》《生活的彩练》等话剧。曾任中国人民政治协商会议第五届、第六届全国委员会委员，中国电影工作者协会第一届理事会理事，中国戏剧家协会会员，北京市文联理事，中国戏剧家协会北京分会会员。

一、 战斗中成长起来的"红色明星"

石联星 1914 年出生于湖北省黄梅县一个殷实人家，学生时代就接触到革命思想。1932 年读高中时，她亲近的一位进步老师被国民党反动派逮捕杀害，激发了石联星对反动派的仇恨和对真理的渴求，她决定离家出走，投奔革命。于是，石联星和其他几位湖北女学生勇敢地奔赴上海，参加了共产党的外围组织"赤色互济会"。为了前往苏区参加红军，石联星等接受互济会的护士培训，学习包扎伤口、抢救伤员等。没多久，她和一位同伴带着两大箱上海工人亲手绣成的红旗，冒着生命危险，历经水路、陆路，沿着"上海—汕头—潮州—大埔—上杭边—汀州（长汀）—瑞金"这条地下交通线抵达了中央革命根据地。

初到瑞金，石联星被分配至中央列宁师范学校当文化教员，在那里她教的国文、图画、唱歌、游戏、体操等课程深受学生的喜欢，女学生出身的她也在这段学校生活中得到了生产劳动锻炼和军事训练。当时根据地有着虽简朴但丰富多彩、热闹非凡的文艺活动，让石联星深受感染，决心投身革命文艺工作。后来她被调往中国工农红军学校任文艺教员，同时参加学校工农剧社。石联星身材高挑、容貌秀美、声音圆润、动作优雅，不单参与歌舞演剧的编导、表演，还做节目的报幕、主持，很快成为剧社骨干，剧社也成为当时瑞金的文艺活动中心之一。在那儿，石联星的文艺才能受到了关注，当 1933 年 4 月中国共产党开办的第一所专业戏剧学校高尔基戏剧学校成立后，石联星被调往该校任专业教员兼剧团演员，同当时已经相当有名望的一批革命艺术家如沙可夫、李伯钊、赵品三、刘月华等共事。石联星既教专业课又教文化课，她边教边学，在前辈的指导下提高表演水平和歌舞技能，参演了一批反映革命根据地军民斗争生活的戏剧作品。石联星凭着革命热情、表演天赋和自己的感悟，表演自然、真实，充满了激情，很快与李伯钊、刘月华一起被誉为中央苏区的"三大红星"。每周的文艺演出，苏区的战士和群众将舞台围得里三层外三层，毛泽东、朱德、周恩来、陈毅等领导人也常来观看。周恩来曾对中央苏区艺术局局长赵品三说：咱们红军的"星月联华"（指石联星、刘月华）真是了不起。赵品三为此还专门作诗一首："十里听歌冒雨来，辉煌灯火照山台。军民同乐逢佳节，星月联华呈妙才。"

1934 年，中央苏区第五次反"围剿"形势告急，红军主力转移，在瞿秋白的安排下，高尔基戏剧学校师生以及一部分留在根据地的戏剧工作者分为三个剧团。石联星受命带领其中的火星剧团，先是坚持演出，后来跟随战斗部队，行军中边做宣传工作边参加战斗。在紧张的游击队生活中，她还参与创作了《共产儿童团歌》等一批作品。1935 年，石联星所在的队伍经过激烈战斗被国民党军队俘虏。她与几位剧团成员设法逃出，然而找不到组织，只好另寻出路。石联星随后考入南京国立戏剧学校，1937 年随校迁往长沙途中找到重庆八路军办事处要求前往延安，后经周恩来劝说到上海、广西等地从事抗日救亡演剧工作。1941 年秋，根据党组织的指示，石联星在桂林参与创建新中国剧社，和一群年轻的戏剧工作者克服没有经费、没有演出场地、被国民党禁演与迫害等困难，坚持演出宣传抗战、反对投降的中外进步剧作。经过磨炼，石联星在政治上和艺术上日渐成熟。

1945 年 6 月，在周恩来的安排下，石联星辗转贵阳、昆明、重庆奔赴延安，终于到了她日思夜想的解放区，进入鲁迅艺术文学院任教。当时的石联星"从国统区来到延安，高高的个子，穿着旗袍，年轻、帅气又漂亮，一个非常能干、戏演得非常好的女演员，真是不可多得"。抗战胜利后，石联星在组织指派下先后随文艺工作团、延安电影团奔赴解放战争前线和解放区，参加了延安保卫战、山西临县土改工作，在石家庄参加新政权的接收工作等。1948 年 7 月 1 日，石联星加入中国共产党。

二、攀登艺术高峰的"赵一曼"

新中国成立后的十年间，石联星全力投身新中国电影事业。1949年她加入东北电影制片厂，主演了《赵一曼》《湖上的斗争》等故事片，成功地塑造了许多令人难忘的银幕形象。她在《赵一曼》中的演出被称为新中国电影史上一项杰出艺术贡献。

石联星饰演赵一曼

《赵一曼》以东北抗日联军的斗争为题材，着重表现了女主角赵一曼团结领导群众英勇抗击日军，负伤被捕受尽酷刑毫不屈服，最终英勇就义的事迹。影片以优秀的质量以及对赵一曼坚贞不屈的民族气节和大无畏的牺牲精神的展现，给新中国的亿万人民以巨大的震撼和鼓舞，从此在全国掀起了向赵一曼烈士学习的热潮。

将赵一曼的事迹拍成影片，是东北抗日联军著名将领、时任松江省人民政府副主席冯仲云提出的建议。但实际上冯仲云与赵一曼只见过一面，赵一曼的真实姓名、身世以及完整的革命抗战经历要到电影公映引起全国人民热烈关注后才几经调查，直到1956年最终弄清。该片的编剧于敏依靠多方取材，尤其是走访原抗联女战士、时任哈尔滨市总工会女工部部长李敏，在她的回忆基础上，完成了剧本的创作。影片于 1949 年 9 月开拍，1950 年 5 月拍摄完毕，影片的导演沙蒙秉持现实主义原则，决定通过丰富、复杂的人物角色和关系的展示突出赵一曼的英雄性格、作为及品质，由此打造了影片的真实质感，而石联星扮演的赵一曼有血有肉，令人信服，是影片成功不可缺少的要素。

《赵一曼》是石联星刚从戏剧转行电影的第一部主要作品，事实上当时她缺乏充分的专业准备，需要适应电影的表演和拍摄方式，用她自己的话来说是"电影工作者之中的一个新兵"，把饰演赵一曼当作"正式上第一堂课"。她在导演的指导下，赤诚敬业、边干边学，业务素质飞速提高。她苦读剧本，向编剧、导演请教创作意图，还拜访抗联战士，研究抗联历史，更是回忆自己的革命经历，来加强与角色的联系。石联星自参加革命开始到饰演赵一曼的十七年中，作为一个进步女性、革命战士、党的文艺工作者，在中央苏区、国统区、红色延安，经历过根据地团结紧张的生活，游击战争中战斗和被捕，爱人的离去和牺牲，在忘我的创作和演出中坚定地履行跟党走的决心，最终迎来胜利。她一再回忆这些难忘的情景，满怀对党和人民的热爱，对同志和烈士的怀念，完成了赵一曼的角色塑造。

石联星的全情投入，成就了《赵一曼》，不仅叩动了亿万中国观众的心弦，影片到印度、苏联等国放映，也广受好评，被认为"对反对侵略战争有伟大贡献，鼓舞人民反对侵略战争的罪恶"。石联星因此片荣获 1950 年第五届卡罗维发利国际电影节表演奖，为新中国捧回了第一个国际电影表演奖项。

1956 年北京电影学院成立，石联星被调往该校任教导演系。在同她共事的周伟老师的回忆中，"石联星对教学认真负责，孜孜不倦"，"是一个好演员、好教师"，影片《城南旧事》的导演吴贻弓等就是在她的精心指导下成长起来的，"她为我国电影事业的繁荣和发展培养人才费了心血，做出了贡献"。1959年石联星还担任了中苏合拍片《风从东方来》的导演。1961年石联星离开电影学院到北京人民艺术剧院，重返话剧舞台。在"人艺"她先后导演了《渔人之家》《红岩》《年轻的一代》《生活的彩练》等剧。

"文化大革命"后，石联星虽然疾病缠身，仍坚持继续工作。1976年唐山大地震后，她密切关注着唐山的情况，拟定了写作计划准备创作反映唐山人民重建家园的剧本。她冒雪前往唐山开滦煤矿，与工人交朋友，了解他们的工作和生活，很快就写出了初稿，煤矿的同志写诗赠她："年逾花甲赵一曼，身经百战不下鞍。"1983年石联星再次当选第六届全国政协委员，当时她已身患癌症，仍抱病参加全国政协会议，还就电影刊物对青年人的思想引领问题做出提案。

三、 生活中的"石大姐"

石联星在舞台和银幕上留下了无数鲜明的形象，而在工作之外，在生活之中，她始终是位宽厚热情的朋友，是位贤妻良母。

石联星的同事朋友都称呼她为"石大姐"，因为她关心别人胜于关心自己。曾与她一道参加新中国剧社的李露玲回忆石联星当时是如何不知疲倦帮忙她照顾年幼的孩子："没有石大姐，我的孩子也许死在路上，现在这孩子已经58岁了。"人民艺术剧院演员金雅琴、牛星丽回忆中的石联星"从不以自己是电影明星自居"，排戏时也不摆导演的架子，外出体验生活也和演员们一起，"我们在公共汽车上卖票报站，石大姐跟我们一起是排头兵"。

"文化大革命"中，新中国剧社被打成"反革命"组织，很多原剧社成员受到迫害。当时石联星尽管自己也受到冲击，仍设法联合起几个曾在剧社工作过的老同志，挺身而出向组织反映情况、写申诉材料，申明剧社是在党领导下的革命文艺组织，多方奔走后终于得到了中共中央组织部为剧社平反的通知，挽救了许多同志及他们受牵连的家属。石联星夫妇的挚友，也是她北影的同事著名剧作家张海默被打成"现行反革命"，遭迫害致死，他的夫人张青予带着三个孩子处境非常艰难。当时石联星也正处在最困难的时期，但每月还是让儿子凌飞借打球为由去天津给在牛棚的张青予送钱。多年以后，张青予一家人提起此事仍感慨万分。

石联星的第一任丈夫是红军中央军事政治学校战术教员钟纬剑，两人在瑞金相遇相爱，后来钟纬剑牺牲于长征途中。1945年石联星与她南京国立戏剧学校的同学凌子风在延安重遇，不久两人就在革命战友的见证和祝福中结婚。

凌子风也是新中国电影的奠基人之一，1938年从南京国立戏剧学校去到延安，自此一直从事党的文艺工作。1950年由他执导的影片《中华女儿》为新中国捧回了第一个国际电影导演奖。在与石联星近四十年的婚姻中，凌子风完成了15部电影作品的拍摄，成为受到全世界电影界关注的中国主流电影的代表人物之一。而这背后是石联星放弃了自己的演员生涯，对他的支持和协助。

凌子风人称"拼命三郎"，因为他忙起拍摄来没日没夜，而石联星毫无怨言地承担起照料家庭、教养孩子的责任。凌子风也很信任石联星的专业眼光，每逢需要选择剧本或挑选演员，都会诚恳地征求她的意见，想要改编成电影的小说，也请她一起读、一起议。当凌子风开始制作电影分镜头剧本，他习惯"闷"在房间里写上10天左右。每当这个时候，他的饭菜都由石联星准备好给他送进书房。如果碰到夏天，凌子风会穿着背心坐在书桌前，肩上披一块毛巾，胳膊肘下再垫上一块，来挡住不断淌下的汗水。这时候石联星总会在他身旁，或为他更换毛巾，或坐在沙发上静静地看书陪伴他。他们的女儿凌丽回忆道："爸爸常年在外拍戏，回到家，妈妈总是给他准备一大摞简报帮他分析政治形势，确定艺术方向，供他参考、学习。爸爸常笑称，'你妈妈是我们家的政委。'"1984年石联星在与癌症搏斗多年后病逝，凌丽说："妈妈在临终前对我们姐弟留下了这样的遗言：'你爸爸以后如果要结婚，你们要理解他，不要干扰他。'我们懂得妈妈对爸爸的爱有多深。"

1976 年石联星、凌子风全家福

北京人民艺术剧院在为石联星作的悼词中写道："她的一生是革命的一生、战斗的一生。她严于律己，宽以待人，服从组织，克己奉公，从不计较个人得失。她爱同志，爱集体，亲切厚道，平易近人……"

（杨丹蓉）

▷　**参考文献**

[1]　梁化群、左莱：《革命的战士　优秀的演员——石联星传略》，载《中国话剧艺术家传第二辑》，文化艺术出版社 1986 年版。

[2]　张骥良：《听凌子风、石联星的女儿讲述过去的故事》，《三月风》2004 年第9 期。

[3] 郭谦:《走进世纪文化名门(三)——震撼百年中国的文化伴侣》,海南出版社2006年版。

[4] 凌风、凌丽:《凌子风和石联星的故事》,载《文史资料选辑第 160 辑(全国政协文史和学习委员会编)》,文史出版社 2012 年版。

[5] 朱安平:《电影〈赵一曼〉幕后的故事》,《党史博览》2012 年第 8 期。

[6] 严帆:《赤色艺术红星——星火剧团团长石联星传略》,载《中央苏区文艺研究论集》,长江文艺出版社 2017 年版。

晏桃香：
勤俭节约的模范人物

晏桃香·················

1914—1996

湖北孝感人，中共党员。晏桃香出身贫寒，1952 年丈夫病逝，留下四个孩子。她勤俭持家，热爱集体，积极参加生产劳动，成为全国勤劳节俭的模范、爱社如家的榜样。1958 年 1 月 23 日，《人民日报》刊登《勤俭节约的模范——晏桃香》一文，介绍晏桃香的事迹。她两次被评为县特等劳动模范，并出席湖北省劳模大会。1958 年 11 月，毛泽东主席在孝感亲切接见晏桃香。1958 年 12 月，晏桃香出席在北京举行的全国妇女建设社会主义积极分子代表会议，受到国务院总理周恩来的接见。

一、 勤俭持家——寻出一条节约之道

在回忆自己幼时的经历时，晏桃香说："我十二岁就被逼给人家当童养媳，一家八口七个人被夺去了生命。盼星星，望月亮，盼来了救星毛主席，盼来了救星共产党，我们贫下中农翻身作了主人。"这简短的话语背后，其实是一段沉重的经历。

晏桃香12岁那一年，1925年，正是连年大饥荒的年代。为了生活，父母带着她姐妹四人逃荒到滨湖的卧龙潭。经历劳碌奔波的父亲，得了病却没钱治，最后死在了卧龙潭。母亲带着她们姐妹四人沿门讨饭，但灾荒年月，哪有东西可以再给他人的。晏桃香的三妹和四弟都饿死了。母亲没有办法，只好把桃香和二妹兰凤送给别人，以谋取一条生路。兰凤被送到赵家垸一个地主家当丫头，桃香被送到傅水清家里当童养媳。但兰凤送到赵家不到一年就被折磨死了，母亲也被一个恶霸逼卖改嫁。晏桃香的夫家也是一户穷人家，虽然婆婆教她纺线织布，但还是少不了挨打受罪，直到20岁与傅水清结婚后，生活才平静了些。

1949年5月，和当地其他农民一样，晏桃香家得到了解放。共产党领导农民进行清匪反霸，减租减息。晏桃香说："受了三十多年的罪，现在算是熬出头了。"1951年朋兴乡实行土地改革，晏桃香家里也分了地。对于晏桃香来说，这一切与自己幼时的经历是多么不同，她想与丈夫一起在这一新时代创造出属于自己的未来。但现实总是不让晏桃香过得舒坦。1952年丈夫病逝，留下172元的债务。从那时起，晏桃香便负担着一家五口人的生活。

丈夫死的时候，晏桃香眼睛哭肿了，陷入了绝望的境地。这时，乡党委书记晏仁双亲自来安慰她，鼓励她，帮助她安排家务，告诉她走互助合作的道路。她逐渐懂得了党的互助合作政策，就积极参加了互助组、初级社、高级社。她勤劳生产，注意节约，终于解决了生活上的困难。从1953

年参加互助组起，至1956年入高级社，她还清了172元旧债，补交了入社股金，还买了5元公债。除了买口粮、杂用外，还归付了政府的贷款，还完了旧债，买了猪，买了公债，并赎回了六年前当出去的两间半房子，多余的钱存入了高级社。到1958年，晏桃香家已经是个不欠国家贷款、不欠私人旧债、有吃穿、有余钱的农户。

短短几年时间，晏桃香就从丧夫之痛中走了出来，还能够提高生活水平，其原因在于晏桃香摸索出了一条勤俭节约之道。

晏桃香非常热爱劳动，她懂得劳动才有幸福，因此出勤很多，一分半分的活她都一样鼓劲地做。冬天挖塘泥，天寒地冻，别的妇女都怕出工，她主动地参加挖泥，手冻得发裂，脚冻得发木，从不喊一声苦。下雨天，别人休息，她冒雨出外捡粪，打青积肥。有时本组的活做完了，就到别组去找活做。她虽然担任社里的副主任，出席省、县劳模会议，耽误不少日子，但她的劳动量丝毫不比别人少。

晏桃香参加集体劳动多，家务劳动做得也不少。放工回来她就在自己园里种菜，保住了一家人吃菜，还养了一头猪，喂了24只鸡，一年的收入解决了家中的油盐、针线、剃头和学费等零用钱。全家五口人的衣服鞋袜，也都是靠她的十指，晚上一有空她就做针线。一次她在省里开了十天会，别人会前会后休息，她却抽空做了大小鞋底三双和两件小孩衣服。

在省吃俭用方面，晏桃香也想了很多节约的办法。拿吃粮食来说，晏桃香的经验是"粗碾米，细磨面"。粗碾的结果，一百斤谷，能多出六斤米；别人磨小麦只磨五道，她家要磨七道，一百斤小麦也多出面七斤。晏桃香说："吃饭要做到粒粒到口，口口到肚。"又说："家有白米万担，只怕残粥残饭。"她认为做饭的窍门很多。量米时多少人吃做多少，宁少煮不能剩饭，有时饭少了不够吃，就掺菜煮汤饭吃。洗米时，要用丝瓜抹布滤淘米水，不让跑米；煮饭时，饭煮烂些，既软和又好吃。晏桃香家里的布票总是用不完，主要是她会节约用布。晏桃香采取"补旧如新"的办法，把旧衣服补过后再继续穿。她有一件旧袄子，大女儿穿了两年，二女儿穿了两年，再轮给小儿子德明穿。大女儿有条破絮裤，她改给三女儿穿了。这样"以小就大，以大改小"共做了四件棉衣，全家人就能暖暖和和过冬了。

晏桃香在多子女的家庭环境中，能够做到如此勤俭节约，与她对孩子的教育是分不开的。晏桃香特别注意培养孩子们的劳动性，给小孩具体分工定责，还经常开家庭会检查孩子的工作。大女儿菊芳，做早、晚两餐，喂猪，洗衣服，料理家务，然后出工生产；二女儿运芳放一头水牛，中午回家做中饭；三女儿在上学，放学回家除了温习功课，还收集猪吃的野生饲料，打扫屋子内外的卫生；小儿子德明也不甘落后，给社里捡粪赚工分。

社员们普遍反映："晏桃香家像一窝燕子样的忙。"当晏桃香想要少做衣服，以便能还清旧债时，大女儿菊芳听了妈妈的话，第一个提出来说："妈，我的棉袄暂时不做了，补一补还可以穿。今年修房子需要钱，再做了衣裳，就没有钱投资了，要影响生产的。"弟弟妹妹听了她和妈妈的话，也都推让着不要做了。

通过一家人的共同勤俭节约，晏桃香在短短几年还清旧账，过上自己当初与丈夫所梦想的新生活。

晏桃香与家人

二、 勤俭为社——从为"小家"到为"大家"

晏桃香不光是勤俭持家的模范，也是爱社如家的榜样。她说："没有合作社，就没有我一家。"

1956年丰收时，社里分给她家粮食3 100斤（包括增产粮），结果，她家只吃了2 520斤，除留100斤作储备粮外，其余的都卖给了国家。1957年，她家平均每人分到口粮500多斤，又只是从口粮中分出200斤余粮，储备防荒，其他都卖给国家。晏桃香说："我家可不比往年了，粮食够吃，油盐也没缺过。但今天你能节一个钱算一个钱，对自己对国家都有好处。"

晏桃香常对孩子说："要不是共产党领导得好，哪有什么农业合作化，哪有我们一家人。我们可不要好了伤疤忘了痛。"她觉得自己是党扶救起来的，不爱国、不爱社，那就是忘本。晏桃香总是尽着自己的力量来勤俭持家，做到有剩有余，遇到困难可以不向社或少向社里借钱。她手边哪怕节约了二、三元，也要拿出来投资或买公债。1957年，晏桃香全家在所得的工分中，扣除口粮外，还分得18元钱。社里叫她留着当零用，她说："家里养的母鸡肯下蛋，园子里的菜也长得青，零钱有用，蔬菜有吃，这笔钱不必拿出来。"她就向社里投资17元，只留了1元在手边。她认为钱压在箱底是死的，只有用来投资或购买公债，死钱才能变活钱。

她把社内的一针一线，一草一木看得像生命一样贵重。她把别人不愿喂的一头小瘦牛，牵回去亲自喂养。每天夜里，她起来几遍照看牛，平常节约的食油，自己舍不得吃，炒了两次油盐饭给牛吃；社里分给她九斤黄豆，她也给牛吃了。这条小瘦牛，在她无微不至的关心饲养下，终于喂肥壮了。社员们反映："晏大嫂喂牛比喂她的儿子还关心！"

一个夏夜，忽然雷电交加，她在床上翻来覆去睡不着，一心牵挂着仓库里的小麦。她赶快穿衣起床，女儿菊芳说："妈，社里这么多的人，还靠了你一个吗？"她打断女儿的话说："社里的人固然多，我可不能让粮食遭到损失。"她两步当一步地穿出了大门,借着闪光,从下弯赶到上弯去。她叫醒了社员们去检查仓库,果然发现有几处漏洞,她和社员们设法将漏洞堵住,才保住六千斤小麦免受损失。和平二社的队长傅花田说:"一个妇女能这样带头,我们拿她比自己,真有些抱愧。"

当各乡各社展开"晏桃香勤俭持家"的讨论时,社员们有着各种各样不同的心情。知道晏桃香"家底"的人,都会这样称赞她:"真是能干的妇女,一根柱子抵上一座墙。"不知道晏桃香"家底"的人,就有点怀疑:她真有那样的力量,从平地能兴起一个家吗?等到晏桃香勤劳节俭的故事传开后,人们的心里也亮堂了,尤其是那些喊缺粮的人,也和大家一道,深深地受了一次社会主义教育。通过讨论,有的人自觉地批判了自己没有爱国爱社的思想,表示要节约粮食,多卖余粮给国家。五红社妇女陈春梅转变了"宽打宽用"的思想,她懊悔地说:"我懂得了勤俭持家的好处,以后再不浪费粮食了。"车站乡妇女郭秀英说:"晏桃香家是娃娃班子,每年的粮食还有剩有余。我家五口人都是全劳力,今年还缺粮吃。我明年要和家里人努力生产,精打细算过日子,争取不当缺粮户。"

对此,晏桃香只是谦逊地说:"我的光荣都是党给予的,但是我一个光杆也顶不起屋梁,还是人多力量大。去年我在湖北省劳模会上做过保证:如果以后我还有机会来省开会,我还要带上几个'晏桃香'来。这才是真正的光荣。"在晏桃香心中,从为"小家"到为"大家"才更有人生价值。

当晏桃香的劳动事迹经《人民日报》报道后,陈毅元帅禁不住心潮澎湃,向《中国妇女》投稿,对晏桃香的事迹大作赞扬。

这就是晏桃香的奋斗事迹,
值得歌咏和流传。
这是新中国千百万妇女中的典型,
也是几万个典型妇女中的一般!

这是社会主义的妇女，

值得称赞。

此时的晏桃香正代表着成千上万为新中国建设的新妇女。

她的前进勇气更是模范！

这样从撒种开花到结果子真是十分自然。

我敢说像这样的妇女，

在新中国正大批涌现。

这是新中国妇女的光荣，

她们使得新中国更光明更灿烂！

1958 年 5 月《连环画报》第九期对晏桃香的宣传

而这批巾帼不让须眉的新妇女也定让那些藐视劳动者的感到羞耻。

> 她尽了本分还总想多贡献一点，
>
> 这是劳动人民最高贵的品质，
>
> 值得歌颂、值得效法、值得宣传！
>
> 我永远不会用我的诗笔，
>
> 歌颂老爷、太太，
>
> 也永远不会用我的文章，
>
> 赞美佳人才子，
>
> 但我专要把我们自己的劳动妇女歌颂一番！
>
> 这是平凡而坚实的砖块，
>
> 新中国的万丈高楼就靠它们把基奠。

三、 勤俭劳模——毛主席与周总理的接见

在晏桃香的生命历程中，能同时受到毛主席与周总理的接见是她人生中最难以忘怀的事。

为了如实掌握全国生产的发展情况，毛主席在 1958 年先后视察湖北、安徽、江苏、上海等地。11 月 14 日下午，毛主席在火车上接见了孝感县长风人民公社党委第一书记朱朝启和全国劳动模范官木生、勤俭持家模范晏桃香、全国青年建设社会主义积极分子方清官。这次难得的见面，还有一段有趣的插曲。

因为列车上有暖气，工作人员说可以脱外套，但晏桃香那天正患感冒，又因为是女同志，就没脱外套。结果，这一冷一热，导致她在和毛主席握手时，鼻腔作痒，忍不住打了老大一个喷嚏，唾沫星子喷了毛主席一脸。

在场的人全愣住了，晏桃香更是窘迫得无地自容，连道歉的话都不会说了。就在大家都异常尴尬的时候，毛主席笑眯眯地开腔了："还打吗？不打了？不打的话，那就是典型的'雷声大，雨点小'了。"大家一听这话，全乐了，哈哈大笑起来。毛主席看晏桃香还有点紧张，一边从自己的衣袋里掏出手帕擦脸，一边继续笑着说："你这个喷嚏打得真是时候，让我一下子就感受到了你们孝感人民的热情和干劲！"

虽然晏桃香自己后来在回忆这一件事情时，说并不是真的喷了毛主席一脸，但毛主席对她的关心倒是真的。晏桃香回忆道："我们在毛主席办公的车厢里坐下后，毛主席一边吸烟，一边问农业生产和农民的生活情况，在座的省里、地区的领导一一做了回答。毛主席时而沉默，时而高兴。最后，毛主席点着问我：'妇女的四期照顾（月经期、怀孕期、产期、哺乳期），你们是怎样做的？'我说：'月经来了不做下水的活，怀孕不做弯腰的活，产期休息一个月。'毛主席听了笑得不得了，我也笑得不得了，笑得热泪滚滚直流。"其实在接见晏桃香的前几个小时，毛主席就曾对工作人员说："妇女和男人还是不能一个样，要关心她们，人过分疲劳是要生病的。"

这一次受到毛主席的接见，对于晏桃香来说，即使 35 年过去，在自己快满 80 岁时，仍然记得"除了缅怀毛主席丰功伟绩，更重要的是把毛主席倡导的一些优良传统进一步发扬光大，把关系人民利益的事情办好"。只是让晏桃香没想到的是自己还能与周总理见面。

1958 年 12 月，晏桃香出席了在北京举行的全国妇女建设社会主义积极分子代表会议，这是她继 1958 年 11 月 14 日在孝感火车站受到毛泽东主席亲切接见后的又一次毕生难忘的具有重要意义的经历。

1958 年 12 月 1 日，晏桃香和孝感的另一位代表杨菊容随湖北省妇女积极分子代表 120 人在省妇联主任郭山支同志的带领下，乘坐列车于 2 日下午到达北京，受到了首都妇女热烈亲切的欢迎，随即住进南京饭店。晏桃香沉浸在无限的欢乐与幸福之中。

15 日晚，晏桃香和姐妹们一道参加了联欢晚会，当晚会进行到大家分头跳舞和照相时，晏桃香便站在一旁观看。这时，周恩来总理转身过来亲切地问起晏桃香怎么不去照相，当周总理听到晏桃香的名字时，因其勤俭节约的事迹而对她更加关怀，亲手取了会议桌上的一个橘子剥开给晏桃香吃，然后又削好一个苹果递给她。晏桃香顿时感动得热泪盈眶。周总理对晏桃香说道："孝感是个产粮的地区，而你们那里多是岗地，回去后一定要更加好好地干。"话音刚落，周总理随即又把桌上的糖果捧了两捧给晏桃香。一回到住处，郭力文立即在湖北团将这件事在全团传开，她说道："桃香真幸福！11 月受到毛主席的亲切接见，今天又得到了总理的亲切关怀。"

虽然受到伟人的接见让晏桃香的名气更为响亮，但毛主席和周总理对晏桃香的关怀，才是最令她感动的。正如她在回忆毛主席接见的感受时说："他老人家那样和蔼慈祥，我紧紧地握着毛主席温暖的手，激动得流出了幸福的热泪。毛主席亲切地叫着我的名字，和我坐在一起亲切谈话，问寒问暖，教育我要走社会主义道路。那幸福的情景，我一辈子也不会忘记，就产生了巨大的力量。"

从幼时逃荒的悲惨经历，到丈夫去世的迷茫，晏桃香的前半生总在不断遭遇坎坷。但晏桃香不是一个轻易向命运低头的人，她知道自己进入了一个新时代，只要勤劳，只要节俭，生活还是有希望的。她不仅通过勤俭节约将家庭从债务中拯救出来，而且还让自己的孩子也养成了勤俭节约的好习惯。她不仅为自己家里节约，对于社里，她也是尽力奉献。对于晏桃香来说，勤俭节约的更高境界是勤俭为国，因为她深知没有新中国，就没有自己新的生活。

（余春芳）

▷ 参考文献

[1] 中共湖北省孝感地委办公室编:《妇女的榜样——晏桃香》,湖北人民出版社 1958 年版。

[2] 中华人民共和国全国妇女联合会宣教部:《勤俭持家的能手》,中国妇女杂志出版社 1958 年版。

[3] 中国人民政治协商会议湖北省孝感市委员会:《孝感市文史资料（第 6 辑）》,内部资料,1989 年。

[4] 朱朝启口述、梁柏青整理:《毛泽东的孝感之行》,《湖北档案》1989 年第 6 期。

[5] 《毛泽东孝感之行》,湖北党史,http://hbds.cnhubei.com/jcfb/lxzj/201412/t20141216656483.shtml,2014 年 12 月 16 日。

何泽慧：
质朴无华求真理

何泽慧⋯⋯⋯⋯⋯⋯⋯

1914—2011

山西灵石人，中国现代杰出的核物理学家。1936 年毕业于清华大学，1940 年获德国柏林工业大学工程博士学位，1980 年当选为中国科学院学部委员，被誉为"中国的居里夫人"。在科学研究领域有多项贡献：正负电子弹性碰撞现象的首次实验观察；铀核三分裂和四分裂现象的发现；原子核乳胶制备过程的研究；开拓中国中子物理和裂变物理实验领域；推动宇宙线超高能物理和高能天体物理研究等。

一、 求学之路：为男女平等据理力争

　　1914 年 3 月 5 日，何泽慧生于江苏苏州，祖籍山西灵石。父亲何澄是山西首批留日学生，加入孙中山领导的同盟会。母亲王季山是物理学翻译家，出身名门望族与科学世家。外祖母王谢长达是清末妇女运动领袖，深受"科学治国"思想的影响，1906 年创办了著名的"振华女校"，何怡贞、何泽慧、何泽瑛三姐妹都在那里度过了小学与中学时光。父母祖辈开明的思想、早年科学教育的启蒙、爱国情怀的熏陶与自身的刻苦努力，让何泽慧一生与科学结缘，成长为一名率真倔强、痴迷研究、淡泊名利的伟大女性。

　　何泽慧的求学路并非一帆风顺。18 岁考入清华大学物理系，进校伊始，何泽慧便感受到对女生的偏见。一些教授认为女生读物理难以学有所成，且将来毕业可能要从事与战争相关的工作，不适合女生，打算劝她们转系。从小在男女平等思想浸润下长大的何泽慧，自然不会就此放弃，她与其他七位女同学一起，与系方据理力争："你们为什么在考试成绩之外设立一个性别条件？招生的时候没有说啊！"系里最终决定让她们试读一学期。后来的学业中，何泽慧确实承受了很大压力，她凭着顽强的毅力坚持下来。当

1936 年清华大学物理系毕业照（前排右二何泽慧，后排左一钱三强）

初一起考进来的 28 名同学，经过几轮淘汰，到了三年级只剩了 10 名，何泽慧位列其中。不仅如此，她的毕业论文《实验室用电流稳压器》获得了全班最高分。

正当何泽慧准备离开校园就业之时，战争硝烟四起。与何泽慧同级毕业的几位物理系男生，在老师帮忙联系下进入为"抗日报国"作贡献的南京兵工署等单位当技术员。但很多此类单位都将女生拒于门外，这又激起了何泽慧不服输的倔劲儿：兵工署不要她，她就去找兵工署顾问——德国军事专家克兰茨教授——现代弹道学的开创者。一心要救国的何泽慧，打定了主意要跟着克兰茨教授学习实验弹道学。当时山西省政府规定，凡是毕业于国立大学的山西籍学生，山西省均资助 3 000 大洋的出国留学费用。祖籍山西的何泽慧立即回山西办好手续，决定远赴德国柏林继续学业。

万事俱备却又遇障碍，时任德国柏林高等工业大学技术物理系主任的克兰茨教授告诉她：弹道学专业保密程度很高，从未收过留学生，更别提是女生了。何泽慧毫不退缩，摆事实说道理，反问克兰茨教授："您可以到中国来当兵工署顾问，帮我们打日本侵略者；我为了打日本侵略者到这里来学习这个专业，你为什么不收我呢？"精诚所至，金石为开，克兰茨教授被何泽慧的坚定打动了，同意她先来旁听。之后的学习中，何泽慧用她不懈的努力和优异的成绩彻底说服了这位德国教授，成为学校第一个外国的女学生并获得博士学位，在追求男女平等受教育权的道路上，何泽慧再一次取得了胜利。

二、 科研之路：为祖国强大艰苦创业

在德国柏林高等工业大学，何泽慧攻读的是弹道学专业，选择这个专业正是出于何泽慧的爱国情怀。其实"九一八"之后，中国近代力学奠基

人和理论物理奠基人之一周培源先生就开始考虑科学救国的问题，为此他特意在清华物理系增设了"弹道学"课程，研究子弹打出去的弹道轨迹，何泽慧有幸亲耳聆听这门课程，为日后继续深造打下坚实基础。当时的祖国正值抗日战争时期，中国武器装备的落后让我军在战场上吃了很多亏，遗憾自己不能上战场保家卫国的何泽慧，选择了实验弹道学的专业，致力于通过全弹道的设计来提高武器的性能。在德期间，何泽慧精钻苦读，26岁那年她的博士论文《一种新的精确简便测量子弹飞行速度的方法》通过答辩，获得了工程博士学位，但是由于1941年太平洋战争爆发，德国边境封锁，何泽慧不得已滞留下来。

战争挡住了回家的路，却挡不住何泽慧继续学习与科学研究的决心。27岁的何泽慧经老师推荐进入德国西门子工厂弱电流实验室工作，得到了仪器制造方面的训练，这为她日后回国围绕反应堆和加速器研制科学仪器打下了基础。孤身滞留海外，何泽慧无法联系上国内的家人，于是写信联系上彼时在法国求学的大学同学钱三强，托他向自己的家人报平安。随着战事扩大，何泽慧决定转向原子核物理实验研究，她来到海德堡威廉皇帝研究院物理研究所，师从实验物理学家W.博特教授，正式开始接触原子核物理研究，这与钱三强的研究工作非常相近，两人又多了很多共同话题，鸿雁传书，感情渐深。通信两年多，钱三强终于鼓起勇气向何泽慧求婚，30岁的何泽慧用简练的语言回答："感谢你的爱情。我将对你永远忠诚。等我们见面后一同回国。"

回到祖国，为祖国做贡献，是何泽慧从未改变的想法。继钱三强发现了原子核裂变的三分裂方式之后，1946年12月20日，何泽慧发现了四分裂，在国际科学界引起巨大轰动，当时很多媒体称他们是"中国的居里夫妇"，国外几个著名的研究所都邀请二位加盟。面对优厚待遇，何泽慧夫妇不为所动。1948年5月，他们带着七个月大的女儿和丰硕的科研成果，回到了祖国的怀抱。

新中国成立后，何泽慧将所有精力投入中科院的核物理研究。当时中国正百废待兴，研究环境简陋，研究人员不足，连一些常用实验仪器都没有，何泽慧就选择了"原子核乳胶"这种花钱不多、但可以探测各种粒子的探测器作突破口。核乳胶当时只有苏联和英国可以制造，其制法绝对保密，何泽慧与几位年轻人成立研究小组。没有仪器，就去废品站找废旧的金属自己绘制图纸做；人员不够，就一个顶俩，将少花钱多办事的原则发挥得淋漓尽致。最终通过"实践—认识—实践"的道路，分析矛盾，掌握规律，解决矛盾，终于在 1956 年成功地掌握了原子核乳胶的制备方法，达

到了国际先进水平。何泽慧和她的合作者以"原子核乳胶制备过程的研究"获得 1956 年中国科学院奖（自然科学部分），即首届国家自然科学奖。由何泽慧创建的核乳胶小组自 50 年代以后一直保留下来，继续从事原子核乳胶的开发和制备，为我国原子核及其他科学技术事业的发展作出了不可磨灭的贡献。

1957 年何泽慧在 401 所图书馆

新中国成立之初，何泽慧与钱三强受命筹建中国近代物理研究所。当时，"中国近代物理研究所"几乎一无所有，何泽慧和先生钱三强骑着自行车到北京各个废品收购站去寻找和收购可用做研究实验材料的五金器材和电子元件。就是在这样的条件下，中国近代物理研究所一步步走向壮大。1955 年，研究所已初具规模，何泽慧担任副所长，科研人员增加到 150 人。他们设计并制成了中国第一台和第二台静电加速器，研制成功中国第一台核物理探测器，并且为新中国培养了一批批核物理人才。

1955 年我国全面展开了研制中国第一颗原子弹的工作，何泽慧两次赴

苏联考察，参加钱三强组织的"热工实习团"，利用国外有利条件进一步培养核物理人才。由于是女性，又是钱三强的夫人，何泽慧没能进入核武器研究的第一线，但她以自己的方式参与了两弹一星工程。氢弹研发时，一个重要的数据，便是何泽慧带人在实验室完成了验证。当时，何泽慧带领工作组成员，不分白天黑夜地工作，几个月时间完成了在平时需要两三年才能完成的实验，澄清了国外数据的分歧，提供了我国自己的数据，为我国氢弹设计提供了参考指示。

何泽慧怀着报效祖国的坚定信念和对科学研究的一腔热爱，克服新中国成立初期种种艰苦条件，攀登一座座科学高峰。从小开明的家庭环境、严谨的家风，振华女校良好的校风，清华大学、金陵女子大学、东吴大学这样的名校环境，成就了何泽慧和她的姐妹们。20 世纪 40 年代末，何怡贞、何泽慧、何泽瑛三姐妹相继从海外归来，聚首北京，期盼为刚刚建立起来的人民共和国大厦立柱上梁、添砖加瓦。三姐妹在新中国的固体物理学、高能物理学、原子物理学以及植物学领域里，为中国科技事业的发展作出了诸多难能可贵的贡献，也真正践行了父亲何澄"用知识战胜敌人，用科学救国"的理念。

1962 年何怡贞、何泽慧、何泽瑛三姐妹在北京相聚

三、 人生之路：质朴无华求真理

2009 年 8 月的一天，温家宝总理来到北四环外一个普通居民小区，何泽慧陈设简朴的家就在这里。95 岁的何老满头银发，精神不错，屋内钢琴上摆放着她与先生钱三强的照片。看着照片上衣着朴素的何泽慧，温总理深有感触地说："您一直那么朴素，穿的衣服像工作服，就像是在实验室一样。这是您作为一个科学家的本色：朴素、真实、勤奋、诚实，讲真话。"

温总理这 11 个字是对何泽慧一生精准的评价。无论是科学研究中，还是生活上，何泽慧始终做到物尽其用不浪费，为国家节省钱财和物力。何泽慧的父母均出自名门，父亲何澄曾是鉴赏家与收藏家，苏州网师园一度是他们的住所，母亲王季山的家族世代官居高位。但是他们不仅自己奉行勤俭，对子女也是谆谆教诲：要勤学自立，绝不能倚仗父母家产享乐生活，成为社会蠹虫。何家三姐妹全然没有大户人家小姐的骄娇二气，反而志存高远，质朴单纯。何泽慧秉持的不仅是一般意义上的质朴节俭，更是对科学事业的专注和献身，体现了家族"物尽其用"的传统思想。

20 世纪 90 年代，从中关村到玉泉路的公交车上，人们每天能看到 80 多岁的何泽慧去上班，一身旧蓝色便装和一双军绿解放胶鞋，下班时还会带上两个单位食堂里买的馒头。工作中，何泽慧一贯倡导尽量利用简单的实验条件做出有意义的研究结果，形成自己科研工作的一个突出风格。当听人谈起有不少科学工作者一味追求高精设备，随意花费国家资金，何泽慧说："评价一项成果时，应该把所用的经费（人才、物力）放到分母上去除一下。"对于她在科学研究中取得的辉煌成就，何泽慧仅仅归结为简单质朴的八个字"立足常规、着眼新奇"。

1969 年冬天，何泽慧与钱三强都进了干校劳动。身处逆境的她平静坦荡，泰然处之，每日负责敲钟报时，不仅常常安慰暂时离开研究岗位的先生，还"因地制宜"地找到探索宇宙的乐趣。粒子天体物理中心研究员宋黎明回忆说，何先生和钱先生在干校时曾自制观测设备看彗星。他们仅靠着一个自制三脚架，一个初中老师上课用的量角器，画草图，确定观测纬度、观测时间，确定彗星的方向，进行数据处理。这件事对宋黎明震动非常大。在那么艰苦的条件下，即便是使用最简陋的仪器，他们仍然保持着对科学的热爱和追求，印证了李惕碚院士的一句话："创新型人才对环境是没有苛求的。"如果不是对科学的热爱和对人生的豁达，怎能做到这般宠辱不惊？心思澄明，方得始终。

对于那些执着名利的现象，何泽慧更是直言不讳地批评：拿些东西跑到国外测测就能评院士？这叫什么科学？何泽慧还曾当着大家的面对某著名院士说："你什么事都掺和，什么时候能沉下心来搞搞研究？"一连串的反问，敲打的是科学研究者的良心。《物理》杂志资深编委顾以藩曾评价何泽慧："她摒弃虚荣和风头，她坚持实事求是，绝不苟且附和，其质朴直率的性格鲜亮可见。"

2011年6月20日，何泽慧走完了她充满传奇的97年人生。半个世纪以来，何泽慧一直住在破旧小楼里，画家陈雅丹如此理解她所熟悉的何泽慧阿姨：她是一块纯白的玉，非常质朴，她所有的心思都放在了追求科学真理上，对于吃穿，从不讲究。于我们而言，这常常是一种无形的力量。那个才华横溢、质朴率真的何先生，带着孩子般的灿烂笑容，永远定格在我们心中。

（夏　天）

▷　**参考文献**

[1]　石思：《著名女物理学家何泽慧》，《物理教学》1986年第10期。

[2]　丁天顺：《科苑何氏三姐妹》，《文史月刊》2003年第2期。

[3] 《拳拳之心　殷殷深情——温家宝亲切看望朱光亚、何泽慧、钱学森、王大珩和胡亚美侧记》，《人民日报》2009年8月7日。

[4] 吴月辉、陈星星：《解读何泽慧：她就是很普通的老太太》，《人民日报》2011年6月22日。

[5] 刘晓：《卷舒开合任天真——何泽慧传》，中国科学技术出版社2013年版。

[6] 潘剑冰：《大师·大学·大时代》，江苏人民出版社2017年版。

汤蒂因：
从"金笔汤"到
人民经理

汤蒂因·················

1916—1988

原名汤凤宝、汤招弟，曾用名汤萼，江苏吴县人。小学毕业后辍学，历任上海益新教育用品社职员、门市部主任、进货部主任，现代教育用品社协理、昆明分社经理，现代教育用品社经理，绿宝金笔厂经理。1953年开始先后任上海绿宝金笔厂股份有限公司总经理、公私合营绿宝金笔厂私方经理、公私合营华孚金笔厂私方经理。1955年开始先后任上海市制笔工业公司副经理、经理、顾问，民建中央委员，上海市委员会副主任委员，上海市爱建公司董事，中国制笔协会副理事长，中华全国妇女联合会执行委员，曾当选第一、二、三届全国人民代表大会代表。

一、 求独立初出茅庐

汤蒂因，被誉为"金笔汤"，顾名思义，这是一位和金笔有着不解之缘的女性，她曾是上世纪金笔界的大姐大，一位在教学文具行业成功的女性工商业者，有着属于自己的传奇故事和风雨人生。

汤蒂因出生于上海一户贫困人家，父母重男轻女，对汤蒂因的哥哥是"望子成龙"，认为女孩读书实属多余。小小的汤蒂因虽只读到小学六年级就早早辍学在家，但是短暂的小学生涯还是给她的人生带来了积极深远的影响。汤蒂因当时就读的上海南市万竹小学是所名校，在她毕业之前都是男女分校制。男校校长李默飞是中华书局的负责人之一，女校校长是李默飞的胞妹，是个独身主义者，办事认真负责，待人和蔼可亲，给年幼的汤蒂因留下了深刻印象。在学习中，汤蒂因接触到课本中一首《木兰辞》，非常钦佩花木兰小小年纪就女扮男装替父从军杀敌报国的勇敢行为，立志也要成为敢闯敢拼的"女汉子"。五年级的汤蒂因担任了女校小卖部分部的工作，每天早上7点到8点在操场设摊为女同学供应文具和面包等，这段经历成为汤蒂因日后成为女店员的最初锻炼。

尽管成绩优异，在小学毕业取得全班第二名的好成绩，母亲还是坚持女孩子只要认识几个字，会记个账就行了，于是让汤蒂因辍学挣钱补贴家用。就这样，刚刚14岁的汤蒂因便与校园道别，走上了属于自己的艰难人生路。辍学的汤蒂因跟着母亲做起手工活，缝补衣服，打理家务。父亲为儿子买了很多书报，让汤蒂因在干活之余也有机会读到《小朋友》《儿童世界》等读物，后来她又成为《新闻报》的忠实读者，报纸上有她最爱的《啼笑因缘》小说连载，她还从邻居那里借来四大名著等小说阅读。就这样，汤蒂因利用自己的空余时间学习知识，从不间断。一天，汤蒂因看到报纸上一则招聘广告——"益新教育用品社"正在招收女店员。广告写道：益新教育用品社需要招收5名女店员，条件要求初中毕业。

看到这则消息，汤蒂因很是激动，但同时又有所顾虑。她心想：小学毕业能考吗？他们会不会不要我？一番心理斗争之后，汤蒂因下定决心，根据报纸上的地址向益新教育用品社写了一封诚恳的求职信，希望给她一次尝试的机会。幸运的是，汤蒂因的信打动了益新教育用品社，回信说允许她参加考试。考试那天，汤蒂因步行到位于现在福州路的考场，第一场语文考试，作文题为"我的志愿"，汤蒂因从自己的经历出发，讲述自己经历的家庭男女不平等，立志要获得经济独立，用两只手养活自己和饱受丈夫欺凌的母亲。

汤蒂因最终以优异的成绩被录用，这是她的第一份工作，也是她走向社会的第一步。14岁的汤蒂因就像一个初学游泳的人，小心翼翼地向着社会大海洋游去。

二、为创业历经磨难

第一次当店员，汤蒂因被安排在金笔柜台做销售，金笔缘就此开始。汤蒂因天资聪颖，心思细腻，从入职开始就看别人怎么推销产品，自己模仿练习，事后又细细琢磨，总结经验，仅仅三个月的时间，汤蒂因便成了一名优秀的金笔销售员。她熟悉自己销售的各种品牌的金笔的特性，又能摸透顾客的心理需求，而且服务态度好，店里的回头客越来越多，金笔的销量大大地得到了提升，引起了老板的注意，他对汤蒂因刮目相看。

凭借着自己的努力，仅仅15岁，汤蒂因就当上了益新教育用品社的门市部主任，负责整个部门的教育用品的销售。随着职位的提升，汤蒂因学习的东西也开始增多，对各种教育用品，她都用心了解它们的优缺点和特性，就连加工方法都要全部学习。正因如此，汤蒂因知识越来越丰富，她改革销售方法，采取买二送一等经营办法，又提升服务质量，生意是越来越好。汤蒂因的聪明能干被益新教育用品社的老板看在眼里，想纳汤蒂因为妾。汤蒂因自尊心大受打击，毅然辞去了工作。

青年汤蒂因

在哥哥的鼓励和帮助下，汤蒂因凭借自己做店员的丰富经验，开张了自己的"现代物品社"，批发文具用品。汤蒂因对这一行业熟门熟路，进的价格较低，客户又面向全国，订单颇丰。很快，益新教育用品社老板得知汤蒂因自己做起买卖很是生气，开始想办法抵制汤蒂因，让厂家不给她发货，让她无货可卖，一时难住了汤蒂因。但她很快想到了解决办法——去找那些大厂家，他们不会理睬益新教育用品社老板的威胁。现代物品社就这样开了下去，需要的资金越来越多，汤蒂因又找来一些朋友入股自己的店，生意越来越红火。

就在店铺经营得如火如荼之际，命运又给汤蒂因带来了新的挑战。"八·一三"淞沪抗战的炮火让她的店铺无法生存，放出去的货物收不回款。但汤蒂因不是轻言放弃的人，她带着货物辗转来到昆明，在昆明开张了"上海现代物品社昆明分店"。汤蒂因的生意影响到了昆明本地的文具店老板，受到本地商家的共同排挤，没有生意的汤蒂因只得另谋出路。既然本地生意做不成，汤蒂因将文具远销外省，向四川、重庆等地发货。质量问题是外省老板的担心之处，所以汤蒂因先发货，验货后再收钱，让老板们放心，生意之路就此打开。

抗战胜利后回到上海，汤蒂因认识到不能做没有货源的老板，于是决定自己开厂，创立了"绿宝"这个金笔品牌。但就在这时，腐败无能的国民党当局让大量的美国货涌进中国市场，各种品牌的美国商品充斥中国店铺之内，这让国货纷纷面临滞销倒闭的艰难处境。

汤蒂因的性格是刚硬的，她毅然坚持着创办了自己的绿宝金笔生产厂，自己担任厂长，不仅如此，还兼任着现代物品社的经理职务。汤蒂因严把质量关，对绿宝金笔的生产严格要求，不允许出现劣质产品，同时对工人又体贴到位，重用人才，使得厂里上下团结一心。不仅在生产方面，在销售方面汤蒂因更是发挥自己的才能，她研究客户需求，花样翻新地生产新的金笔。在汤蒂因的努力下，工厂当时生产了"长寿金笔""幸福金笔""小朋友金笔"等各种款式的金笔，以满足不同用户的需求，汤蒂因的绿宝金笔在美国货的浪潮中得以生存。可是好景不长，国民党当局发布《经济紧急措施》，一时间金圆券贬值，物价飞涨，汤蒂因的生意又濒于停顿，勉强维持。

三、 跟党走大展宏图

1949 年新中国的成立给人民带来了希望，汤蒂因激动之余，对新中国的经济政策有些懵懵懂懂。解放前曾经在上海领导地下斗争的刘晓同志，公开身份是关勒铭金笔厂的副经理，他热情地将汤蒂因称为自己的"老同业"，并向她耐心解释道："中华人民共和国经济建设的根本方针，是公私兼顾、劳资两利、发展生产、繁荣经济，凡是有利用国计民生的私营经济，人民政府鼓励其经营积极性，并扶助其发展。"一席话让汤蒂因茅塞顿开——只要跟着共产党走，路将越走越宽。

在一个没有战争与混乱的稳定社会环境下，全国经济逐步恢复，人民政府在资金、原料、销售等方面都给予了极大的关心和帮助，汤蒂因的绿宝金笔厂达到了产销两旺的局面。为了满足人民需要，汤蒂因的绿宝金笔厂和天鹅金笔厂、博文笔尖厂三家合并，成立上海绿宝金笔厂股份有限公司，极大地提升了公司实力，金笔厂规模得到了空前壮大。不久，金笔厂制定了更宏伟的计划：两年内赶上"派克"！汤蒂因驻守厂房，和同事们一起严把质量关，陪着工人们加班加点，在老机器上进行技术革新，仅仅用了 25 天，就生产出与"派克"笔相媲美的"100 号英雄金笔"。钢笔的质量鉴定一共有十余个指标，"100 号英雄金笔"在其中九个指标上都做到了"赶上派克"，包括"笔尖圆滑""笔尖耐磨""笔尖弹性""吸水容易"，等等，与美国 51 型派克金笔不相上下。在全国金笔、钢笔质量评比中，"100 号英雄金笔"荣获全国第一。

汤蒂因为企业付出的巨大努力，都看在工人眼里，同时，她也始终把工人权益看得很重。在一次劳资协商会议上，汤蒂因提到要改善工作条件，增加职工的福利待遇，工人们代表却站起来说：汤经理，我们应该首先关注生产，把福利待遇放后面说。只要把生产搞上去了，一切都好办！汤蒂因听后感动不已，开完会之后第一件事就是把厂里七名患有肺病的工人送去苏州疗养治疗，费用全部由企业负责。汤蒂因对职工的关爱，激发了他们的劳动热情，生产不仅没有受到影响，反而超额完成 20%。1955 年，上海绿宝金笔厂又与公私合营华孚金笔厂合并，成立了华孚金笔厂，拥有职工 1 300 人，汤蒂因被任命为私方经理。这家华孚金笔厂，就是后来响当当的国营英雄金笔厂，是一家名副其实的大厂。

在本职工作之外，汤蒂因还承担起很多社会服务，同时也为自己找到了组织大家庭的温暖。1951 年 2 月，汤蒂因以特邀代表的名义出席了上海工商界代表会议，并被选为上海工商联执行委员。一个在实业界风风雨雨中独自奔走势单力薄的女性，有了自己的商界大家庭，并在其中发挥重要作用。汤蒂因以执委名义，在文教用品行业积极倡导和组织了同业公会，组织与参加各地举办土特产交流会，极大地打开了绿宝金笔厂的销路。1952 年，汤蒂因作为全国工商界代表被选中参加第二届赴朝慰问团，该团为纪念中国志愿军出国作战两周年而成立，在整个工商界，只有三位同志入选。代表团首先北上，在沈阳集中进行短期学习和训练。在军事训练中，汤蒂因各类项目动作做的有板有眼，从容不迫，毕竟抗战期间，她在昆明和重庆经历过惊涛骇浪的逃亡岁月，太熟悉用什么姿势与方法躲避敌机投弹。在朝鲜战场奔波的一个半月里，汤蒂因更深地体会到对祖国的爱和同胞们心心相连的感情。

1954 年 10 月 1 日的国庆典礼上，汤蒂因作为第一届全国人大代表登上天安门旁的观礼台观礼。在城楼上，周恩来总理赞许了汤蒂因，并鼓励她去帮助和带动同业，争取全行业的公私合营。汤蒂因被周总理的远见卓识深深打动，后来经过一番改组安排，金笔、钢笔的生产初步纳入了国家计划的轨道，使得原本因生产分散、盲目竞销而陷入窘境的行业起死回生，渡过了难关。汤蒂因和同业们深深意识到，没有党和政府的安排和无微不至的关怀、照顾，制笔行业要打破困难局面是完全不可能的。1955 年 12 月 25 日下午，毛主席会见了汤蒂因。毛主席亲切地和汤蒂因握手说道："啊！你就是'金笔汤'！你要做好社会主义企业的经理呀！"汤蒂因激动不已，受到莫大鼓励。

汤蒂因（左二）与上海市工商联领导唐君远（左一）、
陈铭珊（右三）、刘靖基（右二）、郭秀珍（右一）合影

汤蒂因取得成功的最重要因素，是新中国成立后稳定的商业环境。她的前半生处在中国最艰难混乱的时代，曾因为战争不得不数次关闭生意兴

隆的店铺，自己也流离失所。在没有战乱的年代，每个人都奋发图强建设新中国，这是时代给汤蒂因的金笔厂添砖加瓦，让汤蒂因终于能够在金笔业大展宏图，尽情释放自己的才华，奠定了金笔女王的地位。此外，汤蒂因年少之时虽然没有机会接受更多教育，但从未放弃学习并不懈追求女性精神独立与经济独立。不屈的意志和积极向上的理想铸就了辉煌的汤蒂因。学历只有小学毕业的汤蒂因有着自己的学习之道——在做中学，学中做；不能读万卷书，就行万里路。无论生活如何不堪，遇到多少坎坷，只要足够勇敢，不忘初心，总能绝处逢生，另寻他路，终会实现梦想。

（夏　天）

▷　参考文献

[1]　汤蒂因：《金笔缘》，三联书店 1983 年版。

[2]　辛茹：《金笔女王》，解放军出版社 1995 年版。

[3]　尚晓琴：《金笔缘——汤蒂因》，《中国工商》1997 年第 3 期。

[4]　唐文、谷鸣：《金笔女王汤蒂因》，《中国市场》2012 年第 38 期。

[5]　徐鸣：《"金笔"辉煌汤蒂因》，《都会遗踪》2016 年第 4 期。

[6]　左旭初：《"金笔女王"与"绿宝"商标》，《中华商标》2018 年第 1 期。

池际尚：
中国地质学女儿

池际尚⋯⋯⋯⋯⋯

1917—1994

湖北安陆人，中共党员，中国科学院院士，我国著名的岩石学家、地质教育家。1941 年毕业于西南联合大学地质地理气象学系，1946 年赴美国留学，1949 年获宾夕法尼亚州布林莫尔学院（Bryn Mawr College）博士学位。曾任西南联合大学地质地理气象学系助教，清华大学地质系副教授，北京地质学院教授，武汉地质学院教授、副院长，中国地质大学（北京）教授。1980 年当选为中国科学院地学部委员（院士）。曾被评为全国三八红旗手、地质矿产部劳动模范。著有《岩浆岩岩石学》（与苏良赫共同主编）、《费德洛夫法》（与吴国忠合著）等。

一、 刻苦学习，"地质"救国

1917 年 6 月 25 日生于湖北安陆的池际尚，自小就学习成绩优异。1936 年高中毕业后，她以优异的成绩考取清华大学物理系。1937 年 7 月 7 日抗日战争全面爆发，池际尚随清华大学师生转移到湖南长沙上临时大学，积极投身抗日救亡运动，报名参加抗日救亡工作战地服务团。1938 年，池际尚在长沙经同学郭建恩介绍加入了中国共产党。她经常到八路军办事处联系工作，有幸见到董必武等党中央领导同志，聆听他们教诲，坚定了抗战一定能够胜利的信心。后来池际尚转到西南联合大学，改学地质专业。

当时学习条件十分艰苦，但池际尚非常珍惜这个学习的机会，靠着英语基础好和自学能力强，努力钻研了大量英文参考书，受到教师和同学们的称赞。她不畏艰险，在土匪横行、人迹稀少的大山区与男同学一样进行野外考察。野外实习时，自己做饭，一块咸菜或一点盐水下饭，她也吃得很香。在一尺多高的矿洞里匍匐前进，浑身都是泥水，由于经常光着脚工作，脚上被划了一道道血口，但她没叫过一声痛。1941 年，池际尚获中国地质学会首次颁发的学生奖学金；1945 年，她以优异成绩获得了中国地质学会的第一届"马以思女士纪念奖金"。

1946 年，经袁复礼教授推荐，池际尚获得了美国布林莫尔学院研究生奖学金，新婚仅 20 多天，就只身远涉重洋赴美深造。1949 年，池际尚以出色的研究成果通过论文答辩并获得博士学位。学校授予学位那天，当校长念到池际尚的名字时说道："我们学校为有池际尚这样的优秀毕业生感到骄傲！"因为她的博士论文讨论了当时国际地质界热烈争论的"花岗岩化"问题，她不仅阐明了它的成因机理，改正了构造岩石学权威克劳斯所提出的成因观点，还提出了一个"变形—组构"的统一模型。

当新中国成立的消息传到美国之后，她分别给清华大学地质学系主任袁复礼教授和北京大学地质学系王鸿祯教授写信，希望回国工作。导师特涅尔教授十分赏识池际尚的才华，曾竭力以高薪待遇挽留她："科学是没有国界的，我是新西兰人，不也是在这里搞科学研究吗？科学成就可以服务全世界。"虽然如此，池际尚没有片刻犹豫，她婉拒了教授的好意，说："我出来留学，是因为我们国家太弱太穷了，我想把它建设富强。现在新中国成立了，我应该回去，祖国需要我。"

但是回国的旅程不是那么顺畅的，当轮船抵达日本横滨时，三名留学人员被美国特工搜查并被追截羁押在日本，其余人员逃过一劫抵达香港。尽管船上的中国留学生手中都握有香港的过境签证，但是他们被阻留在"威尔逊总统"号舱室，一个也不准上岸。当时美国政府通过英国政府，与港英当局互相串通，声称这批中国留学生都是"共产赤色分子"。为向港英当局表示强烈抗议，在船上留学生组织的领导之下，池际尚带领留学生们高声抗议，表达对帝国主义者丑恶行径的愤慨。

在求学阶段，池际尚就把个人的理想和祖国的命运紧紧联系在一起。她用地质救国的志向，心系祖国的情怀，在她成为共产党员的那一刻就发芽生根了。

1949 年池际尚（右一）在美国布林莫尔学院获博士学位

二、 醉心科研，不畏艰难

中国地质学开拓者王鸿祯教授曾说："池先生的科研选题，几十年来，一直处于当时的学科前沿。她的教学选材，又一直是深思透见，包容了最新的科研成果。更难得的是，她的科研活动总是急国家所需，与矿产资源紧密结合。""长期以来，池先生始终站在岩石学的学科前沿，与地质科学整体发展的步伐是完全相合的。"池际尚毕生从事地质教学和研究，相对而言，她发表的论著并不很多。但不论是从教还是治学，她的文章和见解都是殚精竭虑，熠熠生辉，称之为"掷地有声"也许并不为过。

1950 年 8 月回国后，池际尚受聘为清华大学地质学系副教授，她的到来，给地质学系增添了生气和活力。1952 年高等学校院系调整，池际尚到新成立的北京地质学院任教授，并担任地质矿产专修科主任，为当时地质战线的急需而开办的，培养出的人才在地质勘探第一线发挥了积极作用。

池际尚的研究工作总是与国家的需要相结合，为国家事业作出贡献。她不怕辛苦，不怕困难，心中只想为中国的地质事业开辟一条道路。

1956 年和 1957 年，她参加中苏联合组成的祁连山综合地质考察队，先后两次横跨祁连山，进行了地质构造及矿产调查。1958 年，北京地质学院二百多名师生参加了山东中、西部 1：20 万区域地质测量和普查找矿工作，池际尚任大队长兼总技术负责。他们在 4 年之内提交的 14 幅地质图（面积 89 600 多平方公里）及图幅报告，均已由国家正式出版，为山东沂沭断裂以西的找矿勘探工作打下了基础。特别是在我国东部首次认识到的沂沭大断裂带的存在，对指导找矿和构造理论方面都有重要的意义。北京地质学院丁大武回忆道："作为已经 40 多岁的女同志，池先生不辞艰难险阻，和我们一道跋山涉水，她还经常去每个队检查、指导工作，足迹几乎踏遍了山东大地。那年头的生活相当艰苦，从国外回来的池教授也和我们学生一样，吃了半个月的地瓜、半个月的棒子面。"同行的刘宝珺也回忆说："在祁连山工作期间，条件十分艰苦，住的是帐篷，吃得也很困难，只能带些干菜。山很高，高山之间是大草原，所谓'望山跑死马'。我们每人早晨9时出工，要到晚上10时才能回到帐篷。常可以遇到狼、豹子、熊，而且有流窜到山中的坏人。"

"池先生从不怕吃苦，做地质勘察时细致、专业的程度令人叹服。"叶德隆还记得1959年7月随池际尚去沂蒙山勘测，池老师一路走一路看，所有岩层都亲眼过目。她不仅看一个点，还要沿这一点的岩层纵向追溯，确认勘察点得出的认识具有普遍性。遇到河沟里被河水冲刷得光滑坚硬的岩石露头，不易用地质锤敲开，池际尚就拿着放大镜趴在石头上仔细看。翻越海拔一千多米的蒙山，一行人从早上六点上山，直至晚上八点才结束工作。采集的岩石标本需要带回去实验测试，池际尚会抢着往自己的地质包里塞。

60年代初，池际尚领导专题科研队，开展对北京西山八达岭一带燕山期花岗岩的研究。她从理论高度解释了该区侵入岩多样性的原因，并讨论了花岗岩的成矿专属性。她提出的侵入岩标准序列的概念是花岗岩体划分单元见解的先声，也是后来我国在岩浆岩区进行地质填图的重要依据。

当我国经济建设急需金刚石资源时，1965年，地质部组织中国地质科学院、北京地质学院、山东809队派人共同组成山东613科研队，进行找寻金刚石的工作。池际尚任该队技术负责人，她暂时放下擅长的花岗岩基础研究课题，领导这个教学、科研和生产相结合的科研队，经过一年多的艰苦努力，完成了我国第一批山东含金刚石矿金伯利岩的研究成果。该成果1978年在全国科学大会上获集体奖。

对于池际尚而言，科研不是自己的一方天地，而是国家发展的一部分，科研应有为国家服务的底气。

池际尚带领科研队在八达岭花岗岩体上考察

三、 教书育人，桃李天下

在科研成就之外，池际尚为人所称道的是她为中国地质学培养出了一批又一批的人才，这批学生传承着池际尚的精神，继续为中国的地质学事业作贡献。

新中国成立初期，全国从事岩石学工作的仅七八人，池际尚就在这种情况下领导创建了岩石学教学与研究体系，并亲自在教学第一线言传身带。没有合适的教材，她就边上课，边编写。当时，系里只有一位誊写油印员，忙不过来，她就晚上自己在家刻蜡纸，一早送去印刷，赶在上课前发给学生。当时全面学习苏联，她又刻苦学习俄语，全面掌握并不熟悉的苏联学派的沉积岩石学，融会贯通后编撰了我国第一本沉积岩石学教材。1958 年她参考国外的先进理论和方法，结合我国大量实际资料，又主编了我国第一本《岩浆岩岩石学》高等学校统编教材。

在教学上，她悉心教导、实事求是，学生没有听懂她就一遍一遍讲，边讲边亲身示范。一次，一位同学反复操作多次都未成功，池际尚看后，就边讲要领边手把手地教，直至他完全掌握为止。还有一位同学，为节省时间，耍小聪明凑假数据，池际尚严肃地批评了他，并且抓住这件事，在同学中反复指出假数据的危害。她说："科学是实事求是的，来不得半点虚假。因为依据虚假的数据可能得出错误的结论，就会给事业造成不应有的损失。"

为使教学与生产更好地相结合，她对岩石实验课进行了大胆的改革，把学校自建生产队的岩石切片鉴定工作放在岩石学实验课中，从而改变教学脱离生产、理论脱离实际的现象，大幅度提高学生的实际观察能力和操作能力。同时，她常带学生在周口店、坨里、唐山等实习基地进行地质教学实习，把政治和业务结合，使学生受到思想锻炼，发扬积极主动的学习精神，养成吃大苦耐大劳的作风。丁大武回忆道："池教授来到队上，亲自给我们讲授了古老变质岩地区的工作方法、变质岩系的分层、标准层的确定和对比……大家在实战中学习，不到两个月就收获巨大，这些高难的课题在课堂上一两年是很难搞清楚的。"

池际尚虽然在学术上对学生要求严格，但是在生活中却总是为学生考虑。

作为池际尚的学生，叶德隆回忆："老师生活简朴，从不在乎自己的穿着和饮食，但对学生的生活和学习却关怀备至，宛如慈母。"1962年叶德隆考取研究生时腿疾未愈，在制定培养计划时，池际尚特别为叶德隆定下选题："花岗岩类中的造岩矿物研究"，说这样可以少些野外工作。叶德隆记忆里，池先生说得最多的一句话就是，你一定要对学生负责，要从学生的角度去考虑问题。

中国科学院院士刘宝珺回忆说："1956年我有了第一个小孩，我和妻子都没有经验，手忙脚乱。池老师很好地安排了我的工作，让我有充分时间照顾家里。她不但自己经常来照看我爱人，还常让她的老保姆来我家送些东西给我们。"

同为院士的叶大年说："1961年秋，我读三年级，在看了许多外文书籍后，写了两篇读书心得。当时池先生刚出病院不久，我诚惶诚恐地把读书心得呈递给她。事隔几个月后，她把我叫去鼓励了一番。我自己想当研究生、想得到深造机会，但有顾虑，池先生再三鼓励我去考研究生。当我鼓足勇气想去考本校的研究生时，池先生坦率地告诉我，'那个名额已内定给一位助教了，凭考你未必考不过他，但是你考了也不会有什么结果的，我推荐你去考中国科学院地质所的研究生，跟何作霖先生学习吧。'我一辈子也忘不了，我有今日是与先生分不开的。"

　　三年困难时期，同学吃不饱，不少人浮肿，有同学去商店买酱油兑开水喝。池际尚在系里对班干部说："不要买酱油兑开水喝，酱油是化学酱油，没有什么营养，越喝越浮肿，同学们饿了，可以减少活动量，早熄灯睡觉。留得青山在，不怕没柴烧。"她当时还用手势表演酱油兑开水边走边喝的样子，在场的班干部都忍不住大笑。如此平易近人的池际尚，由此在比较接近的弟子间获得了"池老太"的昵称。

　　池际尚说："培养人是个乐趣，我的理想就是要为同志们，特别是为青年人，搭好攀登的阶梯。"她毕生不懈的精心培育下，中科院院士叶大年、刘宝珺、莫宣学等一大批地质人才相继涌现。

1964年池际尚（前排中）给青年教师和研究生讲授费德洛夫法

2005年9月9日，温家宝总理在接见全国第五届高等教育国家级教学成果奖获奖代表，提到提高高等教育质量时，对恩师池际尚回忆道："我的晶体光学就是池际尚教授讲的，她不是仅仅讲一堂课，而是整整给我们讲了半年。至今，我都清清楚楚地记得她的音容笑貌，她讲的是那么清楚、那么深刻，甚至费氏台的操作她都自己进行。"池际尚可以说是把自己的一生贡献给了地质学，贡献给了中国地质事业的发展，不仅是在研究上，也在人才的培养上，她可以称得上是中国地质学可爱的女儿。

（李梓昱）

▷　参考文献

[1]　叶大年：《怀念恩师池际尚教授》，《群言》1994年第4期。

[2]　王惠玲主编：《女教授的风采》，中国地质大学出版社1998年版。

[3]　刘宝珺：《言传身教　教做真人——怀念敬爱的导师池际尚教授》，《中国地质教育》2005年第4期。

[4]　杨光荣、赵崇贺、叶德隆：《鞠躬尽瘁　德业双馨——纪念池际尚院士诞辰90周年》，《现代地质》2007年第2期。

[5]　中国地质大学（武汉）校友工作办公室编：《地大人》（第2辑），中国地质大学出版社2008年版。

[6]　莫宣学主编：《师者风范》，地质出版社2013年版。

丁雪松：
中国第一位
驻外女大使

丁雪松⋯⋯⋯⋯⋯

1918—2011

原名丁孝芝，四川巴县（今重庆市巴南区）人，中共党员，中国第一位驻外女大使。1938 年起，先后入抗日军政大学、延安中国女子大学学习。1941 年与著名作曲家郑律成结婚。1945 年 12 月到达平壤，后任朝鲜劳动党中央侨务委员会秘书长、北朝鲜华侨联合总会委员长、中国东北行政委员会驻北朝鲜商业代表团代表，兼任新华社平壤分社社长。1950 年回国后历任中共中央国际活动指导委员会办公室主任，国务院外事办公室秘书组组长，对外友好协会秘书长、副会长，驻荷兰、丹麦大使，中国拉丁美洲友好协会副会长。是中共八大、十二大代表，第四、五届全国人大代表，第六、七届全国政协委员。

一、 英姿飒爽"女大侠"

丁雪松，1918年5月27日出生于重庆木洞镇，因酷爱雪中挺立的青松而改现名。18岁时，她给《商务日报》投稿，呐喊"天下兴亡，匹夫有责"，从而结识了一大批进步有志青年，后来一起成为重庆各界"救国会"的骨干。丁雪松在重庆救国会得到了培养和锻炼，当时的她总是幻想自己能穿上戎装，背上枪支，纵马驰骋于山野雪地间。进入抗日军政大学学习后，丁雪松先后担任班长、队长，和同学们一起亲耳聆听了毛泽东、刘少奇、周恩来、朱德等的演讲，深刻领会了"宁为玉碎，不为瓦全"的气节教育，坚定了理想信念，树立了坚定正确的政治方向与艰苦朴素的工作作风。通过在抗大的学习，丁雪松的世界观发生了根本的转变，由当初仅仅为了抗日救亡的民主革命思想升华为中国人民的彻底解放、为共产主义事业奋斗终身的思想境界。1939年初，中央为了加强妇女工作创办了延安中国女子大学，丁雪松被分到女大高级班学习并担任女大校友会副主席兼俱乐部主任，还成了这支英姿飒爽的娘子军的大队长，故有了"女大侠"的绰号。

在抗大，在女大，丁雪松认真学习了马列主义，学习用理论武装头脑；在实践中增长了组织才能，在军事锻炼中练就了强健的体魄，成了一名有独立工作能力的优秀干部。在回忆延安八年时，丁雪松曾说过那是她一生中的重要历程，难忘且有意义，承前启后，为未来的发展打下了坚实基础。

二、 异国姻缘结伴侣

丁雪松与自小离开朝鲜在中国参加抗日斗争的作曲家郑律成（既是

《中国人民解放军进行曲》的曲作者，同时也是《朝鲜人民军进行曲》的曲作者，被誉为"军歌之父"）在延安相识相恋。他们用了几年时间，克服重重阻力于1941年12月结成夫妻，成了志同道合的革命伴侣。

丁雪松向边区政府提出申请，要求陪同丈夫一同回朝鲜以迎接朝鲜解放，后经中央批准于1945年赴朝鲜工作。当时的丁雪松带着幼女从延安出发，随丈夫郑律成加入朝鲜义勇军的队伍，一路上风餐露宿，经过三个多月的辗转抵达朝鲜。其后，她相继担任朝鲜劳动党中央侨务委员会秘书长、朝鲜华侨联合总会委员长、新华社平壤分社社长。

1946年2月，北朝鲜临时人民委员会委员长金日成到海州视察工作时见到了丁雪松夫妇。金日成向丁雪松介绍了朝鲜的经济形势，并且非常信任地交给她一项重要任务：回中国找中共中央东北局负责同志，请求支援一些粮食。当时金日成还特地安排丁雪松他们暂住在他的家中。丁雪松回到东北后，见到了西北局的老领导、时任东北局副书记的高岗以及西满分局书记李富春和夫人蔡畅。虽然当时的粮食极端匮乏，但东北局还是竭尽所能地支援了朝鲜。金日成对丁雪松完成的这项任务感到非常满意，还赠她一顶从日军那里缴获的战利品——降落伞作纪念。艰苦时期，丁雪松将这只降落伞裁开，给她和女儿各做了一身白色连衣裙，还派了一些别的用场。

1948年，李富春和蔡畅到朝鲜，除了向朝方求援及采购作战物资，还促使建立和发展了中朝经济贸易合作的往来，丁雪松参与了接待工作。可以说丁雪松夫妇为中朝的解放事业并肩作战，立下了汗马功劳。

1950年，经周恩来批准，并征得了朝鲜领导人金日成的同意，郑律成正式加入中国国籍。丁雪松同丈夫郑律成从朝鲜归国，定居北京，而在朝鲜的这段经历为丁雪松日后超凡出众的外交才干奠定了基础。

1955 年丁雪松夫妇二人和女儿郑小提在北京合影

三、 民间外交新女性

新中国诞生后的 1950 年，丁雪松从朝鲜回国进入了外交领域，被组织分配到了中共中央对外联络部。1951 年起，她在中共中央国际活动指导委员会，也就是新中国外交的重要组成部分——民间外交部门担任重要职务。在更广的范围内开展民间对外友好活动成为丁雪松外交工作中的一项重要内容。丁雪松总是用极大的热情和细致入微的工作态度，踏踏实实开展民间外交工作。

50 年代末和 60 年代初，丁雪松进行了三次出国访问，不仅让她得到了很好的锻炼，同时也开阔了眼界，使她亲身感受到了开展民间外交的重要性。而且，参与这三次出访的都是妇女代表团，又都是我国妇女代表团对该国的首次出访，有着非同一般的意义。1957 年 12 月，我国收到发起国印度妇女组织的参会邀请，但同时遇到了十分棘手的难题。原来，受邀参与这次会议的还有联合国三个专门机构代表，这就牵涉到我国外交政策中一个重大原则问题。新中国成立后，联合国本应该恢复我国的合法席位，却让台湾当局窃据了本应属于新中国的席位。这种情况下，我国坚决不能同联合国的专门机构发生任何联系。经过多方面认真研究，在中央的指示下，丁雪松配合全国妇联党组一起负责起草了《关于亚非妇女会议邀请联合国专门机构进行活动，我出席会议的代表应采取的对策》问题的报告，在会上积极支持印度开好会议，同时又明确坚持我国政治立场。当时联合国代表在大会上作报告时，中国代表团庄严退席，明确表明了中国的严正立场。这也是我国在民间性的国际会议上第一次就我国同联合国的关系问题表明立场。在这次会议上，我国的妇女代表团接触了从未接触过的国家和人物，结交了一群新朋友，一起深入探讨了很多关于妇女问题的观点。这也是我国第一次参加中立国家上层妇女组织所主持的会议，扩大了我国在亚非国家中的声誉。会后，菲律宾、新加坡等国代表表示，"这个会议有共产党国家参加也不错，原来听说共产党很可怕，但这次听了几个共产党国家代表的讲话，觉得并不坏。"丁雪松和各国代表一起探讨能为妇女儿童所做的工作，还一起探究未来妇女儿童工作的发展前景，更使得此次的出访意义非凡。

丁雪松参加科伦坡亚非妇女会议留影

1963 年初的一个周日，丁雪松在国务院外办所在的中南海东花厅处理完急件后，认真朗读着英语课本以锻炼并提升自己的英语水平。正在这时她见到了邓颖超，邓大姐亲切地和她攀谈，询问了相关工作和学习情况。

此后不久正巧是国务院直属机关举行"三八"妇女节庆祝大会，邓大姐在会上表扬道："丁雪松同志是参加革命比较久的一位同志，仍能兢兢业业地对待工作，并抓紧一切时间认真学习，这种精神是很可贵的。"这席话让丁雪松备受鼓舞，更是一种鞭策，她在心里暗下决心：绝不辜负长期从事妇女工作的邓大姐的殷殷期盼。

四、 中国外交女大使

粉碎"四人帮"后的 1977 年，丁雪松几乎终年在外。她带的第一个团组出国就遇到了很多困难。这是一个早在 1973 年就定下出访法国和加拿大的团，团长原来是"四人帮"委派的，改由丁雪松任团长。这无疑是一项艰巨的任务，丁雪松除了要顾虑更换团长将造成的管理上的隐患，还要顾虑团员们能否在首站法国（法国芭蕾舞在世界上有着举足轻重的地位）充分展现出中国芭蕾艺术的水平，法国当地民众能否接受体现中国革命内容的舞剧《白毛女》。尽管有着重重困难，但她迎难而上，为带领好这个团做了充分的准备工作，包括节目、演员的敲定，文字资料，思想动员，组织工作，国内外的协调等都亲力亲为，事无巨细。特别是舞剧团里大部分年轻演员是第一次出国，心理压力很大，丁雪松还给大家做心理健康方面的辅导，给团员们充分分析出访的有利条件，要在战略上藐视困难且有必胜的信心。此外，她非常注重组织的纪律性，时刻提醒团员要注意一言一行、一举一动，作为新中国的代表，绝不能随随便便，马马虎虎。为了此次出访丁雪松兢兢业业、殚精竭虑，最终在大家的团结协作下，访问演出非常成功。当时在巴黎的几场演出，始终掌声雷动，气氛非常热烈。法国《费加罗报》认为，《白毛女》舞剧带有"一个民族所固有的魅力，这个戏庄重、细腻，富有梦想，寓有诗意"。法新社简单明了地概括："整个巴黎为之鼓掌。"

在加拿大访问演出时，访问团"受到了国宾式的铺红地毯的接待"；舆论说，"你们使加拿大都沸腾起来了"；《纽约时报》评论上海芭蕾舞剧团的此次访问充分反映出粉碎"四人帮"后中国崭新的精神面貌。

1977 年丁雪松率芭蕾舞团访问加拿大

在访问法国、加拿大后三个月，丁雪松又率中国艺术团访问北欧五国，同样取得了巨大成功。在出访归来的总结报告中，丁雪松还适时提出了引进北欧先进技术的建议，使艺术团的访问成了中国对外寻求经济技术合作的先导。

1979 年 2 月 6 日，新华社发出一则电讯："中华人民共和国驻荷兰王国特命全权大使丁雪松于昨日乘机离京赴任。丁雪松是中华人民共和国派驻国外的第一位女大使。"

丁雪松作为中国第一位驻外女大使在国际上立即引起了较大的反响。

当她作为新中国第一位女大使靓丽出现在荷兰外交界时，丁雪松引来一片惊羡的目光和赞叹声，荷兰女王朱丽安娜对中国将第一位女大使派到荷兰感到非常高兴。丁雪松的出访不仅展示了新中国的女性形象，也体现了中国社会的新风貌。曾有外媒称她是把高雅的风度、职业的外交、卓越的才能结合起来的东方女性，并把她看作是中国妇女解放的标志。不少外国媒体发表评论，认为这是一件了不起的事，反映了中国妇女地位的提高，中国妇女界也有杰出的外交人才。

五、 啤酒大使外交官

从 1979 年到 1984 年，丁雪松先后在荷兰和丹麦做大使。丁雪松作为大使非常重视各国间关于经济贸易方面的合作，总是深入了解驻在国的经济优势和先进的科学技术，还要清晰掌握本国经济走势。1979 年，她努力促成当时作为世界上最大港口之一的鹿特丹市与中国上海市结为友好城市，这也是中国和欧洲之间的第二对友好城市，让中国的进出口贸易在欧洲有了重要的中转站。丁雪松在荷兰大使任上的 1980 年促成荷兰首相范阿赫特访华，这是近代以来荷兰在任首相第一次访问中国。

1982 年 5 月 17 日，丁雪松抵达位于哥本哈根的中国驻丹麦大使官邸并于次日向作为国家元首的女王递交国书。玛格丽特女王对"丹中两国现有的友好关系感到高兴"，丁雪松也表示了将在任职期间尽最大努力促进两国友好合作关系继续向前发展。当时的丹麦不仅没有与台湾开展官方贸易，而且还向我国提供了无息贷款和捐赠，这在欧洲国家中也是少见的。

时值改革开放之初，中共中央领导人已经高瞻远瞩地明确提出，要设法利用外国资金及引进先进技术以促进国内社会主义建设事业的发展。丁雪松深刻领悟到自己作为使馆的一把手，必须要有强烈的使命感和紧迫感，不仅要抓政治，而且要下大力气抓经济，清晰地认识到现在正是我们向世界先进国家学习的时候。她根据新形势的要求，采取走出去请进来的办法加大经济调研力度，对中丹之间可以有效地进行科技、经济合作的项目重点了解与考察，并且推动了国内某些省、市的企业与丹麦的有关企业建立直接联系。可以说，中国驻丹麦使馆在这个过程中积极为国内各省市牵线搭桥，发挥了重要作用。

1980 年，丁雪松在北京报纸上看到一条意味深长的消息："借问啤酒何处有？"那时候的人们想要喝到一点质量不高的啤酒，都要抱着热水瓶、端着锅盆，顶着烈日在饭馆门前大排长龙。国务院副总理万里对这一情况十分重视，指示相关部门抓紧时间解决问题。丁雪松到任丹麦时，使馆的同志也曾多次向她提出想要引进丹麦啤酒生产技术。这也促使丁雪松下定决心加快引进丹麦啤酒的生产技术。

经过多次奔波与国内外的反复调研后，丁雪松于 1983 年 1 月给万里副总理写了一份报告全面地陈述意见。功夫不负有心人，中丹双方的反复磋商使得合作条件越来越有利于中方，从而促使了该项目的成功合作。1986 年春，中国当时最现代化的华都啤酒厂破土动工，其中关键的两个车间——糖化车间、发酵车间由丹方设计，丹麦政府还将提供无息贷款用来在北京建造一个食品研究中心。当时的丹麦啤酒厂的老板对丁雪松为促进中丹经济合作所作出的努力印象极其深刻："即使事情办不成，我们对丁大使的努力也很感激。"在丁雪松的努力下，三年后，这家当时中国最大的啤酒企业正式出酒，真真切切地为老百姓解决了喝不到啤酒的现状。丁雪松为中国引进世界一流水平的啤酒设备、为建成中国现代化的华都啤酒厂作出了卓有成效的努力，大家赞誉她是"啤酒大使"。

在丁雪松任丹麦大使期间，中国和丹麦的经济合作积极有效。当时，经贸部外资管理局负责人对丹麦提供的贷款方式，特别是使用的效益，评价相当好，称赞丹麦使馆开展的经济外交，是"西北欧第一"。1984 年，年过花甲的丁雪松临近卸任归国。对此，丹麦外交大臣表示："您在哥本哈根留下了令人尊敬的声誉。"丹麦女王玛格丽特也肯定了丁雪松的工作："在您的任期中，丹中两国关系越来越好，而且两国的合作项目还要继续增加。"《人民日报》就她的离任发表了新华社电讯，标题是《丹麦女王和议长分别接见我大使，中丹关系越来越好应继续发展》。

丁雪松为中国外交工作适应改革建设的需要做出了可贵的探索，她的足迹遍及亚洲、欧洲和美洲，时刻谨记着祖国的嘱托和期望，在祖国的外交史上留下了浓墨重彩的一笔。丁雪松女儿郑小提曾回忆："妈妈驻外时，正是改革开放之初，她要向世界展示新中国女性的形象。"

"雪压青松松更直，持节才女女中杰"，这是挚友送给丁雪松的对联，是对她最好的赞颂，完美诠释了丁大使的高尚人格魅力和在事业上的卓越成就。也正是从丁雪松开始，中国开始有了越来越多的外交女性人才在国际舞台上崭露头角。如今，中国女性驻外大使早已顶起了半边天，她们传播着中国声音，演绎着巾帼传奇。

（沈菊花）

▷ **参考文献**

[1] 杨德华：《天涯何处无芳草——访全国政协委员丁雪松》，《国际人才交流》1990年第3期。

[2] 丁雪松口述、杨德华整理：《中国第一位女大使丁雪松回忆录》，江苏人民出版社2000年版。

[3] 丁雪松等：《作曲家郑律成》，辽宁人民出版社2009年版。

[4] 马拉：《重庆走出的中国第一位女大使》，《红岩春秋》2019年第1期。

[5] 张兵：《新中国第一位女大使丁雪松》，《党史博览》2019年第2期。

张瑞芳：
做党的好演员

张瑞芳··············

1918—2012

北京人，中共党员。1937 年抗战全面爆发后参加北平学生战地移动剧团从事抗日宣传工作，走上革命道路。1938 年底在重庆加入中国共产党，在《棠棣之花》《屈原》《家》《北京人》等二十余部进步话剧中扮演主要角色。1949 年后相继在北京电影制片厂、中国青年艺术剧院、上海电影制片厂演员剧团任演员，代表电影作品有《万紫千红总是春》《李双双》《聂耳》《大河奔流》《泉水叮咚》等。1963 年获第二届电影百花奖最佳女演员奖，2007 年获第 10 届上海国际电影节华语电影终身成就奖、中国金鸡百花电影节电影终身成就奖。她是第六届全国政协委员，担任过中国电影表演学会会长、上影厂演员剧团团长等职，是新中国成立后上海电影界的领军人物之一，为人民电影事业作出了卓越贡献。

一、 革命家庭走出的名旦

张瑞芳既是将门之后，又出自革命之家。她1918年出生于河北保定时，她的父亲张基在保定军校任炮兵科上校科长，后任北伐军第一集团军中将炮兵总指挥，战功卓越。然而1928年徐州失守，张瑞芳的父亲引咎自杀。张瑞芳的母亲杜健如（参加革命后改名廉维）在丈夫过世后为了让子女受更好的教育，带领全家定居北平。张瑞芳和她的兄弟姐妹深知母亲的良苦用心，自觉发奋读书，都很成器。张瑞芳的姐姐张楠读大学时就秘密加入了中国共产党，常向母亲和弟妹宣传无产阶级革命理论和政治主张。张瑞芳的母亲受她影响，确信中国的希望在共产党，欣然同意北平地下党组织将她们的家作为基地开展革命活动。张瑞芳的母亲一边掩护，一边还做保管秘密文件、联络同志等工作，1937年初继大女儿之后，成为家里第二个中共党员。

1922年张瑞芳（右一）全家福

张瑞芳自小爱好文艺，在学校参加戏剧演出特别受喜爱和欢迎，因此很早就向往舞台，为此她1935年高中还没毕业便投考北平国立艺术专科学校。可惜当时艺专取消了戏剧系，她转投西洋画系被录取，一边学画，一边继续对戏剧艺术的追求。张瑞芳在家庭的影响下，参演了不少左翼戏剧，1937年她与崔嵬一同演出宣传抗日的革命广场剧《放下你的鞭子》，在当时的北京引起轰动。"七七事变"后张瑞芳参加北平学生联合会组织的北平学生战地移动剧团，南下宣传抗战。用她自己的话说，从此告别了自己的学生生涯，开始走上专业的文艺工作岗位。

1937年移动剧团在济南慰问伤员（二排左三为张瑞芳）

张瑞芳随北平学生战地移动剧团活跃在山东、河南附近抗日前线的乡村、城镇，为当地军民表演，生活和演出的条件都很艰苦，但成为她磨炼演技和革命意志的重要实践经历。1938年8月抗战形势日益严峻，剧团决定取道西安设法前往延安。而张瑞芳经剧团党组织研究允许，只身前往重庆应邀参加怒吼剧社。此时的重庆作为陪都，是抗战大后方职业剧场演出最活跃、最有实绩的城市，汇集了一大批名作家、名演员。当时周恩来也同重庆话剧界保持着密切的联系，使话剧逐渐成为中国共产党进行抗战宣传、教育民众、同国民党斗争的利器。当时，重庆的舞台上演了大量轰动一时、反响强烈的剧作，也使一些演员得到锻炼，成为光彩四射的明星，张瑞芳就是其中之一。初到山城，她只是一个还算有点经验的业余演员，通过参演优秀的剧作，同水平高超的导演、演员合作，张瑞芳迅速积累了经验、提高了演技。她曾深有感触地说："在周围都是革命文艺巨匠和杰出人物的行列中，我这普通一兵被熏陶着、带动着，有种明确而强烈的使命感在激励着我。"艺术上的精进使张瑞芳很快脱颖而出，成为当红的话剧明星，与白杨、舒绣文、秦怡并称"四大名旦"。在政治上，张瑞芳也有了长足的进步。1938年底，张瑞芳加入了中国共产党。因为"白色恐怖"，党组织做出"隐蔽精干，转移实力"的决定，她于是成为与周恩来单独联系的地下党员。

1962年张瑞芳（左一）、舒绣文（左二）、白杨（左三）、秦怡（左四）、赵丹（左五）与友人亲切交谈

1946年1月，张瑞芳受组织委派前往东北参与接管日本人留下的映画株式会社（后改为东北电影制片厂，是长春电影制片厂前身），将其改造为第一个电影制作基地。

二、 塑造时代新形象

1949 年，为筹备开国大典，张瑞芳被抽调到开国大典新闻处担任联络秘书，亲身经历了新中国诞生的盛况。她心潮澎湃，想转行去做统战工作。但当她咨询组织关系直接联系人周恩来的意见时，被点破了内心的动摇。

动摇源于 1949 年 7 月，张瑞芳参加了第一次文学艺术工作者代表大会。其间，各军区和地方文工团每晚都上演充满战斗气息和生活特色的剧目，而且都是"兵演兵、农演农、工演工"的本色出演。张瑞芳观看了一场天津煤矿工人的演出，工人表演之真实、生动、精彩让张瑞芳目瞪口呆，她无法想象自己能像他们那样逼真地表演。她敏锐地意识到，新中国文艺的使命已不同于当年为民族抗争的抗战文艺，需要走向工农大众的生活，而这是她不熟悉的。张瑞芳之前所善于把握的主要是旧时代被压迫的内向悲剧型人物，不具备新中国的新主人开朗外向、富于战斗精神的面貌，因此她担心按照过去的演法，恐怕不能适应新时代的要求，演好新中国所需要的舞台和银幕角色。

然而扪心自问，张瑞芳热爱表演，她也回忆起周恩来第一次和她做组织关系谈话时，曾勉励她要做"党的好演员"，而现在正是为国家、为时代、为人民创作舞台和银幕形象，履行党的好演员神圣使命的时候。从此，张瑞芳打消了改行的念头。

1951 年 10 月，张瑞芳调入上海电影制片厂，演出的第一个角色是《南征北战》里的游击队长赵玉敏。张瑞芳前去外景地报到时，导演汤晓丹看了看她身上的缎子棉袄，把当地的女民兵队长找来，叫张瑞芳同她换衣服穿。换好后，张瑞芳迟迟不愿从更衣间出来，原来民兵队长的棉袄上全是虱子。导演告诉她，拿去食堂放锅里蒸，蒸完再穿。后来张瑞芳就穿着蒸过的旧棉袄下老解放区，与当地乡民同吃同住同劳动，到各家串门听打仗时的故事，背着马枪跟民兵、村干部一起学射击。就这样整整八个月后，张瑞芳成功演出了一个打游击的女英雄。

张瑞芳在电影《南征北战》（1952）中饰演赵玉敏

张瑞芳后来回忆，正是通过深入体验生活，她渐渐觉得能够与角色接近，能够感受游击队长身上的淳朴、爽直、果敢，能够用她的样子走路、说话、生活、战斗。这种体验生活的方式，以后她频频使用，屡试不爽，一部接一部地演活了纱厂女干部、革命母亲、追求进步和幸福的农村及城市女性等，收获了她的电影表演大丰收。而张瑞芳在银幕之外，用她自己的话说，经过"这些年的基层锻炼和工农兵形象塑造，有意无意中使我的言行举止多少带出点新中国主人翁的泼辣劲来"。

三、人人竞学李双双

1961 年，张瑞芳迎来了她的经典代表作——电影《李双双》。《李双双》是当时少有的反映新中国农村生活的现实主义作品。故事的背景设置在一个人民公社领导下欣欣向荣的生产队里。电影的主角李双双是一个性格开朗、能说会道的妇女，刚从家庭走出来参加集体农业生产，在党的领导下积极劳动、关心集体，热情地拥护集体经济，在面对身边一些还没能摆脱传统封建习惯和非无产阶级思想的乡亲（其中还包括了自己的丈夫）时，既敢于斗争又用心团结。影片细致而亲切地描绘了当时农村的日常面貌，主要的情节集中在夫妻矛盾、邻里纠纷、自由恋爱等生活琐事，冲突也无非是多拿几块公家的板材，集体劳动时出工不出力又想多占工分，贪污了几十块钱的公款等，既不尖锐也不复杂。而正是这种平常，突出、深刻地展现了李双双大公无私、敢想敢做的品质。对集体劳动过程中自私自利、"情理不顺"的现象，李双双挺身而出，是非分明，同时还善于用一套柔韧的富有人情味的方式予以应对；对丈夫身上落后的思想和危害集体利益的老好人式的处世模式，她的恨铁不成钢及决不调和中，又包含深深的夫妻情感。影片的艺术效果也妙趣横生、欢快轻松，创造了一种农村喜剧新风格。上映之后《李双双》受到全国各地无论城市还是农村观众的热烈欢迎，影片虽然印制了一千多个拷贝同时放映，仍然不能满足观影需求。

张瑞芳在《李双双》（1962）中饰演李双双

随着电影的热映，李双双变得家喻户晓、深入人心，甚至在很多地方成为大公无私的代名词。而为进一步宣传李双双的思想品质，各地组织观众座谈，经《人民日报》《解放日报》《文汇报》等多家报刊详细报道，一时之间形成"人人竞学李双双"的局面。当时的观众看了电影都很受李双双坚决维护集体利益的教育；还都特别注意到了她从依附丈夫的"屋里人"到参与公社生产和公共事务的独立女性的重要转变，不少女社员从她身上获得了"妇女能顶半边天"的强大精神资源。

李双双塑造的成功首先源于编剧——也是原作作者——李准没有把她写成一个符号化、概念化的"党的女儿"形象，而是在描写李双双逐渐成长为一心为公、无私忘我的干部的同时，又写出了她作为妻子希望丈夫与自己一起进步的复杂感情，因而有血有肉，很不一般化。同时李准也完成了一种女性叙述，讲述李双双如何冲破夫权思想的束缚，从家庭中解放出来，走向生产建设的公共场域，成为有思想和主张的妇女，直接回应了"怎样做一个新社会的新妇女"的时代问题。

张瑞芳自然贴切的现实主义表演同样至关重要，观众正是借此感受到真实、动人的李双双，引起情感共鸣。她用大嗓门和富有感染力的笑声作为李双双的外形表现，在生活和劳动的场景中准确展现了北方农民做家务、做农活的细节，在不同的戏剧冲突情境中演出了李双双大胆豪爽和温柔细致之间一系列细微的情感层次。

为做到这一点，张瑞芳继续之前的做法，前往农村体验生活。她回忆自己在拍外景的河南林县与农民一起劳动，交朋友，从他们身上寻找李双双的痕迹，由此形成人物的"视像"。张瑞芳写道："我总是想追求那样一种创作状态：人物总的精神面貌，能通过我的精神状态表现出来。我感到角色在我的身上，我可以毫不含糊的用她的眼睛去看，用她的逻辑去想，我可以立刻演剧本上没有写的。我总觉得演员的精神状态应当是可塑的……演不同的戏，等于上不同的学校，和不同的同学相处。在不同的生活气氛里感受，加上意识的细致的观察体验、主动靠拢，就可以使自己的精神气质，朝向人物起着变化。"

这种令社会主义主人翁的角色"附身"于己，是张瑞芳时代责任感和艺术创新意识的积极结合，她寻找诠释角色方法的过程，也是将自己改造为一个社会主义新人的过程。通过扮演李双双，张瑞芳的精神状态也被重塑，她和李双双一起成长，从而改造了思想，尽力将"那些属于小资产阶级知识分子的、与新人格格不入的东西、毫不游移地挤掉"，她认为："演员本身的政治水平、思想感情，对塑造新人更有着决定的意义。"这种确信，是自从她成功塑造《南征北战》等影片中的工农兵形象之后逐渐获取的，是相信自己的体验、相信自己身上与角色有许多相同之处的自信。张瑞芳这一有意识的努力，是她作为演员所全力投入的循环反复的演练，不仅反映了她的职业精神，也反映了她决心成为社会主义模范的强烈意念。

无怪乎很多与她同时代的职业演员也都认同，张瑞芳的表演风格与她的个人修养、世界观、艺术锤炼、生活实践以及日常对人对事的态度息息相关：正因为她在现实生活中就热忱耿直、乐于助人，因此能超越自己知识分子的阶级背景，自然而又娴熟地去表演同样果敢无私、"爱管闲事"的农民角色；因为她"又不是成天到晚抱着业务不放，在党的事业需要的时候，她不吝惜自己的时间精力"，是一个严格要求自己的共产党员，使她更容易进入李双双的精神世界。也就是说，张瑞芳演出的成功不单在于她的出色演技以及个人魅力，更在于她崇高的品德和党员修养。在李双双被视为集体主义道德模范的同时，也正是张瑞芳具备同样高尚思想品质被认证的过程。

1963 年《李双双》在第二届大众电影百花奖一举拿下四个奖项，张瑞芳经票选荣获最佳女演员奖，同年被文化部评为"新中国二十二大电影明星"之一。至此，张瑞芳做到了演员与角色、生活与艺术、体验与体现的统一，她不仅受到了观众的喜爱，也具备了和李双双一样的道德感召和榜样力量。

四、 德艺路上不让人

"文化大革命"后，张瑞芳被任命为上海电影制片厂演员剧团团长，除了参加拍戏，还要选拔新人，培训学员，指导大型舞台节目，编导和排演电视连续剧、电影纪录片，参与上影厂的行政管理等。用她自己的话来说，这些她以前从来没做过的工作，是甘愿在临近退休的年龄为当时中断了十年的演艺界做"壮劳力"。她还频繁参加社会活动，从全国党代会、政协，到上海市党代会、政协，还有妇联工作、外事工作等，她"将之视为一种对国家、对单位的荣誉和责任，丝毫不怠慢，恪尽职守"。80年代后期，她的工作重心逐渐转向社会公益事业。

1982年，张瑞芳参加《泉水叮咚》的拍摄，这部影片后来在国内外获得11个奖项。她饰演的退休幼儿园教师陶奶奶，把自己家腾出来办义务托儿所。她有句感人至深的台词："我也想我妈妈，妈妈连照片也没有，坟也不知在哪里"，是张瑞芳想到自己不平凡的母亲后建议增加的。她的母亲杜健如1939年到晋察冀抗日根据地参加革命，1944年向周恩来、邓颖超表

张瑞芳与话剧《沧海还珠》（1997）的小演员合影

示:"我把我自己和孩子们交给党,我们全家永远跟着共产党。"张瑞芳没有辜负她母亲的期望。

2012年6月,张瑞芳在上海去世。"影剧齐光心灵如叮咚泉水馥郁满园瑞草;德艺双馨生命似奔流大河绽放一路芳华。"这副嵌着她名字的挽联,生动地勾勒了她的艺术人生。

(杨丹蓉)

▷ 参考文献

[1] 张天若:《张瑞芳的创作道路》,《电影艺术》1988年第1期。

[2] 张瑞芳:《难以忘怀的昨天》,学林出版社1998年版。

[3] 任方明:《张瑞芳不平凡的家世与人生》,《文史精华》1999年第2期。

[4] 张瑞芳、金以枫:《岁月有情——张瑞芳回忆录》,中央文献出版社2005年版。

[5] 陆小宁:《张瑞芳:塑造社会主义的红色明星》,《文艺研究》2011年第1期。

[6] 万笑男:《"像李双双一样表演"——以张瑞芳为个案的研究(1960—1964)》,《妇女研究论丛》2019年第3期。

谢希德：
心怀祖国的
"科学女杰"

谢希德..................

1921—2000

福建泉州人，中共党员，著名物理学家、教育家，中国共产党第十二、十三届中央委员，第八、九届全国政协常委，上海市第七届政协主席、党组书记，中国科学院院士，曾任上海技术物理研究所副所长、全国物理学会副理事长、复旦大学校长、上海市第三届科协主席等职务。她长期从事教学和科研工作，是我国半导体物理学的开拓者之一、我国表面物理学的先驱者和奠基人之一，是我国在国际相关领域的代表性人物。

一、 艰苦学习，实现科学梦

谢希德出生在一个知识分子家庭。她的父亲谢玉铭曾在燕京大学物理系任系主任，是一位在物理学研究领域颇有成果的科学家。父亲丰富的藏书和每晚伏案工作到深夜的身影熏陶着谢希德，小伙伴们的欢声笑语吸引不了她，读书就是她最大的爱好和享受。父亲经常会谈起燕京大学物理系的高才生，特别是王承书、王承诗、王明贞、盛希音和洪晶等几位出色的女生，让她相信女生一样可以学好物理，成为科学家。谢希德从小身体比较羸弱，经常生病，以至于每个学期都会因为病假影响学习的总成绩。但是榜样的力量是无穷的，她始终记得自己的理想，勤奋读书，用加倍的努力来和病弱的身体抗争。

1938年9月，谢希德在湖南大学参加了全国大学统一考试，并被湖南大学录取。但是，她的腿开始疼痛难忍，被迫休学。她的病被确诊为骨关节结核，由于没有治疗的特效药，这个病在当时被视为绝症。她凭着坚强的意志，在病床上如饥似渴地读书。即使在躲避日军空袭的担架上，她都在背英语单词。家人担心她用脑过度影响身体，趁她不注意就拿走了她的书，但她想起父亲常说的"中国需要科学"，想起自己誓为振兴中华而读书的决心，最终说服家人让她继续学习。她坚实的英语基础和阅读能力就是在这期间培养出来的。经过常人难以想象的康复之路，谢希德的身体渐渐康复，但是留下了右腿不能弯曲的终身残疾。1942年夏天，谢希德再次参加大学入学考试，最终入学厦门大学数理系。

1946年秋，谢希德在上海沪江大学工作时争取到去美国著名女子学院——史密斯学院读硕士的机会，并获得了免收学费和担任助教的待遇。硕士毕业后，她在世界一流的高等学府麻省理工学院获得理学博士学位，并留校在固体分子研究室担任博士后研究员，从事半导体锗微波性的研究。

二、 艰难归国，院士伉俪比翼双飞

谢希德和曹天钦是一对青梅竹马的恋人。大学毕业后，谢希德赴美深造，而曹天钦则去英国剑桥大学深造。1949 年 10 月 1 日，新中国成立了！他们二人得知消息后非常激动，恨不得插上翅膀飞回祖国。

谢希德和曹天钦的结婚照

但是谢希德回国的想法却遭到父亲的反对。谢希德的父亲对共产党抱有成见。当他得知谢希德的想法时，去信劝阻她，竭力反对她回到贫穷而落后的中国。父亲是她知识殿堂的引路人，也是她自小最敬佩的人，他的建议给谢希德带来非常大的痛苦，但并没有动摇她和曹天钦报效祖国的决心。

1951 年，谢希德和曹天钦先后获得博士学位，他们计划曹天钦先到美国，二人举行结婚仪式后立即回国。但是计划赶不上变化，下半年美国政府发布规定：凡在美国攻读理工科的中国学生，一律不许返回中国大陆。同时，钱学森被关、赵忠尧被押的消息传来，他们的归国计划被迫叫停。但是威胁阻挡不了他们报效祖国的热情，二人继续积极寻找别的方法回国。

1952 年 3 月，谢希德和曹天钦决定取道英国回国。但是谢希德在办理赴英签证时，遭到英方的拒绝，无论她如何争取都不能如愿。正在一筹莫展之际，曹天钦的朋友、在科学界颇具声望的李约瑟伸出援手，谢希德才拿到一张特殊的"旅行通行证"。直到这时谢希德的父亲仍然坚决反对她回到中国，不管谢希德如何解释，父亲都无法理解，还主动断了和谢希德的联系。面对固执的父亲，谢希德认为忠孝不能两全，毅然在1952年8月登上归国的征程，代价是父亲直到去世都没有再和谢希德说过只字片语。一对科学伉俪历经千险、突破重重阻碍终于回到祖国的怀抱。

归国后，谢希德在复旦大学物理系任教，丈夫曹天钦被聘为中国科学院研究员。1953年3月19日，是谢希德从国外留学回到上海的第一个生日，曹天钦送她的生日礼物是德文版的《理论力学》。在扉页上，他写道："德：做一个模范的人民教师。"每天晚上，夫妇俩隔着书桌前相对而坐，埋头看书，非常温馨。他们十几年来相互支持、鼓励，共同进步。1956年5月的一天，夫妻二人在各自的党支部不约而同地被接收为中国共产党的预备党员；1980年，谢希德当选为中国科学院数理学部委员，曹天钦当选为中国科学院生物学部委员；1983年曹天钦成为瑞典皇家工程学院外籍院士的一员，1988年谢希德则被选为第三世界科学院院士。夫妻二人在同一天签署遗体捐赠协议，在生命的最后一刻都在为人类作贡献。

谢希德和曹天钦这对夫妻院士让人敬佩的不仅是他们事业的成就，还有他们之间的那份纯真的爱情，相濡以沫、相互照顾的亲情。他们夫妻四十余年，谢希德患癌29年，曹天钦瘫痪在床8年。在谢希德患病期间，曹天钦对她精心照顾；在曹天钦瘫痪在床时，谢希德8年如一日，不顾自己的病体，坚持每天为曹天钦安排食谱，拖着残疾的腿帮他做复健，陪他聊天。

谢希德和曹天钦冲破层层险阻回国，都在自己的领域为祖国的科学事业作出了卓越贡献。他们携手共进，度过风雨兼程的一生，他们的信念与情怀，爱情与担当感动着一代又一代人。

三、 国而忘家，成为科学巨匠

回国后，谢希德到复旦大学物理系任教。当时复旦大学物理系面临着师资力量薄弱、教材不全又要开设多门课程的困难。谢希德认为个人科研固然重要，但是祖国的科学事业正在起步阶段，科研领域的空白亟待填补，最重要的事情是培养大批科学新人，所以她把工作重点定位于教书育人，承担起繁重的、一般人不愿意上的基础课程教学的任务。

课堂上，谢希德结合学生实际，把深奥的物理内容条理清楚、深入浅出地讲授出来，同时达到信息量大的目标；她不满足现有的一般教材，花费大量的时间和精力亲自编制讲义，将现代物理的最新成就纳入其中，使学生眼界开阔、熟悉国际动态。她在 1952 年至 1956 年间，先后开设了普通物理的光学、力学、理论力学、量子力学和固体力学等七八门课程，让学生受益颇深。现在我国物理学界的许多科技骨干，包括好几位中科院院士都是她当年的门生。

1955 年，我国科学发展规划把半导体列为国家重点科研项目。为了尽快培养一批半导体专门人才，教育部于 1956 年秋将北京大学、复旦大学、南京大学、吉林大学和厦门大学半导体专门化的师生集中到北京大学，成立一个五校联合的半导体专门化组，任命北京大学物理系固体教研室主任黄昆为主任，谢希德为副主任。此时，谢希德的儿子才 5 个月大，为了国家的科学事业，她毫不犹豫地舍小家顾大家，告别丈夫和儿子，踏上了新的征途。

谢希德在北京大学工作了将近两年，和黄昆教授通力合作，承担起培养第一代半导体骨干技术人才的重任。她夜以继日地工作，白天，她授课、研究教学方案、对同事进行业务指导；晚上，她不知疲倦地翻译国外文献、起草讲稿。宿舍和教室距离好几里远，别人都是骑自行车往来。但是谢希德不会骑自行车，只能拖着残疾的右腿穿梭在宿舍和教室之间，其中困难可想而知。在这期间，她与黄昆教授合编的《半导体物理学》一书，成为国际公认的权威著作，也是我国第一部全面论述半导体的专著。经过两年的辛勤耕耘，五校联合半导体专门化组培养出我国第一代半导体专门人才两百多名，为我国的半导体科研和生产作出卓越贡献。

1958 年 5 月，谢希德回到上海，参与创建由中国科学院和复旦大学联合主办的上海技术物理研究所，并被任命为副所长。在研究所初创的日子里，谢希德带领二十多名物理专业高年级学生和刚毕业或毕业不久的青年教师，白手起家，开始了半导体材料、固体物理的相关学科和应用研究。她呕心沥血，一手抓科研，一手创新人才培养方式。针对提前毕业参加研究工作的大三、大四年级和物理技术学校毕业的优秀学生，她安排他们修完本科课程。她还安排一部分学生学习研究生课程，并指导具体的研究工作，相当于利用培养在职研究生的方式培养他们。针对因为工作繁忙没有修完核心课程的年轻研究人员，谢希德利用寒假机会，亲自为他们集中授课。其间，为更好地普及固体物理的教学，她和方俊教授合作编写《固体物理》上、下册。20 世纪 80 年代，谢希德又增写《非晶态物质》一章，该书在 1985 年被国家教委评为优秀教材。经过不懈的努力，上海技术物理研究所在 60 年代初就开始承担国家重点项目，1989 年物理研究室成为国家重点实验室。

谢希德的身体一直非常羸弱，因为繁重的教学和科研工作，曾经一度病倒在课堂上。1966 年 10 月，谢希德被确诊为乳腺癌。经历过手术、复发、放疗、化疗、再次复发后，她凭着对党和国家的信心和对科学的信仰，淡然无惧，一心战胜病魔。在 1976 年迎来科研的春天，她不顾虚弱的身体，查询国外最新的杂志和参考书目，尽可能地搜集国外研究的最新动态，敏锐地觉察到表面物理学已经在逐渐形成一个新兴学科。在国家科委和高教部的支持下，她筹建了以表面物理为研究重点的复旦大学现代物理研究所，为中国缔造了一个科学的分支。她带领着表面物理实验室理论组在诸多方面都取得了出色的成果，还培养出了侯晓远、金晓峰、黄大明、资剑为代表的科研骨干，奠定了我国表面物理学的基础。

1978 年谢希德在复旦大学作表面物理学术报告

1983 年，谢希德被任命为复旦大学校长。她为了兼顾繁重的事务工作和科研，经常夜以继日。这种勤奋的精神，让她始终站在科学研究的最前沿，在固体能谱、表面物理的研究领域都获得卓越的成果，于 1980 年当选中国科学院学部委员（院士）。她始终关注世界物理学研究的新进展，不断把国外的最新研究信息和科研成果介绍到国内。自 1983 年到 1998 年，谢希德一次不落地参与美国物理学会的"三月会议"，带回大量关于物理学最前沿的资讯，每次回来都为复旦大学师生作综述报告。1998 年 3 月，谢希德的身体已经非常不适，但是她仍然坚持做了关于物理学最新科研成果的报告。她的努力让复旦大学的物理学研究得到国际上著名科学家的持续关注和支持，对复旦大学开展科学研究、促进与国外的友好往来发挥了重要的作用。

四、创新改革，推动教育发展

谢希德在担任复旦副校长、校长的 10 年间，深化教育改革，在学校的学科建设、师资培养，在创新育人机制、培养优秀人才等方面都取得了卓越成就。

谢希德率先打破国内综合大学只有文科、理科的"苏联模式"。为培养科技发展和社会发展需要文理、理工相通的交叉型、复合型的人才，她支持创立了技术科学、生命科学和管理科学等 5 个新的学科部门，并于 1986 年建立我国第一个生命科学学院，将复旦大学变为一所拥有人文科学、社会科学、技术科学和管理科学等多学科的综合性大学。

谢希德注重师资建设。她及时发现、重点培养优秀人才，通过破格提升等一系列的措施，鼓励学科带头人脱颖而出。她在复旦大学实施"导师制"，聘请一批学术水平高、教学经验丰富的教授、副教授担任一年级学生的指导老师。她通过派骨干教师去国外进修、做访问学者，请外校、外国学者来讲学、合作搞科研等方式提升师资队伍质量。她率先带领复旦大学走出国门，广泛加强与国外院校交流与合作，极大地提高了复旦大学的知名度，为复旦的建设和发展作出了不可磨灭的贡献。

谢希德从生活、学习和思想上关心学生，注意倾听学生们的呼声，对他们的建议给予热情的肯定并酌情采纳，学生们都愿意将自己的想法和问题向她反映。比如，她接受学生的建议成立了"自然科学与社会科学协会"，亲自出任名誉会长，鼓励学生独立思考，培养他们的创造精神和进取精神。在谢希德的管理下，复旦大学形成了良好的校风和学风。

谢希德注重"送师生出去，让知识回来"。"文化大革命"刚结束，她就积极联系国外学校，想方设法地送学生们出国深造。她在复旦大学担任校长期间，先后为几百名学生写推荐信，平均每三天就有一封。每一封信都是她自己认真查看资料后亲自打印，从不请别人代劳。复旦大学物理学系资剑教授永远记得，在他请谢希德写推荐信时，谢先生的丈夫去世了。他便和先生商量，自己找其他老师写，或者自己写初稿先生改改再签个名就好了。谢希德为了对他更有帮助，坚持自己写。在追悼会的次日，就交给他一份写满几页纸的、手写的推荐信。谢希德送出去的师生几乎在留学期满后都回到祖国，并成为学术界的中坚、国家的栋梁。

谢希德在为学生打印出国进修推荐信

五、 国际交流，美国国旗为她飘扬

谢希德注重国际交流，不仅注重加强科研领域的国际交流，还在促进中美友好关系中作出了贡献。她以卓越的智慧、真诚和努力，广交朋友，与杨振宁、李政道等众多华人学者结下友谊，共同关注祖国科学文化建设；又以自己独特的人格魅力，感染了许多外国友人，尤其受到美国朋友的爱戴和尊敬。

谢希德接待美国总统里根访问复旦

80年代，她开创性地提出将世界银行的贷款主要用于建设国内实验室和人才培养，加强复旦大学及全国重点高校建设，为我国的科技发展作出重大贡献。

复旦大学正门斜对面有一幢橙色漂亮楼房，这就是谢希德在国内首创建设的复旦大学美国研究中心。通过与各方积极协调，谢希德向美国政府的相关援外单位申请了建设资金。她利用复旦大学的学术优势及其国内外的影响力，吸纳了校内外各学科、各方面的专家学者，对美国的政治、经济、外交、科学技术、国际事务及中美关系等问题进行深入研究，培养相关的专家人才，从研究、教学、交流、咨询等四大方面服务于祖国的现代化建设，促进中美两国的科学和文化交流。1998年11月4日，在谢希德患病期间，美国半导体协会专门出资在美国研究中心设立了谢希德奖学金。

谢希德和美国众议院军事研究与发展委员会主席、科学委员会高级委员的韦尔登有着深厚的友谊。韦尔登先生曾因为对中国不了解，在众议院投票时反对延长对中国的最惠国待遇。韦尔登在与谢希德的交往中，被她的高尚品质所折服，成为她的崇拜者。谢希德病重时，他凭着自己在国会的影响力，让国会山上的美国国旗为病重的谢希德教授飘扬一天。在谢希德去世后，韦尔登在众议院的会议上宣读了谢希德的英文简历与讣告，并托人将那面美国国旗及证书交给了复旦大学王生洪校长。证书上写道："兹证明这面美国国旗是应柯特·韦尔登议员的请求，于 2 月 24 日在国会山上飘扬，以表彰谢希德教授对中美关系所作出的贡献。"

在谢希德追悼会上介绍她的生平时，党和人民给予她高度评价："谢希德同志虽身患重病，仍保持革命的乐观主义精神，顽强地与病魔作斗争，忘我地坚持工作。""谢希德同志的一生，是忠于党、忠于祖国、忠于人民的一生，是崇尚实践、追求真理、献身科学与教育事业的一生，是廉洁奉公、淡泊名利、无私奉献的一生。她虚怀若谷，治学严谨，乐于助人，以崇高的人格魅力和对事业的执着追求，在社会各界享有崇高的威望。"

（闫　云）

▷　**参考文献**

[1]　上海市欧美同学会编辑：《哀思不尽　情意切切：永远怀念敬爱的谢希德会长》，上海市欧美同学会，2000 年。

[2]　王增藩、刘志祥：《谢希德传》，复旦大学出版社 2005 年版。

[3]　沈飞德：《科学女杰谢希德的灿烂人生》（一）（二）（三）（四），《福建党史月刊》2020 年第 1、2、3、4 期。

[4]　《回望大师谢希德：一生所求惟报国》，人民网，http://sh.people.com.cn/n2/2021/0321/c134768-34632532.html，2021 年 3 月 21 日。

常香玉：
戏比天大的
"人民艺术家"

常香玉
1923—2004

原名张妙玲，河南巩县人，共产党员。豫剧表演艺术家，常派创始人。自幼随父搭班学艺，1948年在西安创办"香玉剧社"。1951年为支援抗美援朝，全国义演筹资并捐献"香玉剧社号"飞机一架，被誉为"爱国艺人"。1953年，赴朝鲜战场慰问志愿军。1988年自筹经费，设立"香玉艺术奖"。新中国成立后，历任多届全国人民代表大会代表。代表作有豫剧《花木兰》《拷红》《人欢马叫》等。2004年被授予"人民艺术家"的称号。2009年入选"100位新中国成立以来感动中国人物"。2019年被授予"最美奋斗者"称号。

一、 为戏改名，苦练成名

1923 年秋，常香玉出生在河南省巩县（今巩义市）的一个窑洞里。父亲张茂堂从戏词"妙龄女郎，秋波若水"中给她取名张妙玲。小妙玲自幼家境贫困，又逢兵荒马乱，父亲张茂堂偷偷在外唱戏补贴家用，但不久之后父亲不幸倒了嗓，无奈只能回家种地，一家五口生活异常拮据。张妙玲从小就挖野菜、拾柴火，7 岁时，甚至要跟着母亲沿村要饭。小小的妙玲从小就尝到了底层人民的疾苦。

张妙玲 9 岁那年，大姑来走娘家，看到张妙玲已经出落成大姑娘，便提议赶紧给她找个婆家，去做童养媳，这让小妙玲内心非常抗拒。原来，张妙玲的四个姑姑都是童养媳，除了这个大姑日子过得还算可以外，其他三个姑姑都过着水深火热的生活。小妙玲对"童养媳"三个字有着深深的抵触。"我要学戏，宁死不做童养媳！"有着良好嗓音条件的张妙玲，受到父亲的熏陶，早就对唱戏产生了兴趣，情急之下喊出了自己的愿望。尽管在当时的思想里，唱戏是下九流的行当，女孩子唱戏更是最低下，张茂堂还是坚定地支持女儿的决定。一直偷偷唱戏，不被族人看好的张茂堂，希望女儿能真正靠唱戏养活自己，而不是做别人的童养媳。自此，张妙玲便开始了随父学戏，并时常搭班唱戏的日子。

张茂堂带着张妙玲唱戏的事情触怒了张氏族人，他们认为，让张家的女儿去唱戏简直是败坏门风，并声称：学戏就不要姓张，不能进张家祠堂。张茂堂没了办法，找他的拜把兄弟——人称"常老大"的小酒店老板常会庆抱怨，常会庆很欣赏张妙玲的天赋，说干脆妙玲改姓常，这样张家族人就不会有意见了。于是张妙玲改名为"常香玉"，开启了她的戏剧人生。

既然打定信念走唱戏的道路，那就要下苦功夫练功。为了远离族人的闲言碎语，张家一家人离开了家乡，来到密县。作为常香玉的第一个戏曲师傅，父亲张茂堂一直认为"戏是苦虫，不打不成"，因此对常香玉在练功方面要求非常严格。每天早上，鸡叫头一遍，常香玉就被妈妈叫起来，练习唱腔、武功。先是在小河边咿咿啊啊地喊开了嗓，然后再练习吐字。张茂堂常说：吐字不清，道字不明，等于钝刀子杀人。于是他格外注重常香玉吐字的练习。有一次，在练习《抱琵琶》唱段的时候，常香玉吐字有点含糊，张茂堂很不满意，认为她嘴里藏了什么东西，就用手指去抠她的口腔，结果把她的牙床都抠破了，鲜血直流。

除了唱腔，练习形态、功夫也是必备的功课。为了能练就炯炯有神的眼神，常香玉的父亲每天让她晚上睡觉前手里拿着一炷香，香头对准鼻尖处，盘腿坐在床上，双眼紧紧地盯着香头，练习"斗眼"。如果稍一分心，父亲的鞭子和巴掌就打上来。每天早上更是要练习踢腿，要求是要把腿踢过头顶，从每次 60 个提升到最后 500 个，父亲告诉她，把腿踢肿了再好了你就成功了。就这样，小小的常香玉一直咬牙坚持着。

父亲严酷的训练再加上常香玉的天赋和不懈的努力，终于让她在戏台上有了些许成就。9 岁开始学戏的她，10 岁就开始登台唱戏。1935 年，常香玉进入人称"须生泰斗"的周海水创建的"太乙班"，搭班唱戏。起先，在太乙班里，常香玉只是先垫戏，因为表现积极，反响强烈，又开始唱中轴戏。常香玉还自己主动创编，借鉴京剧《泗州城》中的"打出手"，把它放在豫剧中，并成功演出了由周海水改编的豫剧《泗州城》，很快引起了轰动，剧场座无虚席，她成功挂上了头牌，成为远近皆知的名角。

二、传承经典，推陈出新

常香玉曾经说过：对于一个演员，什么最大？唱好戏最大，戏比天大！

为了改良豫剧，1937 年 2 月，以常香玉挂头牌的戏班——"中州戏曲研究社"正式成立。之所以叫"研究社"，其核心就是通过研究戏曲间的不同来创编新戏，推陈出新。为此，研究社引进了不少戏剧创作的人才来对旧有剧本进行改编。每次新戏创编出来，常香玉就没日没夜地练习，并尽快将它搬上舞台。为了能常变常新，他们还非常注意收集观众的意见，并根据意见对剧本、唱腔进行修改。新剧一出广受好评，常香玉的声誉也迅速飙升。

在表演能力方面，父亲张茂堂建议常香玉不要墨守成规，要广泛吸纳兄弟曲种的唱腔，博采众长并形成属于自己的风格。由于地域上的差异，河南豫剧在唱腔上演变成"豫西调"和"豫东调"两大声腔体系。常香玉原本是"豫西调"的演员，演唱时多用真嗓，粗犷悲壮。但是在常香玉演绎经典剧目《西厢》中的红娘时，父亲张茂堂发现，用传统的豫西调演绎红娘，唱腔上向下走，无法表现出红娘活泼、果敢的性格。于是，常香玉和张茂堂更改了原有的唱腔，将豫西调和豫东调结合起来，通过独特的唱腔将红娘俏皮、勇敢的个性表现了出来。常香玉大胆革新，博采众长，借鉴其他兄弟剧种，将各唱腔融会贯通，最终她形成了独具一格的"常派唱腔"。

除了上台表演，常香玉还一直致力于戏曲人才的培养和戏曲艺术的传承。1948年，河南受到水、旱、蝗等的灾害，很多百姓流离失所，难民纷纷逃难到西安。看到这些流浪要饭的孩子，常香玉和爱人陈宪章商量，可否创办一所豫剧学校，一来可以帮助到这些灾民的孩子，二来也可以传承豫剧，培养自己的剧团班子。两人一拍即合，于是，"香玉豫剧学校"的牌子便在西安立了起来，自此也开启了常香玉的豫剧教育事业。招生启事一经发出，前来报名的孩子络绎不绝。香玉豫剧学校教学正规，又包吃包住，所以广受大家欢迎。1949年9月，"香玉豫剧学校"改名为"香玉剧社"，在常香玉的带领下，继续为全国人民奉献一场又一场经典的豫剧演出。1956年，由常香玉担任院长的河南豫剧院在河南郑州成立，原"香玉剧社"的人才班底改组为河南豫剧一团。

1987 年，首届中国艺术节的闭幕式上，组委会专门为常香玉颁发了"香玉杯"荣誉奖，以示对她豫剧表演的肯定。看着这沉甸甸的奖杯，常香玉有了一个想法，她希望以"香玉杯"作为一个象征，设立一个艺术奖，来鼓励地方戏曲的优秀人才，以把豫剧长久地发扬下去。随后，常香玉向河南省文化厅汇报了设立"香玉杯"艺术奖的计划。她提出自筹资金 10 万元，用于选拔为河南戏剧作出突出贡献的优秀戏剧人才的评选工作，选拔每年进行一次，每次 10 名。这一计划得到了河南省委省政府的批准。

为筹措资金，65 岁的常香玉拿出自己所有的存款，并亲自披挂上阵，率领承包的河南豫剧一团的演员开始巡演。经过各方努力，到 1989 年，他们共为"香玉杯"艺术奖筹集到 30 万元基金。1988 年到 2005 年，"香玉杯"共举行了 9 届，选拔出 130 多名全国各地的优秀青年演员，挖掘出了不少豫剧新秀，极大地推动了艺术的繁荣。作为豫剧常派的创始人，她对豫剧的传承作出了突出的贡献。

三、 心怀大义的"爱国艺人"

如今，在北京的中国航空博物馆展厅里，陈列着一架"香玉剧社号"米格-15 战斗机，这架来自抗美援朝战场上的飞机似乎在向每一个前来参观的人诉说着它背后承载的爱国之心。

1950 年 10 月，中国人民志愿军赴朝作战，支援朝鲜人民抗击美国侵略。当时的朝鲜战场，敌我战备力量悬殊。1951 年，中国人民抗美援朝总会号召全国人民捐献飞机大炮。此时的常香玉已经是响彻大江南北的豫剧大家，她想起自己在旧社会时，被称为"戏子"，不受人尊敬，而解放后成了受人尊重的"新文艺工作者"。她爱祖国，爱新社会，深深感受到自己身上的责任，决定带头为抗美援朝前线捐献飞机。

于是，常香玉向西北局领导打了报告，决定全国巡回义演六个月，演出收入用于购买一架飞机捐献给朝鲜战场。可是，当时的一架战斗机的价格是 15 亿（旧币），要想在短时间内筹集到谈何容易。下定决心干的事就要干到底！常香玉先在抗美援朝总部设立了捐献账户，又变卖了自己所有的嫁妆和首饰，并拿出家中的存款作为第一笔款项汇入此账户。后来她又动员香玉剧社的演员捐钱捐物，并和丈夫一起向大家保证，自己一家六个月除正常吃饭外，不再拿额外收入，但全剧社演员工资正常发放。剧社演员都被常香玉的举动感染，纷纷慷慨解囊，并表示一定完成义演任务，为国家出一份力。

为了节省开支，常香玉给剧社定了一个规矩，巡演期间，剧社家属全部留在当地，于是她把自己的三个孩子送到当地托儿所、幼儿园。1951 年8 月 7 日，她带着"香玉剧社"的演员们从西安出发，开始了义演。他们先后到了开封、郑州、新乡、武汉、长沙、广州六个城市，共演出了 180 多场戏，常香玉场场是主角。为了更好地调动大家的爱国热情，常香玉的丈夫陈宪章还将京剧《木兰从军》改编成豫剧《花木兰》。朗朗上口的唱词，花木兰的爱国壮举让观众备受感染，剧场内场场爆满。除此以外，经典剧目《拷红》《断桥》等也在巡演中备受欢迎。经过六个月的苦战，义演收入终于累积达到了 15 亿（旧币）。常香玉立即将这笔钱款汇入了捐献账户，完成了捐赠战斗机的任务。不仅如此，常香玉的义演还带动了全国人民的爱国热情，观众们纷纷捐钱捐物，支援抗美援朝前线。

常香玉义演捐飞机的行为受到了党和政府的高度赞赏。叶剑英用"爱国艺人"的题词表示对她爱国行为的赞赏，习仲勋则称她们的捐献行为是"爱国主义典范"。

1953 年 4 月 1 日，常香玉不惧战火，又踏上了赴朝鲜战场慰问演出的行程。她们顶着战火，在坑道和掩体里为志愿军战士们慰问演出。1953 年7 月《朝鲜停战协定》签订，剧团结束了慰问。在回国路上，常香玉给沈阳

常香玉与"香玉剧社号"飞机

空军进行公演，空军战士们送给她一个精致的飞机模型，战士们说这是用敌机残骸做成的，是在朝鲜战场由我军击溃的，送这个模型是来表达战士们对常香玉爱国壮举的感谢。常香玉捧着飞机模型，感动不已。

1959年，常香玉如愿加入了中国共产党，成了一名共产党员。

四、"人民艺术家"

常香玉全国义演捐飞机并不是偶然所为，在她多年的唱戏生涯中，戏里的一个个角色教会她，要懂得感恩，要心存百姓，心系家乡。

在常香玉的河南巩县老家，曾流传过这样一句顺口溜："两个省主席，不如一个常香玉。"原来，在40年代，四个来自河南巩县的老乡找到了常香玉，说老家常年遭受洛河泛滥之苦，百姓生存举步维艰。老乡们想修座河坝拦住河水，防止山上的泥土和碎石冲毁农田。但是还缺一笔费用，他们找到了当地有权有势的刘家（刘家有两个人曾任国民党安徽省政府主席和国民党河南省政府主席），但是刘家并没有出资的意愿。几位老乡便找到常香玉，希望她能帮忙多演几场"义务戏"，把挣来的钱捐给家乡修堤坝。常香玉一听能用自己的能力为家乡的百姓办点事，便毫不推辞地答应了。于是，她和父亲精心安排了十天的戏码，红红火火地演了十天，募集了相当于八百袋面粉的钱，捐献给家乡修堤坝。当地百姓非常感动，建好堤坝之后，在坝上立上了刻有"香玉坝"的石碑，以表示对常香玉的感谢。

国家兴亡，匹夫有责。常香玉一直将国家和人民的利益放在首位。为了能贴近群众，服务人民，常香玉给她的剧团制定了"三三三制"的演出原则：三个月在农村，三个月在工矿，三个月在部队。在国家和人民遇到困难的时候，她也都是力所能及地倾囊相助。无论是唐山地震、大兴安岭火灾时的赈灾义演，还是长江洪水、"非典"病毒肆虐时的慷慨解囊，都践行了她共产党员的使命和担当。

尽管被誉为"豫剧大师"，深受到人民的爱戴，常香玉自己却生活异常节俭。她和爱人陈宪章一直住在一个白粉墙水泥地的小平房里，屋里的家具也一直用的是30年前单位发的三斗桌、书柜、硬板床，衣服更是缝缝补补，补丁加补丁。不仅如此，常香玉还要求自己的孩子绝不能搞特殊。她常常教育孩子们：你们少在外面吃一顿饭，少买一件衣裳，少买一双鞋，用来帮助那些贫困的人，那钱用得才有意义。这种低调做人、甘于奉献的

常香玉剧照

精神深深影响着她的后人。

2002 年常香玉被查出癌症晚期,住进了医院。尽管医院各方都在全力救治她,但病魔来势汹汹,常香玉日渐虚弱,2004 年 5 月 14 日,常香玉请来河南省公证处的两位同志对她的遗嘱进行公证,在遗嘱中她写道:感谢党和政府对我的关心和照顾;看一下我的组织费(党费)是不是每月都交了,若未交齐,由我的儿子代我补齐;我的后代子孙都要记住:国家有难,匹夫有责。在住院的日子里,她还一次次地告诫儿女,后事一定要从简、从速、不发讣告,"不能因为死人耽误活人的工作",不准任何子女以她的名义向组织提要求。

2004 年 6 月 1 日,常香玉因病逝世。2004 年 7 月,国务院在人民大会堂举行了追授仪式,追授常香玉"人民艺术家"的荣誉称号。2009 年常香玉当选"100 位新中国成立以来感动中国人物"之一。2019 年,常香玉被授予"最美奋斗者"称号。

(谢 菲)

▷ 参考文献

[1] 常香玉口述、张黎至整理、孙小玉记录:《戏比天大——常香玉回忆录》,中国戏剧出版社 1990 年版。

[2] 中共中央宣传部文艺局、河南省委宣传部编:《人民艺术家常香玉》,河南人民出版社 2004 年版。

[3] 雷桂华:《常香玉——100 位新中国成立以来感动中国人物》,吉林文史出版社 2012 年版。

[4] 北京卫视《档案》栏目:纪录片《粉墨春秋:豫剧大师常香玉》,2016 年。

[5] 芒果 TV 出品、全国妇联、新华社联合出品、湖南省委宣传部指导:纪录片《党的女儿》,2021 年。

[6] 全国妇联宣传部与中央广播电视总台体育青少节目中心:纪录片《讲巾帼英雄故事》,2021 年。

申纪兰：
扎根农村的"共和国勋章"获得者

申纪兰..................

1929—2020

山西平顺人，中共党员。历任金星农林牧生产合作社副主任、中共平顺县委副书记、山西省妇联主任、长治市人大常委会副主任、全国妇联第二至四届执委。1952年第一次被评为全国农业劳动模范，1979年、1989年两次获全国劳动模范称号，1983年获全国三八红旗手称号，2007年获首届全国道德模范敬业奉献模范称号，2019年荣获"共和国勋章"，是全国唯一一位连任十三届的全国人大代表，见证了人民代表大会制度的诞生与成长，成为共和国民主进程中的一个传奇。

一、 动员妇女来劳动，"同工同酬"第一人

申纪兰出身农家，从小就在田地里干活。17岁出嫁到西沟村后，她的吃苦耐劳、积极上进让她很快脱颖而出。1951年12月，村里成立李顺达农业生产合作社时，她当选副社长。妇女副社长的主要任务之一就是发动妇女参加农业生产活动。

这个时期的妇女讲究"大门不出，二门不迈"，平顺县的妇女更有"好男走到县，好女走到院"的古训，女人们普遍持有"嫁汉嫁汉穿衣吃饭"的观念，因此让妇女群众离开"三台"（锅台、炕台和碾台）、走出院门是一个大难题。

申纪兰白天劳动，晚上开会，之后再挨家挨户去做女社员的工作，反复告诉她们，现在是按劳分配的，去劳动就能挣工分，挣上工分就可以分红利、分粮食。很多妇女被说动了，跟着申纪兰去参加劳动。但是在登记工分的时候却发现工分不是记到女社员自己名下，而是加到男社员的工分里。在申纪兰努力争取下，女社员的名字出现在记工分的单子上，她们有了自己的工分。

但是村里还有很多女社员不肯出来劳动，这让申纪兰伤透了脑筋。一天，她想到如果说服村里最不可能出来劳动的人，是不是就可以实现妇女全员参与劳动了？村里有个李二妞，不出门不学习，手脚劳动都很慢，是全村人嘲笑的对象。于是，申纪兰决定从她着手。她首先和李二妞谈，结果发现李二妞不仅不关注大事——妇女解放，对吃穿也不讲究，宁愿吃苦也不愿干活受累。申纪兰说到如果出来劳动丈夫可以对她更好时，她心动了。事后，她找到李二妞的丈夫，动员他劝妻子出来干活。没想到第二天李二妞扛着锄头出来了，申纪兰耐心地教她锄麦子，并让广播员在大喇叭里表扬了她。从来没有受到重视的李二妞感动了，开心地说："劳动就是好！"

1952年申纪兰（左一）和姐妹们一起在田间劳动

李二妞受表扬了！这个消息传遍全村，其他妇女不服输："二妞那懒媳妇都能受表扬，我们要下地肯定比她强！"西沟村终于实现了妇女全员参与劳动的目标。

妇女都参加劳动了，但是在记工分的时候，男社员是记10分，女社员只能记5分。大家向申纪兰反映，她和男人干一样多的活，凭什么工分只是男子的一半？那样还不如在家纳鞋底呢！于是一部分妇女退出了。申纪兰和一批年轻的妇女没有退却，她们开始想办法争取同工同酬。

在耙地时，一般都是男人蹬耙，女人牵牲口。一名叫张雪花的女社员主动要求蹬耙，等记工分的时候，申纪兰陪她一起去。张雪花先问："工分怎么记？"记分员回答："蹬耙的10分，牵牲口的5分。"她说："我是蹬耙的。"记分员愣住了，一时不知如何是好。副社长申纪兰说："该给雪花记10分，蹬耙的应该和汉子们记一样的。"第一次，女子和男子记了同样的工分。

怎么能把耙地这样特殊的事情变成普遍的事情，实现"男女同工同酬"呢？申纪兰想了很久，决定要和男社员开展比赛，争取得到他们的认同。

第一次比赛是撒肥。一般撒肥时，女社员往箩头里装肥，记5分工，男社员把箩头担到地里撒开，记10分工。申纪兰选两块地，男女社员分别负责一块，先完成者胜出，那些看不起女人的男社员们毫不在乎地答应了。

申纪兰带领着女社员开工了。她首先做了一遍示范动作，然后根据撒肥的范围把地划成几行，按行来撒。女人们心里都憋着一股气，按照申纪兰的教法，不到中午就干完了，先于男社员们完成。女社员们胜出了，申纪兰等几个骨干记了 10 分工，就连李二姐也记了 7 分工。比赛结束后，很多不出工的妇女也主动要求出来劳动了。一时间，女社员们工作激情高涨。

第二次比赛是间苗。间苗又叫疏苗，谷苗一开始播种的密度较大，等苗长高之后，把长势较弱的苗拔除，以保证正常谷苗的生长。这次比赛，男社员们打足精神，烟也不抽了，蹲下就开始埋头苦干，一刻没有停歇。女社员们直接跪在地上，头不抬脸不仰，很快就占了上风。这次比赛后，男社员们仅评了 8 分工，大部分女社员评到 10 分工，还有优秀者竟然评到 11 分工。

第三次比赛是锄苗，男女打了个平手。经过这三次比赛，女社员的工作能力得到了全村的认可。合作社同意无论男女，只要做一样的劳动可以

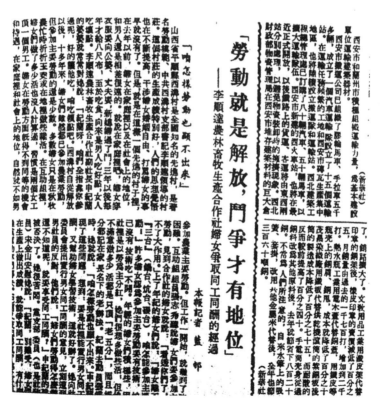

《人民日报》发表的申纪兰争取同工同酬的文章

记同样的工分。申纪兰为女社员争取到"男女同工同酬"。1953 年 1 月 25 日,《人民日报》发表长篇通讯《"劳动就是解放,斗争才有地位"——李顺达农林畜牧生产合作社妇女争取同工同酬的经过》,通过申纪兰的事迹提出新中国妇女要想真正解放,必须从男女同工同酬开始。申纪兰提出的"男女同工同酬"开始作为政治命题得到广泛的关注,并最终写入宪法,成为中国妇女解放运动史上的一个里程碑。

二、 奋力改造西沟村,托起百姓致富梦

　　20 世纪 50 年代的西沟,是"光山秃岭乱石沟,庄稼十年就不收"。参加第三届世界妇女大会归来的申纪兰结合国外的见闻,想象着西沟将来"山上绿油油,牛羊满山沟。走路不小心,苹果碰到头"的景象,开始了治理荒山乱滩的战斗。社长李顺达带领男社员进沟筑坝,申纪兰带领女社员上山种树。

　　在干石山上大批量种树面临着诸多困难。首要的是树种树苗的问题,村里决定第一批树种植油松。申纪兰率领群众扛着扁担,怀揣着窝窝头,在方圆几十公里的地方采松子。山路不好走,路又远,经常晚上不能赶回家,她们干脆披星戴月地采集,等夜深了找个山洞就地避寒过夜。第二个困难是西沟都是干石山,缺土缺水。申纪兰带领着女社员们从山下石缝里抠出土,再一担担挑上来;水源在十几里外,她们不惧困难一扁担一扁担地担水浇灌。第三个困难是在布满坚硬的石头的山上刨坑,这个难度可想而知。申纪兰带头用镐头刨坑,经常震裂双手,鲜血直流。

　　申纪兰以身作则,带领群众们迎难而上。为了激励群众,她每天都定一个小目标——完成一斤树籽和一亩山坡的任务,通过分组分片竞赛,让大家赶学比超。有参加种树的群众回忆当年热火朝天的情景,依然非常激

动。她们"领了树种就快跑，一分钟也不愿意浪费，一分钟也不愿意落后"。她们大声和其他组交流进度，暗暗较劲。当累了、走不动了或者灰心了，就唱起申纪兰编的歌激励自己："走来一岭又一岭，小花背上去播种。现在种下松柏子，再过几年满山青。"

凭着顽强拼搏的精神，申纪兰带领西沟的村民们咬紧牙关，向穷山恶水挑战，占领了一个又一个山头。但是首战告负——种下 300 亩的油松只活了一棵。很多人泄气了。但是申纪兰没有气馁，她查找原因，到别村取经，找专家规划，开始了绿化荒山的持久战。第二年，西沟就种了一千多亩的树。年复一年，昔日的干石山绿树成荫。种树的同时，申纪兰、李顺达也非常重视治沟。就是凭着他们这股吃苦耐劳的精神和超强的毅力，西沟山上有了树、沟里有了水，呈现出"山上松柏核桃沟，河沟两岸种杨柳"的景象，西沟村人不仅满足了温饱问题，还向国家交售了爱国粮。

在党号召农村改革时，申纪兰带头在西沟实行了家庭联产承包制，调整工作方向，开始服务农民创业致富。

1984 年，申纪兰任西沟经济合作社社长，她不顾自己日益年迈的身体，带领村干部走出大山，北上南下，考察学习，寻找适合西沟的项目，招商引资。1987 年为了建设硅铁厂，申纪兰一心扑在项目上，协调各方资源，亲自带队干活。建炉需要工字钢，她就找到太原钢铁公司；需要钢材边角料，她联系到山西化肥厂，雷厉风行地亲自前去装货。当她听说装车需要 50 元装车费，为了省钱，她一挽袖子，就亲自上场了。1988 年，硅铁厂突然停电造成结炉，得知请人清炉需要花费 2 000 元，申纪兰不惧炉中高温，第一个下到炉内。因为劳保鞋下去很快就烧焦了，她就和另外两个村干部带 3 班人马每 3 分钟轮流下炉。完成任务时，她的脸被烤得通红，浑身灼痛。

在申纪兰的努力下，西沟先后建成了铁合金厂、磁钢厂、饮料厂、焦

申纪兰（左）和工人一起检查罐头质量

化厂等多个村办企业，先后引进了纪兰潞绣、西沟矿业、西沟丰源生态农庄、西沟龙鼎等多家企业，带动当地经济的发展。1998 年，在太原创办集住宿、餐饮和娱乐于一体的西沟人家酒店和今绣西沟大酒店，吸纳了家乡近 500 名农村富余劳动力就业。

在脱贫攻坚战中，八十余高龄的申纪兰没有止步，她努力争取和发展产业扶贫项目。为响应党中央保护环境的号召，不把污染留给子孙后代，2012 年，申纪兰和西沟村民决定，关停村办污染企业，重新寻找发展定位。在申纪兰的带领下，西沟村发展红色、绿色、彩色"三色"产业，形成了以核桃露、小杂粮、沙棘汁为主的农副土特产品加工，以太子龙服饰、纪兰潞绣为主的服饰床品生产，以纪兰党性教育基地、西沟森林公园为主的红色和绿色生态旅游产业。

三、 永葆农民本色

申纪兰受到过毛泽东的亲切接见，在周恩来家中做过客，和邓小平一起照过相，被江泽民称赞为"凤毛麟角"，胡锦涛来西沟看望，被习近平总书记授予"共和国勋章"……面对数不清的荣誉和奖项，她从来没有忘记自己的农民本色，一直保持着自力更生、艰苦奋斗勤俭节约的传统，为农民说话，为农民谋福利。

申纪兰的第一届至第十三届全国人大代表历程

作为人大代表中的传奇，申纪兰是这样看待人大代表工作的："当人大代表，就要了解人民的利益，代表人民说话，代表人民办事。""我是农民的代表，更了解农民的疾苦。"申纪兰这么说的，也是这么做的。66年的人大代表生涯，她尽心履职，在全国人代会上提交的关于山区交通建设、耕地保护、新型农村合作医疗、农村教育等议案、建议，不断得到采纳和落实。

申纪兰时刻关注着中国农业、农村的发展变化，通过深入群众，和农民们聊天，及时发现问题、反映问题，提供解决方案。她认为"修通路，迈大步，带领大家去致富"。"路修好了，才能实现更好地发展"。在她的持续建言下，长治到北京的直达列车顺利开通；2001年，提出"村村都要通水泥路"的建议；提交推动山区交通建设的相关建议；2003年，她向大会提交加快修建林长高速公路的相关建议；2019年，她向大会提交一件"关于加快推进聊（城）邯（郸）长（治）客专项目的建议"。

申纪兰一直关注帮助农民脱贫致富的问题，提出"老区如何致富"和"贫困地区旅游开发"等建议。在2019年，九十高龄的申纪兰提交"关于支持平顺县创建中药材国家级现代农业产业园的建议"，并在闭会期间多方推动，助力平顺产业振兴、脱贫攻坚。她还就建设美丽乡村、加大扶持贫困地区旅游开发等问题发表意见、提交建议。2020年5月，去世的前一个月她还建议将农村水电自供区尽快并入国家电网，对自供区的农网进行升级改造，满足乡村振兴战略实施和农村经济社会发展要求。

66年来，无论时代如何变迁，申纪兰与群众同呼吸、共命运的百姓情怀从未改变。她始终不忘初心，一直在切切实实地为农民说话办事，深深扎根在农村，将农民群众的呼声传递到全国人代会上。

申纪兰曾说，"我是农村的妇女劳模，根，就扎在地里，说什么不能离了土。"她被任命为平顺县委副书记后，她和社员们一起下地干农活，经常一马当先，受了轻伤也不下线，坚持和农民一起劳动。1973年，申纪兰被调任山西省妇联主任。她做出了出人意料的决定："不转户口，不定级别，不领工资，不要住房，不调动工作关系，不脱离劳动。"这个决定很多人不能理解，因为在当时那个年代，"城市户口"和"农村户口"差距很大。在农村人看来，城市户口意味着在企事业单位上班，俗称吃"公家饭"，孩子也会是城市户口，还可以拥有令人羡慕的"购粮本""副食本"，可以去排队买自己需要的东西。所以很多人想方设法地想把"农村户口"转成"城市户口"。10年任期结束，申纪兰就卸下职务，重回西沟。

对于金钱，申纪兰认为就像水一样，缺了它会渴死；贪图它会淹死。用钱为集体、乡亲们办事，金钱如命根一般；但是如果在自己手里，则是过眼云烟。她一生艰苦朴素，家具摆设也都是旧桌椅，非常简朴，但是却经常捐款给集体。2001年6月，她受全国保护母亲河委员会表彰，奖金2万元，她回来就捐给村里打了眼六百多米的深井，让全村两千多名乡亲喝上了自来水；随后，她把受表彰为全国优秀共产党员而获得的5 000元也交给了村集体。

"太行精神光耀千秋，纪兰精神代代相传。"这是习近平总书记对申纪兰的高度赞誉。申纪兰一生对党、对人民、对祖国无限忠诚，时刻践行共产党人的初心与使命，用一辈子的重量书写"党员"二字。"勿忘人民、勿忘劳动"是她对自己人生的诠释，她对党忠诚、执着为民、甘于奉献、改革创新的精神，深深感染和鼓舞着一代代人。

（闫　云）

▷　参考文献

[1]　感动中国——共和国 100 风云人物志丛书编委会：《先锋中国》，广东教育出版社 2009 年版。

[2]　刘重阳：《100 位新中国成立以来感动中国人物：申纪兰》，吉林文史出版社 2012 年版。

[3]　付顺利：《"共和国勋章"获得者申纪兰》，《档案记忆》2020 年第 1 期。

[4]　《送别！全国人大代表申纪兰逝世》，人民网，http://npc.people.com.cn/gb/n1/2020/0628/c14576-31761993.html, 2020 年 6 月 28 日。

[5]　《除了提倡男女同工同酬，申纪兰代表都有过哪些提案？》，观察者网：https: //baijiahao.baidu.com/s? id=1670714394243901441&wfr=spider&for=pc, 2020 年 6 月 28 日。

[6]　宋军伟：《申纪兰：矢志不移托起百姓致富梦》，《党史文汇》2021 年第 10 期。

巫昌祯:
婚姻法学泰斗
妇女权益战士

巫昌祯⋯⋯⋯⋯⋯

1929—2020

江苏句容人，新中国婚姻法学科奠基人，著名法学家，中国政法大学教授。历任第七、八、九届全国政协委员，第五、六、七、八届全国妇联执行委员，北京市妇联副主席，中国法学会婚姻法学研究会名誉会长。曾于 1955 年参与《民法》起草，1979 年、1997 年参与《婚姻法》修改，1989 年任《妇女权益保障法》起草小组副组长，2002 年任《妇女权益保障法》修正案草案专家组组长。2015 年获评"年度法治人物"。巫昌祯将一生奉献给中国法学事业，在共和国立法史上有着不可替代的功绩。

一、 五十年三尺讲台不离不弃

巫昌祯祖籍江苏句容，她的名字出自《康熙字典》"昌言能拜，祯祥自来"一句，意在祈福在乱世中阖家平安。然而，1929年巫昌祯出生后，先后经历了抗日战争和家道中落，早年的生活并不如她的名字般顺遂。

1949年，巫昌祯以优异成绩考入北平朝阳大学法学系，不久，新中国成立，朝阳大学被华北人民政府司法部接管，并于1950年和华北大学合并为中国人民大学。由此，巫昌祯幸运地成为人民大学的首批大学生。大学期间，她充分利用学校资源，废寝忘食地博览群书，于1954年以全优成绩毕业，成为中国人民大学也是新中国的第一批法律专业的本科毕业生。

毕业后，巫昌祯便走上了北京政法学院（现中国政法大学）的讲台，开始了她为之奉献一生的法学教育和研究事业。巫昌祯最初到北京政法学院，主要讲授民法。1958年，民法教研室和其他法学教研室都被取消，组成业务教研室。巫昌祯无法继续教授民法，转而讲授毛泽东思想概论和古汉语。"文化大革命"开始后，学校停课，巫昌祯和丈夫庚以泰到安徽干校劳动。从教16年的巫教授被迫离开了讲台，她不得不提前办理了退休手续，一个踌躇满志的法律专门人才，从此沉默在一家校办工厂的会计室。一年后干校解散，年仅40岁的巫昌祯回到北京留守，照顾幼小的孩子们。1978年，北京政法学院复办，巫昌祯终于得以再次回到学校，回归她所热爱的教师岗位。

在五十多年的执教生涯中，巫昌祯教授有好几次重新选择职业的机会。1955年参加《民法典》起草的时候，巫昌祯整理材料既快又好，全国人大很想让她留在机关工作；80年代第一次修改完《婚姻法》后，全国妇联也有意把巫昌祯留住，请她出任中华妇女干校（中华女子学院前身）的领导工作。这些邀请都被巫昌祯委婉回绝，她始终没有离开讲台，宁愿做一名教师，教书育人。

巫昌祯的讲课非常生动，注意理论联系实际，授课时常常引用大量生动的例子，受到了同学们的欢迎。婚姻法是民法的重要部分，并不深奥难懂，一般人对《婚姻法》的内容都略知一二。但是，要把枯燥的法理讲得深入浅出、具有新意，却不是一件简单的事。"在实践中，我掌握了大量丰富的实际材料。从那时起，我就养成了理论联系实际的作风。"

巫昌祯说，人生的价值在于奉献。生命不息，奉献不止。在五十余年的执教生涯中，巫昌祯讲授过苏维埃民法、中国民法、司法文书、古汉语、现代文学，80年代后主讲婚姻法、继承法、家庭社会学等课程。2003年，巫昌祯退休后，却是"伏枥仍存万里心"。除了作为特聘博导继续指导博士生外，还给研究生和本科生办讲座、参加学术会议，她既为中组部组织的老干部培训班授业，又在居委会讲课。立法、学术和各种公益活动都能找到她活跃的身影。

工作中的青年巫昌祯

二、七十载法学钻研兢兢业业

巫昌祯既是民法、婚姻法学术领域解惑释疑的法学家，也是参政议政、参与立法的著名社会活动家。她把社会活动看作提高教学质量、提升法学修养的源泉。早在20世纪50年代中期，作为一名相当年轻的法学家，她就被点将参加民法起草工作。

1955 年，在主要由全国人大立法部门的领导和政法院校的学者构成的《民法典》起草小组里，25 岁的巫昌祯是年龄最小的成员。在上海、广东、武汉等地，她参加了一年多时间的立法调研工作。1958 年，最高人民法院组织开展全国范围内"建立人民法庭"的调研活动，巫昌祯又获得了一次实践机会，到黑龙江省尚志县蹲点。这两次机会，对于刚刚走出校门的巫昌祯来说，是宝贵而恰逢其时的。立法、社会调查等多种社会实践的广泛参与使巫昌祯在分析、解决问题时更有前瞻性，这为后来她参与婚姻法的修改奠定了基础。

像巫昌祯这样从始至终专注于婚姻法学领域的人少之又少，这是她与众不同的可贵之处。不同于《刑法》《民法》等法律的高知名度，《婚姻法》在新中国法律体系中总是显得默默无闻。在一些人对《婚姻法》的研究不以为然时，巫昌祯信念如初，在她看来，家庭婚姻关系是社会发展变化的一面镜子，人们的择偶观反映着社会时尚，离婚原因反映着社会矛盾。《婚姻法》是涉及千家万户，男女老少的法律，它所调整的社会关系范围广、影响大，一旦人们的家庭婚姻关系出现问题，就会影响到社会。任何一个社会、一个国家要想稳定发展首先依赖家庭的安定。所以，在她眼中，婚姻法不仅仅是一门学问，更与国家的安定与发展息息相关。

新中国成立以来，《婚姻法》诞生和发展的过程基本上可分为三个阶段：1950 年《婚姻法》的废旧立新阶段；1980 年《婚姻法》的巩固发展阶段；2001 年《婚姻法》修正案的不断完善阶段。共和国《婚姻法》的发展与时代的变迁紧密联系在一起，它的不断修改完善反映了中国社会的发展变化。

1950 年出台的《婚姻法》被巫昌祯昵称为"新中国法律的头生子"，它废除了旧的封建婚姻家庭制度，建立了社会主义婚姻家庭制度。当时，还在读书的巫昌祯就参与了《婚姻法》的学习和宣传工作。谈起与婚姻法的结缘，巫昌祯十分感慨。"开始时，我教授的是民法，上个世纪 50 年代和

60 年代，两次参与《民法典》的起草。"1978 年，《婚姻法》的修改被提上议事日程，因为有起草《民法典》的经历，政法大学派巫昌祯参加。而此时《民法通则》的起草也向她发出了邀请。由于与《婚姻法》有约在先，巫昌祯只好回绝了《民法通则》的起草工作。这次偶然的选择，成了巫昌祯学术道路上的分水岭。此后，她把研究和教学的重心转移深入到了婚姻法，更将自己此后几十年的精力倾情投注到《婚姻法》的完善之中，从而成就了"中国婚姻法泰斗"的一段佳话。

1978 年底，巫昌祯参加了由全国妇联牵头，最高人民法院、民政部等单位联合成立的《婚姻法》修改小组。巫昌祯在《婚姻法》修改方面，有着自己与众不同的见解。在修法过程中，她力主将计划生育原则写入《婚姻法》。她还提出，夫妻之间感情破裂就可以离婚，这应当是法院主要考量的因素。这一主张与当时占统治地位的离婚"理由论"产生了较大的冲突。巫昌祯在参与立法时，还非常注意与中国的实际情况相结合，应将婚龄规定为男 22 周岁、女 20 周岁。"考虑到我国人口数量的因素，婚龄太低不利于控制人口数量，太高又与实际生活情况不符。因此，可以适当地提高婚龄，但必须要符合实际，而不能过分激进。"

1980 年的《婚姻法》最终肯定了巫昌祯的这些主张，首次规定了"实行计划生育"的基本原则，为贯彻这一原则，适当提高了结婚年龄，明确夫妻在计划生育中的权利和义务，进一步补充和健全了婚姻家庭制度，特别是离婚制度，第一次明确规定"感情确已破裂，调解无效，即准予离婚"。之后二三十年的司法实践证明，巫昌祯的这些观点是符合实际生活情况的。

随着改革开放的不断深入和经济社会的日益发展，我国婚姻家庭方面出现了一些新的问题。早恋、试婚、婚外恋增多，离婚率逐年上升，家庭暴力增加，作为调整婚姻家庭关系的《婚姻法》显现出较大的局限性、滞后性，修改、完善 1980 年《婚姻法》势在必行。

1996 年，全国人大常委会委托民政部牵头，组织有关单位和专家成立了《婚姻法》修改领导小组，巫昌祯作为民政部的专家参与其中。巫昌祯认为，法律本身是公平的，对男女双方都是平等的，但由于妇女、儿童、老人在现实生活中是弱势群体，应当予以特别保护。因此，这部新《婚姻法》刻意保护妇女的权益，总结起来就是"照顾、补偿、帮助、赔偿"。

　　通过深入调查分析，针对日益增多、影响日渐恶劣的"包二奶"、养情妇现象，巫昌祯力主将"夫妻相互忠实""禁止有配偶者与他人同居""损害赔偿制度"等内容写进《婚姻法》修正案。一时间说她"保守""倒退"的声音高涨，一些社会学家站在攻击她的最前沿。她并不为一时的舆论倾向所动，仍坚持之前的观点。最终，2001 年的《婚姻法》修正案顺应了民意，在总则中增加了一条：夫妻应当互相忠实，互相尊重；家庭成员间应当尊老爱幼，维护平等、和睦、文明的婚姻家庭关系。2001 年 4 月，《婚姻法》修正案通过。这部新《婚姻法》，格外注重对妇女权益的保护。这部新《婚姻法》，面向的是中国社会不断变化发展的 21 世纪，把我国的婚姻家庭关系带入一个更加理性化、健康化的时代。

老年的巫昌祯依然在推动立法进程

可以说，巫昌祯是婚姻法领域的领军人物，"她让法律不再是文本，而是具有了更为广泛的社会意义"。巫昌祯的学生、中国政法大学教授、现任中国法学会婚姻法学研究会会长夏吟兰说。

三、 一辈子为民服务不忘初心

巫昌祯曾这样说过："我是一名服务员，服务的对象是学生、妇女和社会。我是在党的哺育下成长起来的，有坚定的信仰，时代赋予我一种责任。人生的价值在于奉献，生命不息，奉献不止，就是我的人生格言。"

20 世纪 80 年代，巫昌祯还专门成立了北京市第八律师事务所，专门为女性提供帮助，并且完全由女性律师组成，亲自承办了刘月兰案等许多法律援助案件。当时有很多妇女前来找巫昌祯哭诉，巫昌祯每次都认真聆听妇女同胞们的痛楚，并免费给她们做律师。

20 世纪 90 年代初，为迎接在北京召开的第四次世界妇女大会，全国人大制订了《妇女权益保障法》的起草规划。巫昌祯任起草组副组长、办公室主任。巫昌祯和她的同事们走遍了祖国的东西南北，调研的广度和深度甚至超过了 50 年代的民法典起草。2005 年，以巫昌祯为组长的专家组又对《妇女权益保障法》进行了修改完善，首次将"性骚扰"一词引入法律条文，进一步强化了妇女权益的保护。此外，她还参与了《未成年人保护法》《人口与计划生育法》《老年人权益保障法》等法律的起草、修订工作。

巫昌祯不仅关注妇女权益的保护，她也注意到了社会上的其他弱势群体，曾参加过《未成年人保护法》和《老年人权益保障法》的修改工作。她曾建议全国人大尽快制定农民权益保障法。据统计，目前，进城打工的农民将近两亿人，这就造成留守老人、留守妇女、留守儿童的大量出现，他们的处境令人担忧。巫昌祯认为，一方面应提倡农民近距离打工；另一方面，在农村以村政府为基础，联合当地学校、妇联建立服务站，为老人、儿童、妇女服务。这个办法已在有的地方进行了试点，应该推广。巫昌祯还特别关心老年人的再婚问题。有调查显示，丧偶或离婚的老人里，有66％希望再婚，可真正再婚的只有6％。因此她认为，老年人再婚是可取的，子女应当多理解父母长辈，而不应过多地进行干涉。

巫昌祯几十年来的辛勤耕耘令人敬佩。1995年联合国第四次世界妇女大会中国组委会颁给她嘉奖证

巫昌祯（前）被评为CCTV2015年度法治人物

书，感谢她在参加联合国第四次世界妇女大会工作中做出的显著成绩；2012年9月，中国法学会授予她"全国杰出资深法学家"荣誉称号的证书；2014年3月，全国妇联权益部和中国婚姻家庭研究会颁发给"顾问"巫昌祯感谢证书。这些荣誉是巫昌祯沧桑历程和辉煌成就的证明，都被她小心翼翼地珍藏着。

作为共和国史上最重要的法学家、社会活动家之一，巫昌祯付出了远超常人的辛劳和血汗。从童真烂漫、青春亮丽的聪慧少女，到奋进耕耘、刻苦钻研的女法学家，再到从容不惑、壮心不已的婚姻法学泰斗，飞逝的时光改变不了的是她心中那从未褪色的热爱。几十年前，她从前人手中接过婚姻家庭法学研究的火炬；如今，她将这更加辉煌炽热的火炬传给后来人。八十载岁月，伴随历史的沧桑变化，巫昌祯的人生历程闪烁着人性的真、善、美。

（刘佳瑄）

▷ **参考文献**

[1] 萧笛:《访女法学家巫昌祯教授》,《北京政协》1995 年第 10 期。

[2] 周恩惠:《潜研婚法无憾事 独占东风第一枝——巫昌祯教授生涯及其对我国婚姻法学理论的贡献》,《法学杂志》2006 年第 4 期。

[3] 王春霞:《巫昌祯:"不老战士"为妇女权益而战》,《中国妇女报》2009 年 4 月 25 日。

[4] 王晓晨、张哲:《巫昌祯:反家暴立法二十年》,《方圆》2016 年第 1 期。

[5] 彭东昱:《巫昌祯:家家和睦是她一生的心愿》,《中国人大》2011 年第 22 期。

裔式娟：
劳动织就出彩的人生

裔式娟⋯⋯⋯⋯⋯⋯

1929—2022

江苏盐城人，中共党员，"郝建秀工作法"的优秀推广者，"高速生产操作法"的创造者。曾任上海市第二棉纺织厂党支部副书记、上海市总工会副主席等职务。为第一届至第六届全国人大代表、第五届全国人大常委会委员。1953年荣获全国纺织工业劳动模范荣誉称号，连续七次荣获上海市劳动模范荣誉称号，两次荣获全国先进生产者荣誉称号，所带头的"裔式娟小组"两次荣获全国先进集体称号。

一、 旧社会饱经磨难的"养成工"

生在苏北农村的裔式娟，小时候只读了一年书，因为家乡灾荒频繁、连年歉收，18 岁的裔式娟逃难到上海，进入内外棉六厂（后来的上海第二棉纺织厂）细纱车间，做最苦最累的"养成工"。一开始，她必须经过三个月的"培训"，达到熟练工的操作水平，才能到厂内工作。这三个月里，裔式娟吃、住和工作条件都是厂里最差的，但工作强度却是最大的，还要忍受"拿摩温"工头的打骂和侮辱。为了生存，她忍辱负重，一心期待着早日转正。通过培训时，裔式娟已经达到身体的极限，她回忆说："真的，哪怕再支撑上两天我怕都不行了。"

然而，令裔式娟没有想到的是，转正之后，工厂对新进厂女工的剥削进一步加剧。每天工作两班倒，从早晨 6 点做到晚上 6 点，或从晚上 6 点做到早晨 6 点，有"日工做到两头黑，夜工做到两头亮"的说法，有时候甚至需要加班工作 15 个小时。工作的车间温度很高，窗户紧闭，一到黄梅天，经常有工人中暑晕倒；车间到处飞的都是棉絮，机器的轰鸣震耳欲聋……裔式娟和工友们每天十几个小时来回奔跑在这样的车间里，像机器一样干活。

除此之外，最让她们难以忍受的是"抄身"的折磨，进出厂门必须搜身，而且搜身手段极为卑鄙。裔式娟回忆时说道，很多姐妹在抄身时受到了侮辱。在这样的工作环境和强度下，她们忍受着肉体和精神的折磨，却拿着极低的工资。上海的生活成本本来就偏高，战时更是物价飞涨，她们的工钱一再贬值，辛辛苦苦挣来的月钱有时只能凑合着买几斗劣质米养活自己。可是裔式娟不仅要养活自己，还担着一家八口人的生活重担，这让从小在乡下吃尽苦头的裔式娟都觉得"日子实在是太苦，活着没什么意义"。

二、 新中国不断奋进的"主人"

上海解放后，裔式娟一下子感受到那种"翻身把歌唱"的喜悦，再也不用忍受"抄身"的折磨和屈辱，再也不用过像机器一样干活，还要承受挨打挨骂的生活了！政府花钱在车间安装了通风降温设备，夏天车间的温度竟然不到30度，工作环境非常舒适。最让裔式娟受宠若惊的是，竟然有厂里的党代表找她谈话，鼓励她争做"新中国的主人"，要她继续钻研技术，为国家发展贡献自己的力量。新中国向她这个从未被尊重的纺织女工展现了一个新的天地，开启了她新的人生。

年轻时的裔式娟曾是工作中的"领头羊"

在党组织的鼓励下，裔式娟利用业余时间去上了工人夜校，学习文化知识。后来，她还进一步到上海工人政治学校学习，懂得了什么是剥削、什么是压迫和被压迫，了解到上海早期工人阶级的杰出人物顾正红烈士、林祥谦烈士的英勇业绩，真正明白了工人当家作主人的意义。她把对党的热爱全部倾注到工作中。"解放前拼死拼活地干，是被剥削，现在解放了，我是为国家出力，能不拿出点干劲吗?"她在厂里找到了自己活着的价值，充满工作激情。1952 年 6 月，裔式娟光荣地加入中国共产党，成为纺织小组中第一个入党的女工。

1951 年，"郝建秀工作法"在上海推广时，裔式娟积极响应，第一时间开始学习，认真揣摩，形成了自己独特的一套操作方法，成为厂里的"领头羊"。裔式娟毫不藏私，不光在厂内宣传推广，还经常去其他厂进行指导，是她们的"小先生"。她的干事的激情和能力大家有目共睹，理所当然被选举为生产小组长。

裔式娟乐于接受新技术，愿意带头学习，并加以推广。在上海推广半自动落纱机时，很多女工都害怕学不会，有抗拒心理，但裔式娟相信新的技术肯定能提升工作效率，值得推广。她调整自己的心态，在自己小组里坚持使用，勤学苦练，很快就熟练掌握了新技术。之后带动工友一起学习、运用，为普及新技术做出自己的努力。裔式娟在工作中还善于发现问题，善于解决问题，不断改进技术，解决了断头多、用料费等问题，带领小组厉行节约，连续八年全面完成超额计划。

裔式娟（前左一）小组成员检查落纱机

裔式娟作为组长，她耐心细致地"传、帮、带"，帮助每一个组员掌握先进方法。1952年，生产小组中仅有三四个人技术熟练，到了1955年，小组每一位成员都达到了"纺织能手"的水平。1953年，上级正式以她的名字命名她所在的小组为"裔式娟小组"，她带领着二纺细纱乙班二工区脱颖而出，在生产、管理等方面均处于全国同行业的先进水平，个人也获得诸多国家级、省级荣誉。

1954年，年仅25岁的裔式娟成为第一届人大代表，到北京参加全国人民代表大会。自那以后，裔式娟多次受到毛主席的接见，并在第二届全国人民代表大会第四次会议上与毛主席握手。多年以后，裔式娟回忆说："我那只被主席握过的手，有一股巨大的暖流和力量，在鼓舞我前进"，"我的这些荣誉是一辈子都用不完的。"

接踵而来的荣誉并没有使裔式娟迷失，她戒骄戒躁，虚心学习，向着一个又一个的目标前进，在平凡的劳动中，创造不平凡的事迹。她把全部青春精力，都用到工作和学习上去了。为了不让家庭拖累，她32岁时才成家，38岁才生孩子，成为当时晚婚晚育的典范；她不注重穿着，直到去北京参加全国人民代表大会时，才发现自己除了工作服竟然没有一件像样的衣服。凭着这股精神，原来连名字也写不好的她达到大专文化水平，并成为第五届人大预算委员会的一员，积极参与参政议政。

三、 永不褪色的"红色炉"的带领者

作为"裔式娟小组"的组长，裔式娟不仅注重技术、生产，还特别重视思想工作，带领小组创造辉煌的业绩。"裔式娟小组"不仅有一套先进的操作技术，使产品质量在全国领先；而且积累了一套先进的小组工作经验，在全国也有很大影响。在第一个五年计划期间，小组连续五年被评为上海

市的先进小组。1953 年，小组被评为"全国纺织工业模范小组"，此后小组保持了三十多年的模范集体称号，被誉为永不褪色的"红色炉"。她带领小组把党的方针政策变为群众的自觉行动，成为人人关心集体、个个比学赶超的优秀团体。全组有 32 名工人，其中有行业劳动模范 1 人，市先进生产者 4 人，受到嘉奖的 9 人，13 人入了团，7 人光荣地加入了中国共产党。

"组长扶旗杆，我们拉绳子，旗杆扶得正，绳子拉得紧，先进的旗帜，永远迎风飘。"这是"裔式娟小组"的工人们在总结小组工作时，对小组长和小组骨干的赞语。裔式娟重视培养小组的骨干成员，她们分工协作，在工作和生活中，以身作则，用模范的行为来影响和带动群众；她们见工作就抢，见困难就闯，见荣誉就让，一切以集体利益为重；她们在小组内鼓励人人要立志成为红、勤、巧、俭的先进妇女，积极参加比、学、赶、帮的劳动竞赛。后来她们的经验推广到全国，带动了全国纺织工人的竞赛运动，普遍地提高了技术水平。

裔式娟为劳动竞赛优胜者洪小妹戴上红花

1958 年，棉花大丰收，裔式娟为纺织出更多的纱和布，创造出高速生产操作法。但是她在第一步就遇到了困难，车速加快后，断头增多，有时整车的线头都会断光，生产效率不仅没有上升，反倒降低了。她着急得夜不能寐，如果不把断头率降下来，何谈高产？第二天她就召开小组会议，经过讨论，决定找技术水平较高的倪玉珍做实验，摸索出成功经验，再在车间推广。

裔式娟一有空就到倪玉珍的弄堂里，一边帮她接线头，一边细心观察她如何操作，一起研究如何顶住线头。一开始，倪玉珍不敢开快车，她就鼓励她接线头就像打敌人一样，不能怕，越怕越慌乱，越慌乱越接不住，激起倪玉珍的斗志。她们认真研究断头的原因，一起摸索方法，终于找到了解决办法。当天倪玉珍就超额完成了计划任务，裔式娟为她插上第一个小红旗。随后，该方法在小组内得到推广，仅仅两周后，就让所有的组员都超额完成任务，每个组员都拥有了一面小红旗。这一年，裔式娟小组运用自己创造的"高速生产操作法"取得了高产优质的好成绩。221支纱，车速从285转加快到400转，千锭小时产量从30多公斤提高到45公斤以上；32支纱，车速从250转加快到310转，千锭小时产量从16公斤提高到21.5公斤，并且棉纱标准品率全部达到100%，成为当年的奇迹。

裔式娟一直和组员说，"一株花开不是春，万紫千红才是春"，在建设社会主义的急行军中，决不让一个伙伴掉队。她不仅从技术上帮助组员，更是用"一把钥匙开一把锁"的方法，从思想上帮助组员。小组中有个叫周阿宝的工人，技术不错，但是脾气特别大，芝麻大的事情就要发火，大一点的事情就哭闹。很多工人见她发火就怕，组里的积极分子为了安抚她，经常让着她。她在单位就越来越任性。裔式娟意识到只关注她爱发脾气是不够的，要找到她脾气大的原因，才能真正帮助到她。

经过了解，裔式娟终于找到了周阿宝坏脾气的根源：阿宝自幼丧父，母亲改嫁，她寄宿在叔叔家。叔叔因为家里穷，整天忙于生计，所以没空管教她。等到13岁时周阿宝被送去别人家做了童养媳，心里苦闷无处发泄，最终形成了这个性子。裔式娟对症下药，经常找她谈心，照顾她的情绪，关注她的生活，为她提供帮助，终于感化了阿宝，主动承认自己脾气不好。裔式娟趁机开导，让她认识到自己的脾气是由于万恶的旧社会和自己苦难的成长经历造成的，在新的社会，她可以换个角度看问题，尽量改掉自己的坏脾气。虽然阿宝意识到问题，但是脾气不是一朝一夕就能改好的，碰到不如意的事情，她还是忍不住发火，裔式娟时刻关注着阿宝，用不同的方法帮助她，还根据阿宝喜欢听故事和看小说的特点，为她讲革命故事，借给她革命的小说，慢慢启发她的觉悟。在裔式娟耐心的陪伴下，三年后阿宝不仅改掉自己的臭脾气，还主动帮助周围的人，并成功地加入中国共产党。

在党的领导下，裔式娟和小组的骨干团结群众，和群众心连心，创造了突出的成绩，但是她始终谦虚谨慎、严于律己，带领着小组成为纺织战线上一面永不褪色的红旗。

四、 一心向党、心怀群众的服务者

裔式娟心中始终装着群众，服务群众。担任市总工会副主席期间，她认真贯彻党的十一届三中全会以来的方针政策，深入基层，关心职工群众生活。她努力推动工作，解决职工们的棘手问题，在中小型企业生活设施、女职工劳动保护、职工食堂、幼托所等领域都取得了一定成绩，我们熟知的市总工会幼儿园就是由她牵头筹办的。

退休后，裔式娟始终关心时事政治，关心工会工作和职工群众，她常说，"人退休思想不能退休，生命不息，奋斗不止"。她走进社区，走进学校，通过讲课和开办活动等方式，传递劳模的精神；她了解到部分劳模经济困难，便支持黄宝妹创办企业救助困难的劳模；她多方协调，帮助成立"劳模之家"，还经常去那里倾听劳模们的心声；她参与节目老娘舅，和黄宝妹、杨怀远一起合演《老娘舅与老劳模》，宣传新时期劳模精神，营造尊重劳动、尊重知识、尊重人才、尊重创造的社会氛围。此外，她还乐于助人，多次为灾区、生活贫困学生和老劳模等捐款、捐物。

2021年，正值建党100周年，裔式娟向市档案馆捐赠了珍贵档案资料共70件，希望让更多的人看到、知晓、纪念这段珍贵的历史岁月。这些藏品包括她出席全国人民代表大会的代表证和出席证、1954年第一届全国人民代表大会上周恩来总理所作的《政府工作报告》、荣获的纺织工业上海市劳动模范奖章、上海市三八红旗手奖章、上海市社会主义建设先进生产（工作）者奖章、全国先进生产者代表会议纪念章，以及毛泽东主席在第二届全国人民代表大会第四次会议上和裔式娟握手的照片等。

裔式娟捐赠的各类奖章

裔式娟的一生，是无私奉献的一生。诚如追悼会上所讲："裔式娟同志始终忠诚于党的事业，她讲政治、顾大局，襟怀坦荡，克己奉公，勤勤恳恳，严于律己，清正廉洁，生活俭朴，淡泊名利，始终保持共产党人的政治本色。"

（闫　云）

▷ 参考文献

[1] 戈风:《裔式娟小组的故事》,上海人民美术出版社 1955 年版。

[2] 沈楚才、吴宁君:《阔步前进中的裔式娟小组》,上海人民美术出版社 1961
      年版。

[3] 陆其国:《份份荣誉总关情——访全国老劳模裔式娟》,《上海档案》1998 年第
      5 期。

[4] 夏莉娜:《寻访一届全国人大代表裔式娟:共和国历史上的老劳模》,《中国人
      大》2009 年第 11 期。

[5] 刘文主编:《时代领跑者,上海劳模口述史》,上海人民出版社 2018 年版。

[6] 《新中国的主人:第一代纺织女工,全国劳动模范裔式娟逝世》,澎湃新闻
      网,2022 年 2 月 10 日,网址: https://www.thepaper.cn/newsDetail_forward_
      16641730。

梁军：
新中国第一位女拖拉机手

梁军……………
1930—2020

原名梁宝珍，黑龙江省明水人，中共党员。她是新中国第一位女拖拉机手，组建了新中国第一个女子拖拉机队并担任队长。当选 1950 年新中国第一届全国工农兵劳动模范代表，2009 年入选"时代领跑者——新中国成立以来最具影响的劳动模范"，2019年被授予"最美奋斗者"荣誉称号。

一、 青年立下巾帼志

1930 年，梁军出生于黑龙江省明水县一个贫苦家庭，2 岁时父亲去世，9 岁时继父也病逝了。梁军 11 岁那年因生活所迫，妈妈打算把她送到一个远房亲戚家当童养媳。无奈的梁军提出了一个大胆的要求：婆家要供她念书。婆家还算开明，竟也同意了。梁军订婚后，暂时留在自己家上学。可是，贫穷使她初小未毕业又辍学在家。为了生活，她曾充当临时短工，给人家收拾菜园子、薅草、补麻袋……

艰苦的家境磨炼了她敢闯敢干、不怕吃苦的性格。1947 年，家里传来未婚夫去北安市参加革命的消息，梁军也萌生了参加革命的念头，她背着母亲和婆家，经过两天的颠簸，来到北安行政干部学校，接受了革命思想的未婚夫把她介绍到德都萌芽乡村师范学校读书。萌芽乡村师范学校是专门为农民子弟开办的学校，招收家境贫困无力求学或是失学的优秀青年，实行半工半读。梁军非常珍惜这来之不易的学习机会，不管是学习还是劳动，她都积极学在前、抢在前、干在前，得到老师和同学的一致好评。

一次，学校播放苏联电影《巾帼英雄》，电影描述的是女主人公巴莎的英勇故事。在和平年代，巴莎驾驶着拖拉机开荒种地，在战争年代，巴莎勇敢地驾驶坦克和敌人作战，为保卫祖国作出了贡献。巴莎的英雄事迹深深触动了梁军，她暗下决心，立志成为中国的女拖拉机手。

二、 敢为人先开 "火犁"

1948 年早春，中央准备从苏联进口一批拖拉机在北大荒垦地种田，恢复经济，发展生产。黑龙江省委准备在北安开办拖拉机手培训班，萌芽学校分配到 3 个培训名额，梁军第一个报名。经全校投票选举，梁军等 3 人当选。可听说培训班不收女学员，梁军急忙找到校长，校长非常开明，经校党支部开会复议，同意梁军参加培训。

去往北安有50多公里，梁军和另外两名学员步行10多个小时才到。到那里发现，训练班的70多名学员中，只有梁军一名女学员，许多人都认为女生学不好这个，梁军一声不吭，默默学习。有一次机师讲课时，梁军不懂机器，不敢伸手，机师却认为她是怕脏，把她批评了一顿。梁军没有沮丧放弃，以后每次机师拆卸器械讲课时，她更加专心听，不会就问，有时还爬到机器上面、钻到机器下面，仔细看和琢磨，不厌其烦地试验。学习期间，梁军不但学会了开车，还学会了简单的修理和保养。梁军驾驶着拖拉机，老百姓紧跟在她的后面，喊着："看！女人开火犁了!"两个月后，梁军顺利结业，成为一名光荣的女拖拉机手!

学成归校后，省委拨给萌芽学校3台拖拉机，梁军和她的同学们非常兴奋，一路小心翼翼地开着拖拉机返回学校。傍晚，学校的老师和同学们都手持大红花夹道欢迎他们凯旋。

开荒的艰辛很快取代了拖拉机手的风光。当时学校开荒规模很大，为了提高作业效率，经过短暂筹划准备，梁军和同学们一人一台拖拉机开进北大荒。为了抢节气、争进度，他们歇人不歇机，一日三餐吃在地头，昼夜连续作业，每天工作达12个小时以上。吃的只有野菜和玉米糁子，甚至一年不知道肉味，水只能在水沟里取。地里蚊子又多又大，但他们太累了，一倒下就睡着了，蚊子咬也感觉不到。住的窝棚非常潮湿，外面下大雨，里面下小雨，梁军的身上生了疥疮，可她舍不得花时间回去治疗，咬牙坚持。开荒是技术活儿，培训班只讲了驾驶技术而没有讲开荒技术，梁军就自己琢磨。机械常常出故障，没有机械修理师，梁军也得自己修理。为了提高效率，不走空车，梁军还琢磨出了内翻法、外翻法和套翻法。几十天下来，她的开荒量最大，开垦出的土地深浅一致，赢得了大家的佩服和敬重。

梁军驾驶拖拉机

梁军晚年回忆起当年的垦荒战斗时，说："我觉得我是新中国的主人，主人得像个主人样儿。我从学习第一天开始就立志当一辈子拖拉机手。我就坚定这么个信念，所以一天干十几个小时，不觉得苦，也不觉得累。"

1949 年 3 月，《东北日报》记者顾雷闻讯来采访，撰写了以梁军为主人公的长篇通讯《我们的女拖拉机手》，很快《人民日报》也进行了转载。从此"新中国第一位女拖拉机手"梁军的名字被全国人民所知晓。1949 年 10 月，梁军光荣地加入中国共产党。

三、 带领姐妹投生产

1949 年 12 月，梁军被选为亚洲妇女大会代表。梁军的事迹感染了全国的姐妹，1950 年 3 月，萌芽学校举办第一期拖拉机手训练班，其中就有 5 名女同志报名参加。几个月后，这 5 名女学员都陆续通过考试，晋升为驾驶员。女驾驶员多了，梁军向领导提议也向苏联学习，成立一支女子拖拉机队，很快得到了党组织的肯定和支持。

1950年6月3日，以梁军名字命名的新中国第一支女子拖拉机队成立，梁军任队长。6名女队员进行了庄严的宣誓，然后驾驶着3台拖拉机开往新的开荒点。

越来越多的姐妹们慕名而来，要求加入这支光荣的队伍。内蒙古自治区妇联主席乌兰派来了两位蒙古族姑娘，上海也来了两位姑娘，其中一位是越剧演员袁雪芬的妹妹袁茹芬。还有3位天津姑娘，家境虽然非常优越，但她们都希望能像梁军一样，投入祖国火热的建设之中。她们离开熟悉的家乡，将自己的青春贡献给北大荒。

1950年9月，梁军光荣当选为新中国第一届全国工农兵劳动模范，受到国家领导人的接见。

1952年2月，梁军女子拖拉机队编入查哈阳机务大队第二中队。这时，女队员已有24人。查哈阳农场是大农场，车多、人多，互相学习的机会也多。4月，梁军女队积极响应毛主席增产节约的号召，宣布参加国营农场的爱国增产竞赛，并向全国各农场女拖拉机手和女拖拉机队提出挑战。

春耕时节，天还没有亮，女队已经出车了，她们争分夺秒，昼夜倒班奋战。如果表层土没有解冻，她们就保养机车，太阳出来便开始作业。竞赛结束后，梁军女队以出色的工作成绩，获得了本次竞赛的第一名。

梁军女队是女拖拉机手、拓荒者，更成了无数新妇女的典范。女

梁军（右一）与女子拖拉机队队员们

队加入农业生产的建设，不仅开发建设了北大荒，更推动了农业生产的恢复与发展，为新中国建立初期国民经济的迅速好转发挥了积极作用。

四、 毕生献给农机事业

1951 年，上级党组织选送梁军去北京农业机械专科学校学习。1952年，北京农业机械化学院成立，农机专科学校的学生通过考试，合格者可升入本科学习。在老师的帮助下，梁军以优异的成绩升入大学。

1957 年初，梁军即将大学毕业，此时王震将军将派 10 万官兵去北大荒垦荒。上级组织决定，北京农机学院机械化专业的 57 届全体毕业生作为技术骨干，全部支援北大荒！毕业生们心潮澎湃，终于可以用自己学习的知识报效祖国了。

再次回到北大荒，梁军不但担任开荒队长，还负责对转业官兵进行机械垦荒技术指导。在大家共同努力下，开荒任务顺利完成。回学校之前，梁军和队友们还把农场第二年的开荒计划做好了。1957 年 11 月，垦荒作业结束，毕业生全部返回母校。

1958 年，梁军大学毕业分配到黑龙江省农机研究所科技情报室工作。经过扎实的理论知识提升，梁军的眼界宽广了许多，多年来，她一直站在农机科技前沿，引领着省市农机工作的发展方向。

当时的农业机械化领域发展比较薄弱，梁军建议编写《国外农业机械化现状》，学习国外的成功经验。领导非常支持梁军的提议，梁军立即组织所在科室的科技工作者开始了搜集资料、翻译、编辑，经过一年的努力，《国外农业机械化现状》终于编成。这份资料为当时黑龙江省市制定农业发展的长期规划与近期计划提供了重要参考资料，也让梁军看到了我国农业机械化努力的方向。此后，全国各地迎来了轰轰烈烈的农机实业快速发展的高潮。

1959年夏，梁军参与筹办黑龙江省半农机化改革农机具展览会。展会吸引了许多省内外人士来参观，周恩来总理等中央领导视察展览会后给予好评，这更激发了广大群众运用与改革新型农机具的热情。

1959年11月，我国的农业机械化又有了突破性进展，新中国第一个拖拉机厂——洛阳第一拖拉机厂生产出首批东方红-54拖拉机！梁军听闻，非常感慨，作为拖拉机手，梁军开过德国的、苏联的、美国的拖拉机，可遗憾的是，从来没有开过中国自己产的拖拉机。举行剪彩仪式当天，现场人潮如织，很多远郊的农民起大早徒步几十里赶了过来。梁军非常激动地跳上"东方红"，在人们的簇拥下，从又实又硬的地

梁军与东方红拖拉机

面驶过，那种自豪之情溢于言表。梁军说："有了我们自己的拖拉机，有了先进的机械，农业机械化就更好，生产的粮食就更多，咱们中国的农机现代化很快就会赶上发达国家，我们国家就会越来越强大了！"

1963年，梁军调往哈尔滨工作。她敏锐地洞察到农业机械化是个开放性的大系统工程，要提高农业机械化的水平与效益，必须建设一个完善的农业机械化体系。她勇挑重担，先后主导兴建农机站、筹建农机研究所、组建农机公司、创办农机校，并提出了许多独特的、前瞻性的做法和建议。

在兴建农机站时，梁军认为站里的工作人员不仅要开拖拉机，还要会

修理、会讲课，给每台拖拉机建档案，成为跟踪拖拉机服务的多面手；筹建农机研究所时，尚未有开建先河，但是梁军高瞻远瞩地看到：要提高全省农机化水平，必须形成一个管、供、修、造、科研、学校结合的全局思维。因此不管是选址征地、筹集资金，还是申请编制、协调各方，只要有难题，梁军总是主动出马绝不推脱，力排众议立即拍板，事无巨细给予指导；对于农机公司的管理，梁军提倡为农户服务是首位，农民什么时间需要服务，农机公司的服务什么时候就要到位，即使是贫困户也要平等对待。不但在物资上要配备齐全，还要技术指导、办学习班，甚至是技术员上门一家一户指导，真正是把服务送到农民的心上；在创办农机校时，她强调对学员政治素质和作业能力的培养，注重人才素质等……除此之外，梁军还完成了马铃薯种植机等几十项研究课题，主持了三条国外生产线的引进立项论证工作，并成功地主持引进一条日本汽车维修生产线。

从开拖拉机到管理拖拉机，再到参与制定拖拉机的管理政策，梁军一直没离开农业机械化。1990 年，梁军从哈尔滨市农机局总工程师的岗位上离休，她把一生的精力和热情都倾注在农机事业上。

梁军的一生，是与祖国共奋进的一生，她怀着这种朴素而高尚的情怀，坚守着农业现代化、机械化的信念，见证了新中国农业机械现代化的进程。她的经历鼓舞着无数中国妇女为祖国建设事业而奋斗，激励着广大青年向农业现代化进军。

2020 年，梁军在哈尔滨因病逝世。中华全国总工会原主席王兆国高度评价梁军："新中国成立前后，梁军同志和广大农垦官兵战天斗地，不畏艰辛，开发建设北大荒，有力地支援了人民解放战争，也为解放全国妇女、提高新中国妇女的社会地位作出了积极贡献。"

（华　晨）

▷ 参考文献

[1] 顾雷:《新中国第一个女拖拉机手》,《英雄的中华儿女》,建业书局 1951 年版。

[2] 查哈阳农场工会基层委员会:《新中国第一个女拖拉机队在胜利前进中》,《中国农垦》1953 年 3 月。

[3] 《女拖拉机手梁军大学毕业将回北大荒》,《新华社新闻稿》1957 年 3 月 8 日。

[4] 梁军:《萌芽乡师与全国第一支女子拖拉机队》,《拓荒者的回忆》,黑龙江人民出版社 1989 年版。

[5] 王诚宏、陶艳芬:《天下谁人不识"军"——访新中国第一位女拖拉机手梁军》,《世纪桥》2010 年 2 月。

[6] 王军:《梁军传:共和国第一位女拖拉机手》,中国工人出版社 2012 年版。

周映芝:
共和国的"飞天女"

周映芝·················

1931—2009

湖南湘潭人,中共党员。中华人民共和国成立后空军第一批女飞行员,1952年3月8日,曾驾驶飞机第一个飞越天安门上空,并与其他女飞行员一同接受了毛主席的接见。之后参与执行赴内蒙古抢险救灾、为在朝鲜参战的志愿军运送物资、为部队转场试航等任务,受到党和国家及空军领导人的赞扬和评价。1954年5月停飞,同年8月转业。晚年仍热心关注空军女飞行员的飞行事业,正如她多次所言:"我爱蓝天! 我最爱的还是飞行事业!"

一、 不爱红装爱武装

1931 年 12 月 7 日，那是个寒冷的冬日，周映芝出生在湖南省湘潭市郊毛塘村一个普普通通的农家。由于周父善于经营与发展，此外还种了些烟叶，周家的生活环境和条件慢慢地变好。为了能让女儿知书达理，将来可以嫁个好人家，父亲让周映芝从小读书识字，接受基础教育。只是，当时中国山河破碎、风雨飘摇，日本侵略者的铁蹄肆意猖狂地践踏着中华大地，这在小周映芝懵懂的心里留下了深深的痕迹。为了躲避战乱，周家人前往深山的亲戚家，直到 1945 年日本宣布投降才返回。可以说，周映芝的童年是在动荡不安中度过的。

1945 年，年仅 15 岁的周映芝摆脱封建家庭男尊女卑的束缚，得到了上中学的机会，并成功考取了远离家乡的长沙市含光女子中学。由于路途遥远，交通不便，周映芝只能在寒假的时候回家，准备新学期的生活必需品。此时的周映芝已经表现出高度的独立意志和自强精神。在学校里，周映芝聪明伶俐，好学上进，乐于接受新事物和新挑战。1948 年初，整个长沙市掀起反帝反封建的学潮，周映芝逐步接受了革命思想。为了推翻压在人民头上的"三座大山"，为人民伸张正义，周映芝和同学们参加了长沙市学生联合会，组织学生罢课、示威游行等活动，直到 1949 年 8 月 4 日，长沙和平解放。同年 9 月，周映芝加入新民主主义青年团，后任团支部书记，不久又当选为校学生会主席。

1950 年秋，周映芝顺利地从长沙市含光女子中学毕业。关于毕业之后的去向，思维活跃的周映芝有很多的"奇思妙想"：一开始，她想升学深造，报考了燕京大学；后来，她想当名演员，参加了西北文工团的面试；最后，她想要参军入伍，走进了征兵体检站。品学兼优的周映芝陆续收到了燕京大学和西北文工团的录取通知书，后又拿到了入伍参加抗美援朝的通知书。这三份通知书几乎同时摆在了周映芝的面前，19 岁的她会做出何种选择呢？对于周映芝当时的想法无从考据，然历史表明，站在人生十字路口的周映芝怀揣着爱国的热情毅然选择从军的道路。同年 11 月，周映芝分配到汉口中南预科总队，担任 5 中队 4 班班长，学习土改政策和军事政策，期待学完之后能去朝鲜参战。

彼时周映芝正在新兵训练，为发挥女性建设祖国、保卫祖国的重要作用，党中央、中央军委作出为中华人民共和国培养第一批女飞行员的决定。事实上，这个决定并非一时之想，为新中国培养女飞行员的倡议早在 1949 年 10 月 1 日的开国大典上由邓颖超首先提出，得到了毛泽东主席、周恩来总理等人的支持。招收新中国首批女飞行员的工作全面展开，决定分别从华东军政大学、航空预科总队挑选 55 名女战士进行培训，再根据每个人的身体素质、文化水平和机组成员配套的需要，确定培训飞行员 14 名、空中领航员 6 名、空中通信员 5 名、空中机械员 30 名。

刚满 20 岁的周映芝幸运地被选定为飞行学员。这还得从周映芝入伍 3 个月后的一天再次体检说起。1951 年 1 月初，周映芝的第二次体检，除却入伍时的例行体检之外，还增加了一项特殊的项目——转圈。体检人需要坐在一个木制的转盘里，连续转好几十圈才能结束。她下来后，勉强控制住身体，往前走了好几步远。在周映芝的体检表上，医生写下了"飞行合格"四个字。几天后，这些穿着厚重棉军装的姑娘，迎着凛冽的寒风，背着包坐火车北上。她们的脸上堆满了快乐的笑容，一路上畅想着飞行的乐趣，飞机还没真正见过，心却早已飞到了广阔的蓝天上去了。

"当时做梦也想不到，自己会被挑去飞行。"周映芝后来回忆说，自己是应时代的召唤走向了历史的舞台。只不过，那时年轻的周映芝脸上写满了果敢与坚毅，内心则充斥着希望与期待，飞行的故事就此正式开始。

二、万类霜天竞自由

1951 年 1 月初，周映芝同其他 13 名飞行学员们到达位于东北的牡丹江第 7 航校（现为飞行学院）学习，编为二期丁班，活跃、泼辣的湘妹子周映芝被选为飞行学员班班长。由于时间紧、任务重，校长魏坚要求大家："尽快掌握飞行技术，不让一个人掉队，年底必须毕业。"

首先，需要解决的是情感问题。由于这些女飞行学员年龄最大的 22 岁，最小的 18 岁，因此在这如花似玉般的年纪，情窦初开、怦然心动在所难免。为了能让周映芝她们集中精力专心学习，空军司令员刘亚楼在北京

1951 年周映芝在牡丹江第 7 航校

接见她们时就明确提出要求："你们 5 年内不准谈恋爱，有男朋友的也要断掉，如果有谁下不了这个决心，就不要去航校了。有没有这个决心？"性格外向的周映芝当场大声回答道："有！"其余人紧随其后，纷纷表明态度：是啊，谈恋爱哪有飞行有趣呀？等到了航校后，上海姑娘陈志英提议"向领导写保证书"，这得到了姑娘们的积极响应。没承想，几天过后，周映芝的保证书被退了回来，只见她是这样写的："为了飞行事业，坚决按刘司令员的指示办，我愿一辈子不谈恋爱不结婚，一生献给国防事业，包括生命。"由此可见周映芝决心之坚定。

其次，需要克服的是航校艰苦的生活环境和训练条件。"北国风光，千里冰封，万里雪飘。"东北的冬天是非常漫长的，寒风呼啸，滴水成冰。周映芝来自湖南，北国的寒冷显然超出了她的想象。事实上，大多数生活在

南方的学员包括黄碧云、陈志英、伍竹迪等都是到了牡丹江才真正体验到了寒气袭人的滋味。北方的天亮得特别早,三点多钟就得起床去机场飞行。虽然全身是毛行头,但脸还暴露在寒风之中,手也不能老戴着手套,尤其是将抹布放进水里清洗的时候,刺骨的冷意就像刀子一样割得双手钻心地痛,经常痛得她们直掉眼泪。此外,14个女学员挤在一个小房间里,床是用木凳支棱的大通铺,翻身都困难。其他的生活条件也比较差。大概称得上还可以的就是伙食了,根据周映芝和黄碧云的共同回忆,出现在食堂餐桌上的有高粱米、窝窝头和大白菜,也有米饭、馒头,时不时还有鸡鸭鱼肉。由于牡丹江第7航校是在东北老航校的基础上组建的,其训练使用的教练机是缴获的美制PT-19型和日制双发99式飞机,训练设备陈旧、简陋,教练机上到处是补丁;特别是器材短缺,汽油和飞机零部件需从国外进口解决。为了能够更快地体会驾驶要领、掌握飞行技术,不服输的姑娘们用木板、凳子凑合练习拉杆蹬舵,晚上睡在被窝里也脚蹬床架练习,蹬得床咯吱咯吱地响,其刻苦勤学之精神令人感动。

此外,还要打破狭隘民族主义的偏见。当时培训女飞行员的教员有两名中国教员:赵赠熊、蔡善炳,另有两名日本籍教员:宫田忠明、长谷川正。在第一次飞行课上,胆大心细的周映芝就发现站在飞机模型旁边的教练是一个日本人,他的中国话讲得并不流畅,经常要靠大家自己理解含义。一想到日本侵略者在中国的暴行,周映芝就浑身不舒服,带着各位同学直接跑到校长那儿,坚决表示不愿意让日本人当飞行教官。校长耐心地向她们解释,这两名日本籍教练员在教育改造后,参加了东北民主联军,已经是同志了。这样的解释让周映芝她们冷静下来,仍有不服。在回去的路上,周映芝暗下决心,决定看看这"日本鬼子"到底有什么能耐。随着长时间的学习,她发现这两名教官不仅理论知识丰富,而且飞行技术娴熟,最关键的是他们是真心愿意为新中国空军建设出力。这让女飞行员们改变了对日本教官的看法,逐渐适应了教学,并建立了深厚的师生情。

最后，需要攻克的是飞行学习中的各种难关。在进入航校后，14 名女飞行员就开始学习理论知识，包括飞行动力学、气象学、领航学、飞机与发动机构造等。这左一个公式，右一个定理，姑娘们在遇到难题的时候难免要掉眼泪。不过，这样的学习强度，这样的晦涩知识，没有一个人中途放弃，即使只有小学文化程度的黄碧云也是鼓起勇气，在教员的耐心教导下，在领导和姐妹们的热心帮助下，闯过了理论学习关，和周映芝她们一起进入外场飞行。

1951 年 4 月 12 日，14 名女飞行员穿着厚厚的毛皮飞行服，脚蹬高筒毛皮靴，头戴毛皮飞行帽，踏着整齐的步伐，在教练员的带领下，来到了停机坪。今天她们由教员开始带飞。周映芝是最后一个上飞机的。前面的人大都有点紧张，在下飞机的时候，有的脸色蜡黄；有的浑身颤抖；还有的吐出了胆汁，难受得站不稳。为以防万一，周映芝抓了一条大手绢扎在脖子上。

坐在飞机上，周映芝感觉天空是那么宽广，大地是那么辽阔，白云是那么柔美，山河是那么妩媚。一时间，她把任务抛在脑后。左右张望片刻，周映芝也不知道做什么，只好问教练员，机场在哪里。教练员轻轻压下右翼，只看见一块"T"字布，原来她们正在机场上空飞。后来，在外场飞行学习中，周映芝都仔细观察教练员的动作，认真地揣摩动作要领，尽可能地追求"一个起落有一个起落的收获"，避免无意义地磨损器械和浪费汽油。

经过在牡丹江第 7 航校 8 个月的高强度训练，姑娘们都掌握了飞行要领与技巧，并以优异的成绩通过所有的考试。终是，凛冬散尽，星河长明。新中国的第一批女飞行员将从这儿一飞冲天，成为名副其实的"开天女"。她们是：陈志英、邱以群、施丽霞、万婉玲、伍竹迪、戚木木、秦桂芳、王坚、何月娟、武秀梅、黄碧云、周映芝、阮荷珍、周真明。

新中国第一批女飞行员合影

同年 12 月中旬，第一批女飞行员到达成都，正式改飞苏式里-2 型飞机。在经过 4 个月的紧张训练后，周映芝第一个单飞，而后其余人一个接一个地进行了单飞。"我们实现了自己的诺言，按期毕业，完成了西方国家女飞行员需要两到三年时间才能完成的学习，一个个都独立飞上蓝天。"

三、 待到山花烂漫时

1952 年 3 月 8 日，西郊机场红旗漫卷，歌声嘹亮，大红幅上写着"庆祝新中国第一批女航空员'三八'起飞典礼"。6 架墨绿色的苏式里-2 运输机整齐地排列在停机坪上。中国人民解放军总司令朱德、全国妇联副主席邓颖超等中央领导以及首都各界妇女代表 7 000 余人、50 多个国家驻华使节携夫人和许多中外记者聚集在这里翘首以盼。新中国第一批女飞行员的起飞典礼即将举行。

苏联顾问同中国教练员再次检查了周映芝的飞行准备，因为她是6架飞行中的第一架，将成为第一个飞越天安门的女机长。

"带航图了吗？"

"带了！"

"起飞方向？"

"从东向西，通过机场正上空后爬高，入航线。"

"航线？"

"由西向东起飞，经卢沟桥、三河、通县直飞城区，通过天安门上空。"

"高度？"

"600。"

"速度？"

"270。"

"通过天安门的速度？"

"200。"

"万一飞机发生故障？"

"向南扎。就是摔死，也要在南苑迫降。"

11点45分，第一枚信号弹腾空而起。14位女飞行员迅速进入座舱，6架飞机每机两人，余下两人也需要上机准备替补，周映芝被任命为长机机长；第二枚信号弹升起时，6架飞机呈前三角队列滑行到起飞线；第三枚信号弹发射后，周映芝冷静地拉动手杆，6架飞机准时出发，发动机的轰鸣声响彻了整个机场。顿时，现场围观的人群沸腾了，欢呼声震天动地，并不断地朝腾空的飞机挥手致敬。

6架银燕在西郊机场盘旋三圈后，呈梯队，经丰台、卢沟桥、三河后，由爬高改为平飞。周映芝不断地把高度、速度和坡度通报给后面五架飞机上的战友们，并提醒她们保持间隔距离和跟进高度差。到通县，周映芝将机头对向长安大街，速度减到200，徐徐地由东向西朝着天安门飞来。

周映芝操控着飞机，如云影掠过，故宫、中南海、景山逐渐隐没，只觉"江山如画，一时多少豪杰"。天安门就在前方——那里，红旗招展，人山人海，每个人都仰着脸，有的朝空中招手，有的抛帽子，有的挥动着丝带。从一个普普通通的农家姑娘，成长为共和国第一代女飞行员，驾机翱翔于蓝天之上，周映芝连做梦都没有想到啊！

她还没想到的是，此时正在中南海办公室开会的毛主席走到院子里仰着头观看飞行。只见他左手撑着腰，右手指着天空，操着一口浓厚的湘音，自豪地说："新中国的第一批女飞行员，正在我们头上飞过哩。"

50多分钟后，6架飞机平稳地降落在西郊机场。无以抑制的高兴和荣誉，不断地冲击着周映芝与姐妹们的心灵，以至于她们解开保险带后，坐了好一会儿，才走下飞机，这光荣而神圣的使命圆满地完成了。整个机场再次沸腾，人群蜂拥而至，将一捧捧的鲜花献给可爱的女飞行员们，还不停地拥抱、祝贺着她们。周映芝是最后一个下飞机的，有人问她感觉如何，她回答道："感谢党的培养，是党给我们妇女插上钢铁的翅膀飞上蓝天，我能成为新中国妇女在航空事业的开路人，这种自豪，不禁油然而生。"她的脸上洋溢着幸福的笑容。

朱德总司令接见了全体人员，并赞扬女飞行员是新中国妇女的骄傲，是解放了的新中国妇女学习的榜样。合影的时候，邓颖超拍拍周映芝的肩膀，亲切地问："刚才是你驾驶第一架飞机？"周映芝中气十足地答道："报告！是我！"邓大姐笑笑，欣慰地说："继续努力！男同志能办到的事，我们女同志也能够办到！"

历史永远会记住这一天，共和国第一批女飞行员制造了轰动中国乃至世界的重大新闻——6架由中国妇女驾驶的飞机从天安门广场上飞过。事实证明，中国妇女只要打破自卑感，树立自尊、自强、自信、自立，努力学习、坚韧奋斗，男人能干的妇女也能干，甚至做得更好。

1952年3月24日发生了一件令周映芝难忘的事情。她记得，那天中午刚吃完午饭，一个激动人心的好消息传来：毛主席要接见共和国的"开天女"。大家高兴极了，拥抱在一起，欢呼雀跃着。

女飞行员们穿着一致的服装，排着整齐的队伍，精神抖擞地来到中南海颐年堂，静静地等待着毛主席和其他中央首长的到来。当时，周映芝在第一排头一个。下午三时，毛泽东主席从东侧旁门迈着稳健有力的步伐走过来，他穿着开国大典时那套黄色的正装，神采奕奕，微笑着向周映芝她们招手。见是毛主席，女飞行员立正向他敬礼。周映芝一直紧紧盯着毛主席，内心充满了幸福的喜悦。

毛主席问站在身旁的刘亚楼司令员："她们都成器了吗？"刘亚楼回答道："都成器了！"毛主席听后很高兴，语重心长地说："要训练成人民的飞行员，不要当表演员。"

在和大家一一握手后，毛主席、刘少奇副主席和刘亚楼司令员朝着周映芝的方向走来，她紧张激动得心几乎快要跳出来了。毛主席笑着问："你能把飞机开上天吗？"周映芝随即立正，并举手敬礼，响亮地回答道："报告主席！能！"毛主席发出了爽朗的笑声，连声说："好！好！"紧接着又问道："你在飞机上能和地面说话吗？"周映芝迅速从飞行服口袋里拿出喉机，插在飞行帽的插头上，然后在脖子上系好，答："可以用无线电联络通话。"她向主席演示了在空中呼叫地面的动作，毛主席点点头。这让周映芝由开始的拘谨变得放松了。

在以后的日子里，周映芝献身于人民空军的飞行事业，先后执行赴内蒙古抢险救灾、为在朝鲜参战的志愿军运送物资、为部队转场试航等任务。后来改飞专机，送中央首长到各地视察工作，圆满地完成各项任务，受到党和国家及空军领导人的赞扬和评价。

1954年，由于种种原因，周映芝离开了心爱的战鹰，转业到地方工作，但仍然热心关注空军一批批女飞行员的飞行事业，正如她多次所言："我爱蓝天！我最爱的还是飞行事业！"1982年，周映芝终于加入中国共产党，成为一名光荣的党员。

时至今日，距离新中国第一批女飞行员的横空出世已有 70 年，她们翱翔于天的矫健身姿宛若一颗颗璀璨的新星，闪闪发光。这是中国妇女的骄傲，这是人民军队的骄傲。作为新中国第一个飞越天安门的女机长，周映芝的人生经历正是印证，"伟大出自平凡，平凡造就伟大。"在平凡中创造不平凡，在普通中写就伟大，平凡终将成就伟大的事业。

（余春芳）

▷　**参考文献**

[1]　贾永、何建华、汪澜主编：《亲历八十年辉煌：为您讲述 80 幕经典军史背后的故事》，上海人民出版社 2007 年版。

[2]　刘锡林编：《共和国女兵》，中国妇女出版社 2008 年版。

[3]　萧邦振等著：《飞上天的花》，中国人民解放军出版社 2009 年版。

[4]　苗晓红：《共和国蓝天的女儿》，中国妇女出版社 2021 年版。

[5]　苗晓红：《新中国女飞行员诞生记》，《中国妇女报》2021 年 6 月 24 日。

解秀梅：
中国人民志愿军唯一的一等功女战士

解秀梅··················

1932—1996

河北高阳人，共产党员，抗美援朝中唯一荣立一等功的女战士，电影《英雄儿女》中王芳的原型。1951年解秀梅随军奔赴朝鲜抗美援朝，曾作为文工队队员做战地宣传工作，后转为战地护士。因在朝鲜战场上奋不顾身营救伤员，荣立一等功。回国后，受到毛泽东等党和国家领导人的亲切接见。1954年，解秀梅回国，先后担任徐州市鼓楼区团委书记，山东省临沂市国棉八厂副厂长、副书记，石家庄兴华印刷厂副厂长等职务。

一、 为国效力赴朝鲜

1932 年，解秀梅出生在河北省高阳县于提村一个贫农家庭，父母淳朴善良，一家人过着清苦而平静的生活。1931 年，"九一八"事变爆发后，日本侵略者开始践踏中国大地。日本侵略者的到来让当地人民生活在水深火热之中。当时的高阳县是中共八路军的根据地，解秀梅一家也积极地参与到了全民抗日的热潮中。她的两个叔叔都加入了抗日游击队，解秀梅的父亲也积极地帮助八路军抬担架、救伤员。解秀梅就这样在军民的鱼水情中成长着，她把八路军战士视为亲人，深深地感受到八路军是全心全意为百姓的。

解秀梅从小聪明开朗，能歌善舞。小小的秀梅经常帮助游击队的战士们放哨送信，还加入了村里的业余剧团成了一名小演员，鼓励乡亲们努力生产，在乡亲们干农活的间隙给他们增加些许安慰和放松。解秀梅喜欢听革命故事，她最喜欢听的就是刘胡兰的故事，她把刘胡兰当作榜样，希望自己能像刘胡兰一样报效祖国。她多么希望自己能够成为人民军队的一员，像熟悉又热爱的战士一样上战场，保卫国家。16 岁时，解秀梅光荣地加入了新民主主义青年团（中国共产主义青年团的前身）。一到能够参军的年纪，解秀梅就迫不及待地提交了入伍申请。当得到被批准进入中国人民解放军某部成为一名文工队队员的消息时，解秀梅开心极了，多年愿望终成真，她下决心一定好好训练，为国效力。

1951 年，解秀梅自告奋勇地报名参加中国人民志愿军，申请赴朝鲜作战。在申请得到批准后，解秀梅便作为一名政治部文工队队员雄赳赳气昂昂地奔赴了朝鲜战场，成为最早入朝作战的女兵之一。当军队跨过鸭绿江，解秀梅看到朝鲜当地的百姓被战争摧残的居无定所、食不果腹的场景，顿时想起日寇侵袭自己家乡时的景象。当年是八路军战士用鲜血换来了家乡现在的安宁，如今志愿军出兵朝鲜，也是为了保卫和平。一想到这里，身为志愿军战士一员的解秀梅深感自豪，浑身充满了力量。她立志要践行自己在出征前的誓言：保家卫国，抗美援朝，争取立国际功，立大功，为毛主席争光，为祖国争光。

然而，行军过程中炮火纷飞，战士们一路跋山涉水、风餐露宿、负重前行。对于一个小姑娘来说，这一切无疑是从没有过的考验。但是，她从来不叫苦叫难，反而每天乐呵呵地帮助其他战友背背包、米袋。一到休息的时候，她就主动捡柴、挖野菜、烧水、做饭，还帮助受伤的战士打水、洗脚、挑血泡。她热情乐观的性格和坚强的意志感染了一众战士。

作为一名文工队队员，除了行军打仗，要利用一切机会做好宣传工作，为战友们加油鼓劲。行军路上，战友们疲惫不堪，解秀梅便和文工团的战友一起跑到队伍前面，打起了快板，为战士们振奋精神。

> 路程 70 里，小伙咱们比一比。
>
> 背的东西不算重，50 斤重称得起，走起路来快如风……
>
> 叫同志，你来听，号角响起炮声隆
>
> 叫同志，你莫停，到战场上要立功
>
> 消灭鬼子援朝鲜，留取丹心照汗青，照汗青！

行军途中，炮火连天，空袭不断，敌军的飞机把仅有的一点乐器也炸坏了。解秀梅和队员们不气馁，待敌军走后，拿起筷子、脸盆当乐器继续为战友们表演鼓劲。解秀梅这首自编自演的《小快板》将战友们不畏强敌、英勇作战的精神表现了出来，战士们听到这个快板都拍手称赞，如久旱突逢甘雨般消除了疲劳，鼓舞了斗志。

二、 战地护士救伤员

当时的朝鲜战场上，中美武器装备差距很大。导致我方伤员众多。在一次前线的慰问演出中，解秀梅看到前线的医护人员严重不足，伤员不得不大排长队等待救治。于是，解秀梅主动向政治部打申请，请求把自己调入战地医院，以缓解战地医生、护士短缺的问题。申请通过后，解秀梅进入前线医院，具体帮助开展救治与护理工作。医院身处前线，敌军的战机随时会出现在头顶，但是解秀梅丝毫不惧怕，全身心地投入救治伤员的工作中。虽然只是一个小姑娘，但是只要是为战士们好，无论多难她都绝不退缩。

前线战场战火纷飞，伤员一个一个被抬了进来。解秀梅奔走于一个个包扎所里，全然不顾个人的安危，她忙上忙下，为伤员喂水喂饭、上药、包扎、处理伤口。战事吃紧的时候，她常常连续工作，几天几夜不休息。在解秀梅看来，只要看着伤员们能慢慢好起来，重新回到战场上，一切都是值得的。

除了尽量缓解伤员们身体上的疼痛，解秀梅还发挥她曾经是文工队队员的特长，在伤病员休息的时候给他们唱歌曲、唱快板，缓解他们紧张的情绪，鼓舞他们的士气。伤病员每每看到这个乐观开朗的小姑娘，都被她的热情所感染，心情也随之好了起来。

朝鲜地处高纬度地区，冬天异常寒冷，前线志愿军战士的手脚常常被冻坏。看到一个个被抬进来的伤病员，解秀梅很是心疼。她常常用自己的手去温暖战友冻伤的手脚，有时甚至放在自己的袖筒里。一阵阵暖流流到了战友的身上，也流到了战友的心里。

有一次，医院忽然抬进来一个重病伤员，解秀梅见后，连忙上前帮忙检查伤情。她发现，由于天太冷，战士的脚和鞋袜已经冻在了一起，无法脱下。可是，冻伤的腿脚不能用火烤，也不能用热水泡，而这种情况下，如果不及时处理，战士的脚恐怕要保不住了。这时的解秀梅没有丝毫的犹豫，她毅然解开自己的棉袄，把战士冰冷的双脚放在了自己的怀里。解秀梅的体温逐渐温暖了战士的双脚，一个小时后，这位伤员的鞋终于脱了下来。解秀梅又赶紧给战士按摩脚，让脚上的血液循环起来。脚慢慢有了温度，能活动了。周围的战士见状又惊讶又感动。当战士醒来得知解秀梅如何照顾自己后，感动得泪水止不住地留。他挣扎着要坐起来表示感谢，解秀梅忙说：你别动，躺着就好！战士的脚保住了，解秀梅脸上洋溢着笑容。

三、 舍身营救李排长

1951 年 11 月 30 日，此时的朝鲜已进入冬季，天气异常寒冷。这天，解秀梅像往常一样，上山打柴，给伤员烧炕取暖。在返回的途中，解秀梅忽然看到几架敌机从上空飞过。敌机向战地医院所在的村庄投下了汽油弹，无数房屋被炸毁，炸弹点燃了医院的病房，病房附近瞬间硝烟四起，烟尘滚滚。解秀梅赶紧扔下木柴，奔向病房。

此时的病房已经浓烟滚滚，火光四溢，必须在最短的时间内把困在病房里的士兵救出。解秀梅毫不犹豫地钻进燃烧着的病房，跟大家一起将伤员一个一个转移到安全地带。正在这时，他们发现 605 团排长李永华还没有转移出来。李排长伤势严重，自己无法行动，如果再不去把李排长抢救出来，他将有生命危险。可是头上的敌机仍在疯狂轰炸，折返回去救人异常危险。解秀梅已经顾不上想这么多，她以最快速度钻进病房。病房中的浓烟烈火让解秀梅完全睁不开眼，她摸索着找到李排长，然后不由分说地把他背了起来，迅速撤离出病房。就在这时，忽然两枚汽油弹又一次在他们附近爆炸，熊熊大火瞬间燃起，火星溅在了两个人身上。解秀梅赶紧把李排长身上的火苗扑灭，还把自己的棉袄脱下来披在他身上，又一次背起李永华往防空洞跑。

此时，敌人的扫射并没有停止，炸弹在他们周围不停地爆炸。李永华见状，赶紧对解秀梅说：你别管我了，放下我，赶快跑！解秀梅用坚定的语气拒绝道："不！我是青年团员，不能让你再负第二次伤。有我就有你！"

两人继续跟跄着艰难前进，突然，一架敌机又从他们头顶飞过，向他们投下了炸弹。此时的他们周围没有任何掩体可以遮挡，为了保护李排长，解秀梅赶忙放下李永华，迅速把他压在身下，用自己的身躯去掩护他。炸弹飞过，炸起的石块、沙石把他们埋在了下面，李排长在解秀梅的保护下安然无恙，而解秀梅的衣服却被飞起的弹片、石块打出多个破洞，浑身血迹斑斑。等敌机过去，解秀梅二话没说，又一次背起了李排长……终于两人到达了安全地带，此时的李永华已经感动得说不出话来。在这次营救中，解秀梅共救出十几名伤员。

讲述解秀梅英雄事迹的连环画

解秀梅舍身救伤员的事迹在军中迅速传开，大家都纷纷赞扬这个英勇的女护士的举动。在中国人民志愿军对抗美援朝的伟大胜利进行全面总结时，解秀梅被记为一等功，她也是抗美援朝 154 位功臣中唯——位记一等功的女战士。解秀梅后来还光荣地加入了中国共产党。

四、 厚誉载身归故里

1952 年 1 月，志愿军选派部分战士组成归国代表团，解秀梅被选为其中的一员。回国几个月中，解秀梅跟随代表团受到了全国人民的热烈拥护。他们行走了 1 054 个县、市，为全国人民作了数千次的报告。她的事迹感动了无数群众，他们纷纷向解秀梅寄来慰问信。解秀梅的家乡河北于堤村，还专门为她召开庆功大会，并授予她"人民功臣"的光荣称号。在给家乡人民的报告中，解秀梅激动地说：我不过是按照祖国人民的嘱托去做事，谢谢你们这样来欢迎我，我一定为父老们继续立更大的功！

5 月 23 日，中国人民志愿军归国代表团和朝鲜人民访华团来到中南海怀仁堂，接受毛泽东、周恩来、刘少奇、朱德等中央领导的接见。解秀梅还被安排了一项任务——为毛主席献花。能见到毛主席已是解秀梅做梦也想不到的事情，还能为毛主席鲜花更是无上的荣耀。

当天，解秀梅心中激动万分，她手捧鲜花，眼含热泪，在同志们的欢呼中，走向毛主席，为毛主席献上了鲜花。她对着毛主席大声说："我们全体志愿军同志们问您好。祝您健康！"毛泽东微笑着回答说："谢谢！祝你们胜利！"并伸出了手与她握手。会后，毛泽东还欣然为解秀梅题字留念。

后来，有记者采访解秀梅，在回忆起这段经历时，她说：当时，我还是个不满 20 岁的姑娘，是党把我培养成了光荣的战士，是党给了我这样的荣誉，望着敬爱的领袖，就像久别的儿女遇到了慈祥的父亲，我再也抑制不住内心的激动，一下子扑到主席的怀里，呜呜地哭了起来。

1952 年 5 月 25 日，解秀梅又踏上重返朝鲜战场前线的行程。同年 10 月

25 日，朝鲜平壤召开了中国人民志愿军出国作战两周年纪念大会，金日成出席了大会。在大会上，金日成接见了谢秀梅，还亲自为她签字留念，后又授予解秀梅"三级国旗勋章"。

作为抗美援朝中唯一一位一等功的女战士，解秀梅的事迹被国内各大报刊宣传报道，还被改编成了连环画、歌剧等。著名作家巴金还根据解秀梅及其他英雄模范的事迹和经历，创作了中篇小说《团圆》。不久后，小说又被改编成著名的影片《英雄儿女》，电影中的王芳就是以解秀梅为原型的。电影中，王芳突遇敌机的轰炸，在危急时刻，她用自己的身体掩护了炊事员老李同志，而她自己却受了重伤的情节就是源自解秀梅舍己勇救李排长的事迹。

1954 年，解秀梅跟随着中国人民志愿军一起回到了魂牵梦萦的祖国。踏在祖国的国土上，看到人民过着和平安宁的生活，她觉得一切付出都是值得的。回国后的解秀梅，从未主动提起她曾经的荣誉，而是来到了地方上，过着低调而平凡的生活。她先后担任徐州市鼓楼区团委书记，山东省临沂市国棉八厂副厂长、副书记，石家庄兴华印刷厂副厂长等职务。1996年 1 月 30 日，解秀梅因病逝世。

（谢　菲）

▷　**参考文献**

[1]　文英:《解秀梅还乡记》，载中国人民保卫世界和平反对美国侵略委员会编:《祖国在前进:中国人民志愿军归国代表团通讯集之一》，1952 年版。

[2]　通俗读物出版社编:《中国人民志愿军英雄故事》，通俗读物出版社 1954年版。

[3]　郝巨恒主编:《解秀梅:中国人民志愿军第一个荣立一等功的女文工队员》，载《神州第一人》(中)，中国经济出版社 2007 年版。

[4] 王如汉:《人民的女功臣解秀梅》,《与时代同行:〈河北日报〉70 年新闻作品选(上)》,河北人民出版社 2019 年版。

[5] 孟红:《唯一女志愿军一等功臣——解秀梅》,《中华魂》2020 年第 10 期。

[6] 杨纪:《〈英雄儿女〉王芳原型——获抗美援朝独立一等功女战士解秀梅》,《档案天地》2015 年第 6 期。

[7] 宋悦来:《〈英雄儿女〉中王芳的原型解秀梅》,《文史精华撷珍本》1997 年,原载总第 46 期。

向秀丽:
舍身忘我的救火英雄

向秀丽······
1933—1959

广东清远人,中共党员,革命烈士、救火英雄。生前为广州何济公制药厂工会委员、班长。1958 年 12 月 13 日,药厂化工车间酒精瓶瓶底破裂,引起火灾。向秀丽奋不顾身,侧身卧地挡住火势蔓延,用身躯阻止了一场涉及整个厂区和附近居民区的重大火灾,自己却因伤势过重抢救无效去世。2009 年,向秀丽入选"100 位新中国成立以来感动中国人物"。2019 年,被授予"最美奋斗者"称号。

一、 苦难童年，备受压迫

1933 年，向秀丽出生在广州一个贫苦的家庭。1937 年，抗日战争全面爆发，日本飞机开始轰炸珠江沿岸。当地百姓民不聊生，敌人的飞机时不时在上空飞过，炸弹炸过后到处都是断壁残垣。父亲向裕德为了维持家用，在乐昌县一家商店做工，母亲则带着六个儿女挤在一间潮湿逼仄的贫民房中艰难度日。

向秀丽 5 岁那年，家里已经没有一粒米下锅，她和兄弟姐妹个个枯瘦如柴，无法度日。母亲决定像其他乡亲一样，带着孩子们去逃难，去乡下谋生路。初冬时节，天降大雨，六个孩子偎着母亲，走在泥泞的山路上。他们一路逃难到肇庆，找到了一个破烂的祠堂先行住下。一家人住在四下透风的祠堂里，靠着父亲寄过来的微薄收入和孩子们在田地里捡的稻穗，勉强能活下去。村里一个好心的村民实在可怜这苦难的一家，把自家的米分给了他们一些，还给他们找了半间牛棚住，他们这才算是有了自己的家。

就在这样艰苦的生活中，向秀丽长到了 9 岁。父亲因为给家里寄钱，被恶霸地主发现，不仅撕毁了他的信件，私吞了他的钱，还到处造谣，说乐昌不太平，炸得很厉害。消息传到向秀丽家中，如五雷轰顶，他们以为父亲已经在战火中去世。没有了父亲的工钱支援，一家人生活更加窘迫，一度好几天没有米下锅。于是有人给向秀丽母亲提议，把孩子寄养一个给别人家，说不定孩子还能吃饱饭。作为母亲，自然舍不得把自己的孩子送人。可是，看着一个个吃不饱穿不暖的孩子，母亲把目光放在了向秀丽身上。尽管有一万个不舍得，但为了孩子能活下去，母亲还是含泪把向秀丽送去了地主家做养女。

说是养女，实际上就是地主家的使唤丫鬟。地主给她取名容彩兰，让她干最脏最累的活。担水、煮饭、放牛、下田，甚至连地主的孙子都要让她背着哄。为了混口饭吃，9 岁的向秀丽过上了苦役般的生活，她咬牙坚持着，母亲来探望她，她从来不和母亲叫苦，都是默默承受。

向秀丽11岁那年，地主让她挑水。她光着脚丫担着两桶水进门，由于门槛太高，迈脚的时候，她的右脚大脚趾正好碰到了石门槛上，顿时流血不止。地主非但没有管她的脚，反而骂她撒了一地的水。由于没有来得及救治，她的脚发了炎症，以至于后来化脓、溃烂，身上也开始浮肿，她也逐渐水米不进。地主看向秀丽已经榨不出油水了，就把她赶了出去。向秀丽拖着病脚回到了家，母亲心疼不已，想方设法带她去了医院。因为耽误了太久，医生只能把她的脚趾锯掉来保命。看着自己不完整的脚，想想自己和家人过的苦日子，那种来自地主阶级压迫的痛，让她一辈子记在心里。

1945年，抗日战争胜利的消息传来，全国上下欢欣鼓舞。向秀丽也随家人一起回到了老家广州。尽管父亲后来与家人又取得了联系，但是一家人依然挣扎在贫困线上。为了糊口，12岁的向秀丽到火柴厂去装火柴匣，后又转到了和平药厂做工。在和平药厂，资本家给她极低的工资，却让她每天干10小时以上的工作。摆脱了地主的压迫，又遭受了资本家的压榨，这些苦难的经历，让向秀丽从小就明白了，天下穷人是一家，她痛恨那些作威作福、压榨穷人的人。

二、 勤奋好学，挥洒青春

1949年10月14日，广州解放了。在中国共产党的领导下，广州开始慢慢复苏，到处一派生机勃勃的景象。向秀丽一家也逐渐好转起来，父亲、哥哥、姐姐都重新找到了工厂上班，母亲也去街道上帮忙，一家人终于看到了希望。这时的向秀丽，每天都笑眯眯的，逢人便说："要不是共产党来了，我家里哪里能过上今天的好日子。"

当时的向秀丽仍然在和平药厂做工。和平药厂是一个私人企业，除了几十个工人以外，其他人都是资本家和他们的亲戚。新中国成立后，广州的很多工厂都陆续建立了自己的工会组织。当地党区委工作队到工厂里发动工人加入工会，给他们讲工会的性质、任务，启发他们的阶级觉悟。向秀丽深深地感受到共产党的领导给她生活上带来的变化。工会是代表工人的组织，应该参加。于是，她第一个要求加入。

加入工会的向秀丽和工会的同志走得很近，她开始积极发动群众，向秀丽的群众基础越来越好，她被工人们推选为厂里的工会组织委员，不久，又被中区组联选为女工委员。

随着自己职务的增加，向秀丽深感自己肩上的重任。她常常苦恼于自己文化程度过低和学识的浅薄，于是她开始刻苦地学习。她一边和自己的小姐妹古绮霞形成了互助的学习小组，一边又自己勤奋地学习文化知识。1953 年 11 月，向秀丽有幸被党组织调到了中区工会干部训练班进行脱产学习。入学第一天，小组里学员轮流谈入学感想，轮到向秀丽时，她红着脸说："这次脱产学习是我平生第一次，真怕学不好，我真怕辜负党，枉食人民米。"大家都被她的真诚所打动，并纷纷表示愿意帮助这个爱上进的好同志。对于向秀丽来说，能有这样的学习机会太珍贵了，她如饥似渴地徜徉在知识的海洋里。她白天认真学习，遇到不懂的问题就积极地问一同学习的同志；晚上把同学的笔记借来，把课上记不下来的笔记补上，一个人学习到深夜。勤奋的学习终有了收获，在学习班结业时向秀丽获得了学习班的通报表扬。

不久，向秀丽又参加了青工业余训练班的团课。在这次团课上，她第一次读到了《卓娅与舒拉》《把一切献给党》《钢铁是怎样炼成的》等读物，卓娅、吴运铎、保尔等英雄人物的事迹让她久久不能平静。尤其是当她看到 18 岁的卓娅为了祖国利益不顾自己安危的事迹，她深深地被震撼了。于是，她打开了笔记本，在上面写下：不管什么雨暴风狂，山高水险，都要跟着红旗前进，冲破困难。1954 年，向秀丽加入了一直心向往之的共青团，继续践行着她"不枉食人民米"的承诺。

1955 年，全国开始了私营工商业的社会主义改造。1956 年，向秀丽被选为和平药厂合营工作委员会的委员。随后，和平药厂并入广州何济公药厂，向秀丽成了何济公药厂的一名包装工。

1958 年，药厂要试制一种叫作"甲基硫氧嘧啶"的新产品，向秀丽由包装车间调入"甲基"小组。试制"甲基硫氧嘧啶"需要复杂的化学反应，而且会接触到烈性爆炸物金属钠，这让不少工人望而却步。向秀丽却认为，既然组织上派她去了新岗位就是对她的信任，她无论如何都要干好。于是，向秀丽欣然接受了工作调整，并开始了新工作的钻研。

对于只上过工人业余夜校的向秀丽来说，参与研制新的化学制剂实在是比登天还难。但是她从不退缩，她白天跟着工厂的师傅学习新知识，认真搞生产，晚上在家里挑灯夜读，认真学习笔记。当时的向秀丽已经成家，并有了孩子。每每到夜里，她都不好意思地拜托自己的婆婆帮忙哄孩子睡觉，自己则继续在灯下学习。有一次，婆婆看着深夜还不睡觉的向秀丽，很是心疼。向秀丽笑着跟婆婆说：革命工作是不能挑肥拣瘦的，党叫我做什么，我就做什么。就这样，她用了一个月的时间就攻克了"甲基"操作的难关，完成了从包装工到制药工的转变。向秀丽的努力让所有人都看在了眼里，她先后两次被评为药厂季度优秀工作者和先进生产者。

1958 年 10 月 31 日，向秀丽成了一名预备党员。她的入党介绍人吕燕珍曾这样评价她："向秀丽是个做事踏实的人，凡事听从组织安排，工作任劳任怨，从不讲价钱，不多出声，为人实在正直。"

三、英勇救火，壮烈牺牲

1958 年 12 月 13 日晚，向秀丽和几名工友一如既往地在车间里忙碌着。

此时，10个制药煤炉正在熊熊燃烧，角落里60多公斤易燃易爆的金属钠等待被分解，制成药品。然而，就在一切看似一如往常时，意外发生了。在倾倒无水酒精时，一个装着50斤酒精的瓶子不慎破裂，酒精顿时倾泻一地并开始向四周蔓延。由于车间里正在燃烧的煤炉散发出大量的热气，酒精遇热很快便燃烧起来。

向秀丽一看火苗四起，马上用身上的毛巾扑打火苗。但是火势太凶，无法扑灭，火苗烧到了她的脚下。此时的向秀丽已经顾不了这么多了，她一边大喊着快去叫人救火，一边想办法扑灭火苗。

"坏了！金属钠！"向秀丽忽然想起了车间里堆放的那60多公斤易燃易爆的金属钠，一旦火苗引燃了钠并引起爆炸，那整个厂区以及附近居民区都将陷入火海，后果将不堪设想！

来不及多想，向秀丽忽地俯下身子，试图用自己的身子去堵住酒精流的去向。火苗迅速在向秀丽的身上烧了起来，工友们忙去拉她，她大喊道：快叫人，别管我！快去！

向秀丽用身躯挡住火苗蔓延（贺友直创作）

241

当厂领导带着工人闻讯赶来救火时，向秀丽已经被火舌覆盖，大家齐心协力扑灭了她身上的火焰，她却在奄奄一息中挣扎着说："别管我，快去抢救金属钠。"几名工友赶紧去把金属钠转移到安全地带，此时的金属钠已经开始冒起黑烟，如果不是向秀丽用自己的身体为工友们争取到了有效的救火时间，一场恶性的爆炸事故在所难免。

此时的向秀丽已经被烧得面目全非，双腿和左手的肌肉烧得焦黑，气息逐渐微弱，她被紧急送往了医院。经医院鉴定，她全身烧伤的面积达80％，二、三度烧伤达67％。向秀丽舍身抢救国家财产而被烧伤的消息传到了广州市委，广州市委高度重视，并做出指示："一定要想尽一切办法来抢救向秀丽同志。需要什么就给什么！"

在经历了三天三夜的休克之后，向秀丽终于缓缓地睁开了眼睛，她抬起头看到了前来探望的何济公制药厂的党支部书记卢华，第一句话便是用微弱而又急切地声音询问："党支书，金属钠爆炸没有？"在得到了否定的回答之后，她才缓缓地舒了一口气，脸上慢慢浮现出了笑容。

过了"休克关"，接下来就是漫长而痛苦的治疗期。对于烧伤病人来说，疼痛是常人难以想象的，更何况是全身性的大面积烧伤。莫说除腐肉、植皮这些治疗，就连为了保持创伤面干燥而进行的日常换床单，也让向秀丽痛苦不堪。每一次翻身都让她经历万箭穿心般的痛苦。尽管身上很痛，为了不给别人增加心理负担，她仍咬牙忍住，不发出呻吟声。有时候实在忍不住了，她就请求护士帮她把音乐打开来掩盖自己低微的呻吟声。

向秀丽的事迹感染了无数的群众，他们都非常关心向秀丽的病情。为了全力抢救她，周围的百姓自发在医院排起了长队，为向秀丽同志输血。向秀丽知道后，一边感动于大家对她的关心，另一边又担心抽血对他们的身体造成影响，并恳求医院外科部的党支书，把给她献过血的同志的地址记录下来，等病好了去亲自感谢。

对群众心怀感恩，对家人她则尽量强撑着不让他们为她挂心。身为火车司机的丈夫来看她的时候，她笑着对丈夫说自己不要紧，再苦战一个月就能出院。还提醒丈夫，不要在工作时挂念她，思想不集中，容易出事故。向秀丽婆婆来看望她时，她则把自己烧伤重的那只手藏起来，把另一只手伸给老人，生怕老人看到自己的伤口而难过。

在人前，向秀丽总是面带着微笑，坚强乐观，而身上的痛只默默留给自己，在夜里独自低声呻吟。她心里一直有着坚定的信念：我要好起来，早日回到工作岗位上去，不辜负国家和人民的希望。她时刻牢记自己共产党员的身份，再疼再苦也不叫苦。在一个深夜，向秀丽发烧到39度，疼痛中，她睁开眼睛，看到熟识的值班医生邝医生，她便询问起邝医生的情况来。当了解到邝医生还是一名团员时，她勉励邝医生一定要自己努力创造条件，争取早日加入党组织。邝医生激动地说："秀丽同志，我一定记住你的话，一定！一定！"

1959年元旦过后，因为绿脓杆菌感染，向秀丽的病情急转直下，生命垂危。弥留之际，她把丈夫叫到床前，用最后的力气向丈夫做了交代："有事多请示党……听党的话，是没错的。"

1959年1月15日，向秀丽永远地闭上了双眼。

现位于广州银河公墓的向秀丽之墓

243

四、"风格如斯世所师"

向秀丽牺牲的消息传出，周围群众一片悲痛。1959 年，中共广州市中区党委追认她为正式党员，广州市人民政府则追认向秀丽为革命烈士。

向秀丽的事迹感动了全国人民，全国上下掀起了向向秀丽同志学习的热潮，不少党和国家领导人为她作诗题词，给予了高度评价。林伯渠作诗道："磊落光明向秀丽，扶危定倾争毫厘，一身正比泰山重，风格如斯世所师。"郭沫若则称赞向秀丽："你全身化为了光，你是英勇的献身精神的形象！"

雷锋同志在他 1962 年 2 月 8 日的日记中更是写道："我决心永远学习向秀丽同志坚定的阶级立场，敢于斗争的精神……我时时刻刻都要以她为榜样，经常对照自己和鞭策自己，把自己锻炼成为一个坚强的无产阶级革命战士。"多年后，向秀丽的儿子崔定邦在一次座谈会上讲道："在我六十余年的人生中每每遇上不如意的事情，我就会想起妈妈奋不顾身的形象，就会产生克服困难的信心与力量。"

2009 年 5 月，向秀丽当选为"100 位新中国成立以来感动中国人物"之一。2019 年，向秀丽被授予"最美奋斗者"称号。如今，广东清远，有一座专门以向秀丽的名字命名的公园——向秀丽公园。园内的向秀丽纪念馆、向秀丽纪念像广场等都像在向每一个前来的游客讲述向秀丽的事迹。"秀丽楼""秀丽街""向秀丽青年突击队""向秀丽·雷锋志愿服务队"……向秀丽正在用另一种方式延续着她舍己为群的精神，感染一代又一代的人。

（谢　菲）

244

▷ 参考文献

[1] 《救火英雄——向秀丽》,《光明日报》2011 年 5 月 13 日。

[2] 房树民、黄际昌:《向秀丽——100 位新中国成立以来感动中国人物》,吉林文史出版社 2012 年版。

[3] 卢益飞:《向秀丽:舍身救火的巾帼豪杰》,《南方》2019 年第 19 期。

[4] 《影响了雷锋和张海迪的清远姑娘》,《清远日报》2020 年 3 月 5 日。

[5] 芒果 TV 出品,全国妇联、新华社联合出品,湖南省委宣传部指导:纪录片《党的女儿》,2021 年。

[6] 全国妇联宣传部与中央广播电视总台体育青少节目中心:纪录片《讲巾帼英雄故事》,2021 年。

沈力：
新中国第一位电视播音员

沈力……………

1933—2020

原名沈立环，山东济南人。我国第一位电视播音员，也是我国第一代电视节目主持人，曾主持《为您服务》《夕阳红》等经典节目。1983年获全国专栏电视节目评选优秀节目主持人奖，1984年被评为全国优秀新闻工作者，1991年获全国广播电视节目主持人开拓奖特别金奖，1995年获中国广播电视节目主持人最高奖——第二届"金话筒"特殊荣誉奖，2006年获"中国电视主持人25年杰出贡献大奖"，2015年获"中国电视艺术终身成就奖"等。

一、"京剧脸谱"与"天女散花"

1949 年，16 岁的沈力加入中国人民解放军南下工作团，在文工团当演员，后调至解放军总政歌舞团。1957 年，沈力从部队转业，考入中央人民广播电台，学习播音。1958 年，我国组建了第一个电视台——北京电视台（即中央电视台前身），招播音员。沈力奉命去试镜头，当时她根本没有"镜头"的概念，就念了两篇稿子。经过选拔，25 岁的沈力入选，成为我国第一位电视播音员。

初上荧屏（1958）

电视台刚成立时，条件非常艰苦。演播室由广播大楼里一间办公室改建而成，仅有 60 多平方米，没有桌子，没有椅子。办公室的三面挂了一圈幕布，另一侧用玻璃隔出狭长的一个空间，里面是只能容纳 3 个人的导播间、音响控制室和唯一的一台监视器。沈力播音时就只能手里拿着一叠稿子站在导播间的外面，对着一支吊着的话筒解说。

在演播厅（1959）

那时沈力最重要、也是最主要的工作是为当日国内、国际新闻和专题报道进行画外解说。国内外新闻和专题片加起来大约需要 50 分钟，新闻播出量较大，而且当时技术条件有限，所有节目都是直播，容不得一点疏漏和差错。每天下午的时间简直是分秒必争！三四点钟领导开始审片，沈力边念稿、边对画面做记号，因为只有一次对画面的机会，万万不能疏忽。审片后，领导还需审稿件，审好后，沈力拿到稿件时，距离正式播出只有两小时的时间。而且，那时的稿件不是打印件，而是出自多位编辑之手，有的字体龙飞凤舞，加上领导审核时的批注、修改，辨认难度可想而知。沈力就想出一个好办法，用黑色抹去删掉的字，蓝色加重修改过的字，红色标明一些特别需要注意的地方，这一轮轮下来，播音稿俨然成了一张张"京剧脸谱"。播音时，沈力手里的稿子播完一张，扔一张，地上都是稿子，被大家戏称为"天女散花"。

一开始一年多的时间里，电视台只有沈力一个播音员。她要担负全部播音任务，包括节目串联、口播 5 分钟的简明新闻、专题采访、代表电视台向东欧等国致新年贺词，以及在天安门广场举行五一庆典的实况转播等。让沈力记忆犹新的是 1960 年播报元旦贺词，由于元旦贺词来得很晚，她只能一目三行地看一看，心里非常紧张，但必须微笑着轻松呈现出来，播完之后，沈力手冰凉、脸发烧、腿发软，坐了半天才缓过来。

当时拥有电视的家庭并不多，但认真播出每一条内容是沈力和同事们唯一的追求。沈力每次播音时，就想象自己面对的就是自己的亲人和朋友，慢慢地形成了自己的风格，被赋予一种发自内心的温暖和亲切感。

二、采、编、播的多面手

1974 年，沈力主动要求到电视台专题部做编导。电视编导不像播音那样单纯，涉及面非常广，不仅需要文字功底，还需要懂得画面构图、镜头语言、剪辑技巧、声音与光的运用，以及声画的配合、特技的使用及技术操作等，有一系列新课题要学习、要探索。

几年间，沈力不断汲取、探索、磨炼，向同事学习，跑遍了北京的图书馆，从未停止脚步。谈起成功经验，沈力概括为"选题要准、立意要高、构思要巧、形式要活"。比如说，在确定选题方面，沈力觉得应该依据总的方针政策、栏目宗旨和观众需要。因此，在担任《文化生活》栏目编导期间，群众文化生活刚刚复苏，沈力认为应该推出一些弘扬民族文化、普及文化知识、提高观众欣赏水平的作品，这样才能给社会一种健康向上的精神力量。因此，她录制了民族传统音乐、现代歌曲和音乐、外来音乐和文化名人、音乐知识普及等节目。

1983 年，在全国电视专栏节目评奖中，沈力编导的《相声大师哪儿去了》《心灵的歌声》，分别获得一、二等奖。

做编导的同时，沈力还成为一名出镜记者，成功完成了多次重要采访。她不断思考、学习如何设计问题、如何写稿。

1978 年墨西哥舞蹈家访华演出，沈力受邀进行幕间采访。只有一张节目单，采访什么，怎么采访，沈力迅速进行思考，列出提纲：

一、观众想了解什么？通过采访，我们要告诉观众什么？

1. 其人（背景，在本国的地位、声誉）

2. 其物（响板是什么，起什么作用）

3. 二者关系（舞与响板的结合是独创）

二、既然是外国舞蹈家，应请她简单说说来中国的感想。

三、重点介绍响板

四、尾，礼貌语言。

在极短时间内，采访非常成功。沈力还成功采访过像杨振宁、赵浩生、王光美、丁玲及一些英雄模范人物等。这一段经历，沈力总结为"作为记者采访，为对方创造轻松平和的谈话氛围；充分尊重采访对象，认真倾听对方谈话，不要随意打断对方思路；插话注意技巧，要善于引导对方"。

采访著名演员王心刚

这一段时间的摸爬滚打，使沈力在电视节目的采、编、播方面获得了全面锻炼，为日后的工作打下了坚实基础。

三、《为您服务》 真正做到"为您服务"

1982 年，中央电视台设立固定栏目《为您服务》，沈力任栏目负责人、主持人，沈力也成为中国第一位电视专题栏目主持人。

虽然沈力有播音员和电视编导的坚实基础，但是电视专栏节目设固定主持人，中央电视台还无此先例。主持人和播音员有什么区别？专题栏目如何做？栏目负责人和主持人的工作如何结合？……这些问题促使沈力继续探索，也为我国电视节目开创了新气象。

选题来自观众。过去电视节目都是我播你看，播什么看什么，而《为您服务》却是你要我播，观众点什么就播什么。栏目每个月都有三四千封观众来信，沈力和栏目组的同事们坚持每信必看，这样就知道观众需要什么，选题就契合老百姓的需求。比如，当时流行穿西装，栏目组就为大家讲解如何选择和搭配西装；有观众来信说外面洗羽绒服贵，能不能自己在家洗，栏目就请来技师为大家介绍怎样洗羽绒服……从衣食住行到精神娱乐，各个方面的知识解答让《为您服务》成了广受大家欢迎的"百科全书"式的节目。后来国庆家宴，栏目组还把观众请到栏目现场，一起用煤气灶做饭做菜，让观众参与其中，这可以说是史无前例的。

语言平等随和。在节目中，沈力认为应该平等地和老百姓交流，语言也尽量口语化、生动化，不端着。比如节目中，沈力将"您懂得了膳食平衡的道理，就应该举一反三"，改成"您懂得了膳食平衡的道理，还可以举一反三"，避免了原来的命令式口吻；"请您以后记住，再吃豆腐的时候最好用肉炒"，改成"您以后再做豆腐的时候，可别忘了放点肉或鸡蛋"，则是一种朋友式的提醒或嘱咐；还有一次节目向观众介绍四种凉食的做法，按说师傅教完了，主持人说声"谢谢"就可以结束了，可是沈力却加了这么几句话："观众朋友，四种凉食做好了，按说应该先请您尝尝，可隔着荧光屏您没法儿尝，只好请您自己动手，自己品尝了。祝您做得成功，吃得高兴！"一下子拉近了和观众的距离。

提高节目品位。沈力不想把《为您服务》变成只是单纯吃吃喝喝的纯生活节目，在提高栏目品位上动足了脑筋。比如栏目中讲到做菜，不仅仅教观众做一个菜，而且会谈到吃里面的营养科学、食文化。比如说穿着，除了讲到衣服的样式，还会教观众个子高低怎么穿、肤色差异怎么配、身材不同怎么穿，等等，提高了观众的审美力，这样知识性、趣味性都有了，节目的品位自然提高了。

敢于批评曝光。栏目组对观众的来信一开始主要是为了了解需求，寻找选题依据，但渐渐地，沈力从信中得到了更可贵的东西，那就是与观众在感情上的一种交流和信任。于是在观众的支持下，栏目在社会舆论监督方面有了新的作用。栏目组曾收到来自西安的观众群体来信，反映百货公司的高音喇叭影响夜班同志的白天休息。沈力在栏目中把信的内容进行了点名公布，并巧妙地用科教片进行教育，科教片中讲解"什么叫分贝，超过多少分贝对人有什么影响"等，不久观众来信说栏目播出的第二天高音喇叭就停了。还有一次，栏目组"曝光"一家不合格香烟产品，烟厂认识到问题的严重性，亲自上门给客户道歉，获得了客户的原谅。后来烟厂经过努力，获得省优产品称号，栏目组对后续都进行了跟踪播报。"曝光"不是目的，而是在为观众服务的同时发挥一种社会责任。

主持《为您服务》特别节目（1984）

沈力退休后有一次去讲课，一位学员对沈力说："我爸爸说让我代表他谢谢你。"原来，多年前他们家闹钟坏了，怎么修都修不好，后来栏目组把信转给厂家，厂家就给他们换了新的，这件事情已经过去很久了，但是他们全家还记得。沈力非常感动，觉得只是为老百姓做了一点好事，但老百姓能记住一辈子。

四、 退休重掌主持话筒

1993 年，中央电视台想为老年群体量身打造一个栏目，这是中国电视第一次将镜头对准中国普通的老年人。关于主持人的人选，台里第一个就想到了沈力。但此时沈力 60 岁，已经退休，栏目组力邀沈力"出山"。沈力有所顾虑，担心观众不接受她，但后来她想，如果有生之年能再为老年观众做些事情，是一件非常光荣的事情，沈力毅然又一次接受了新的挑战，并且建议栏目取名为《夕阳红》。

沈力是节目当时唯一的主持人，担负着节目策划、外出采访、撰写文稿等任务，每天都超负荷运转。但是多年的工作历练让沈力对工作及其认真负责。沈力不断思索：老年人需要什么？他们的精神寄托在哪里？她不断调适自己的位置，走近老年观众，抱着学习的态度，倾听他们的心声。沈力仔细回看她主持的每个节目，精心修改每篇稿件，如同在《为您服务》节目时一样，沈力还定期拆阅和回答大量观众来信，帮助他们解决各种各样的问题。

在山西录制《夕阳红》节目

主持《夕阳红》时，沈力语速适中，对待老年人，她总是弯腰、俯身、低头、微笑。在一次节目中，一位来自云南的80多岁的老奶奶第一次来北京，由于身高差距，沈力始终弯着腰和老奶奶平视对话。还有一次栏目组请一位老同志教如何做布贴画，但是他讲得不清楚。编导就跟沈力商量，能不能让她替老人讲，沈力觉得不太合适，不能冷落了老人，提出可以边问边讲，不清楚的可以"翻译"。编导一听很有道理，最后的效果非常好。

沈力与栏目组并没有故步自封于演播室，而是奔赴祖国的大江南北进行拍摄。1995年春，沈力随摄制组录制"千位老人游三峡"节目。为了尽快获得老人们的信息，捕捉生动故事，沈力建议节目组设计印制一个表格，将所需内容列在上面，上船后立即发给每位老人，并快速进行调查。由于时间紧，行程不断变化，调查反馈内容繁多，节目组无法将得到信息形成文稿，甚至连采访提纲也难以成文，但沈力凭借多年全方面综合经验，在制片、编导、摄影的通力合作下，终于圆满完成全程报道任务。节目最后，沈力动情地说："每当听到'要为老年人开绿灯'这句话，我心里都感到热乎乎的。愿这句话能成为全社会的时尚，愿我们中华民族尊老爱幼的传统美德发扬光大。"

《夕阳红》创办仅半年时间，就和《东方时空》一起，成为中央电视台白天收视率最高的栏目，并被评为中央电视台十大优秀栏目之一，深受观众的喜爱。

1998年9月10—11日，中央电视台电视学会主办，上海电视台和中国广播电视学会主持人节目研究委员会协办，在北京举行"沈力主持艺术研讨会"。开幕式上，时任中央电视台台长杨伟光高度评价："沈力同志作为我国电视事业的创业者之一，作为我国电视播音员和主持人的代表人物，她树立了自己的风格，在中国电视界带有开创性，对电视事业的发展做出了重要贡献……沈力同志之所以受到广大观众的欢迎，一个很重要的原因就是她有豁达、善良的高尚品质，能够真诚待人，热情地对待观众，做观众值得信赖的朋友。她由内而外形成的亲切、自然、平等交流的主持风格，揭开了中国电视节目主持人成功的第一页。"

沈力曾用四句话总结自己的电视生涯："主持人要用自己的眼睛去观察，用自己的头脑去思考，用自己的心灵去感受，用自己的语言去表达。"她的工作经验与工作态度深深感染了一代又一代中国电视人。

（华　晨）

▷　参考文献

[1]　沈力：《我怎样当节目主持人》，《当代电视》1987 年第 3 期。

[2]　徐敏：《升华历史　推动实践——沈力主持艺术研讨会综述》，《电视研究》1998 年第 11 期。

[3]　中央电视台研究室、主持人节目研究委员会编：《中国荧屏第一人——沈力》，中国广播电视出版社 1999 年版。

[4]　沈力：《机遇·挑战》，载《世纪心语：中国老广播电视工作者感悟录》，中国国际广播出版社 2003 年版。

[5]　沈力：《机遇·求索》，载《盛世中华脊梁风采　影视家风采》，中国广播电视出版社 2010 年版。

[6]　中国人民大学口述历史工作坊：《〈为您服务〉与中国第一个节目主持人——沈力口述历史》，《新闻春秋》2013 年第 1 期。

孔庆芬:
巾帼亦有航海志

孔庆芬·················

1933—2005

天津市人，新中国第一位远洋轮船女船长。1949 年毕业于天津市立女中。1953 年在"和平一号轮"学习船舶驾驶，1969 年被正式任命为船长。1976 年取得远洋航海一等船长的证书，担任万吨级远洋货轮"风涛"轮船长，首航日本横滨。1980 年任客轮"上海"号船长，完成了停航 30 多年的上海至香港客货航线的复航工作。

一、 冲破桎梏，万难终上船

1933 年，孔庆芬出生在天津一个普通的邮递员家庭，家里七个子女，她排行老大。1949 年毕业于天津市立女中的她，聪明要强，勤奋刻苦，成绩优异，打算继续进入河北工学院学习。然而，在病痛和家庭经济困难的双重压力下，孔庆芬不得已早早辍学。17 岁的她，先后在天津航政局（天津区港务局前身）担任打字员和港务监督员。在工作岗位上，孔庆芬展现出了极强的主观能动性和组织能力。在天津区港务局与天津海关、水上公安局、检疫所等有关部门实行港口联合检查中，孔庆芬组织动员各部门的女同志积极开展工作与业务学习，破获偷运假人民币案，并在当时遣返驱逐侵华日军家属和无国籍旅客的工作中作出突出贡献。

扎着双马尾的青年孔庆芬

1952 年 3 月，工作出色的孔庆芬被选为华北区海员工会的女海员代表，光荣出席在北京召开的全国妇女代表座谈会。与孔庆芬一齐出席这次会议的还有新中国第一位女火车司机田桂英、第一批女飞行员伍竹迪等。

会议期间，宋庆龄、蔡畅、邓颖超等妇女界领导同志接见了她们。会上，邓颖超非常高兴地说："现在解放了，男女都一样。男同志能做到的事情女同志也能做到的。女同志能开火车，能开飞机，也能开轮船。"这让性格直爽的孔庆芬一下子着急了。她虽然作为女海员代表，但只在陆地工作，没有真正开过船。她连忙红着脸解释："邓姨，她们开火车、开飞机都是真的，可我是个假海员，不会开轮船。""不会，就学嘛。"邓颖超笑着回应。这番话在孔庆芬的心间播下一粒种子，新世界的大门缓缓在她面前开启，她萌生出要做一名名副其实的女海员的念头。

　　然而，要把这个念头付诸实践，却面临着重重困难。一来，"有女同行，航行不利"的封建思想残存，女性出海不吉利的刻板印象仍固执地占据着当时大多数人的思想。二来，孔庆芬也没能得到家里人的理解和支持，他们着实无法认同孔庆芬为何放着安逸、舒适的文书工作不做，转头扎进一个风吹日晒、抛家舍业、又脏又累、甚至可能还有危险的行当，甚至怀疑她是鬼迷心窍了。而即使孔庆芬可以全然不顾这些外界的嘈杂声音，她也必须仔细掂量自己的客观条件。一方面，女性的生理因素制约着她。海上的颠簸、日晒、倒班摧残女性的肌肤，选择航海几乎和勒令女性摒弃爱美之心画上等号。船上每天有干不完的维修保养工作，船一旦出现问题，故障和维修都不等人，孔庆芬更不会因为其女性身份受到照顾；如果再正好遇到生理期，克服身体不适也成为针对女海员的一项不可忽视的挑战。另一方面，航海必需的一系列外文、天文航海、船艺学、气象等专业知识让初中生学历的孔庆芬望而生畏，她真的能全然胜任吗？可能连孔庆芬自己都多少犯怵打战，忍不住一遍遍地省视叩问。

　　航海理想和现实对照下的沟壑摆在她的面前，不仅没有打败这个要强的女孩，一遍遍地省视叩问反而帮助她梳理清楚前进的道路和方向，坚定了她的信念，催生出她无限的勇气来。在心里回顾着邓颖超对她的鼓励，有些念头已如雨过之后的春笋，势不可挡地破土而出。在那个当下，坚韧要强的她终于下定了决心——她要上船！要用自己的行动纠正世俗的偏见。

在党组织的帮助下，1953年，孔庆芬被安排在当时最大最好的一艘万吨级货轮"和平一号"上学习，成为新中国第一名海轮女船员。她这支心有归属的浮萍终于扎下了根，再也按捺不住内心深处的激动：我，要上船了。

二、 艰难磨砺，周折伴成长

在海上的生活比她预想得要更难。

大海的浩瀚无垠令人惊叹，即便是万吨货轮"和平一号"，在海上还是渺小如一片浮叶。每当风浪滔天，这片浮叶就失去方向般不停打旋。克服海上颠簸飘摇带来的恐惧感和呕吐感成为孔庆芬海员之路上的第一课。她在颠簸中昏天暗地地吐着，吐完食物，吐苦水，直到什么都吐不出来，直到喉咙有不可忽视的灼烧感……但她仍然凭借着超强意志，按照老海员们传授的方法，坚持在风浪里站在最颠簸的船头迎接大海的挑战。终于，大海也折服在她的不屈不挠之下。

闯过了风浪关，更大的考验来临。一般来说，要成为一名海轮船长，必须具备高等航海院校的学历和七八年三副、二副、大副的资历才行，而孔庆芬仅仅初中毕业。"船长也是人当的！"孔庆芬义无反顾地开始向着船长高峰勇敢攀登：白天，她抓好实践，从普通海员做起，刷厕所，做勤杂工，学带解缆，学打绳扣，学高空作业，学起落吊杆……晚上，她常常钻研航海理论知识到深夜，同时还要攻克高中、大学的课程学习。面对摞起来高得能完全把她埋住的书本，孔庆芬表现出了极大的韧劲和刻苦，每晚只睡二三小时是常有的事。船到港口，船员们上岸娱乐、休息，孔庆芬却坚持独自留在房间里继续学习。偶有学不进去的苦闷时刻，她就效仿古人悬梁刺股之姿，看一眼她的星辰大海自我激励。

幸而，天不负苦心人。孔庆芬以惊人的毅力，提前完成了数理化基础知识和航海相关的 13 门课程学习，熟练地掌握了航海理论。不久，她在上海港参加了交通部举办的高级船员鉴定考试。

在那个传统观念倾轧的年代，女性要得到肯定和脱颖而出，常常意味着她要比男性付出更多的汗水和辛苦，还要面对许多他人的误解。在这次高级船员鉴定考试中，孔庆芬得到了一份与众不同的政治试题。对比其他考生"过渡时期党的总路线是什么"一类的常规试题，摆在孔庆芬面前的则要尖锐得多——"'六一'儿童节的国际意义是什么?""一个女人的主要职责是什么?""你为什么要学开船?"面对这些不乏刁难的问题，孔庆芬不假思索，在试卷上大笔一挥："新中国的妇女能开火车，能开飞机，为什么就不能开轮船?"

孔庆芬的优异成绩成了她最好的自证。60 多人参加的考试，只有三个人 13 门功课全部及格，孔庆芬就是这三分之一。她凭借自己的真才实学得到了高级船员的证书。

1955 年，年仅 22 岁的她取得海轮三副证书，从新中国第一名海轮女船员一跃成为新中国海轮上的第一名女驾驶员。1958 年，孔庆芬升任二副。在担任二副的近十年时间里，她像一只无脚鸟，先后辗转在 23 条船上，兜兜转转，没有停歇。孔庆芬被戏称为"孔雀飞"，频繁调动的背后蕴含无数对女海员的误解和排斥。幸而这些委屈带给孔庆芬的除了磨难，更是心性和技术上的磨砺。她操纵过汽轮、内燃机、透平机、左转机等不同类型的主机，独立操纵过货轮、客轮、游轮等多种型号的轮船。这些都为她扎实的航海技术打下深厚的基础。

1968 年，孔庆芬升任大副。1969 年经船长技术鉴定考试，被正式认命船长职务，标志着她成为新中国航海史上第一位远洋轮女船长。

三、 精湛技术，声名扬远航

梦想在兢兢业业中发光发亮。终于当上女船长的孔庆芬一如二十年前挑灯夜战时扎着双马尾的小女孩，从未松懈，持续深耕航海理论知识和打磨航海技术。机会总是留给有准备的人，1971 年和 1976 年的两次航海经历让这位女船长的实力逐渐被世人知晓。

从未停下学习步伐的孔庆芬

1971 年，在孔庆芬担任三千吨货轮"战斗 67"号船长的第二年，货轮由大连港解缆启航。途中遭遇风暴，在大浪的翻腾下，船体不断倾斜，船覆人灭的恐惧笼上船员们的心头。面对这一切，孔庆芬没有一丝慌乱，她镇定指挥船只始终与风向保持 20 度夹角的航向减速航行，这是遇到风暴时最有利的应对措施。风暴终于过去，"战斗 67"号也扭转危机，带领货轮安全抵达天津港。

1976 年 8 月，孔庆芬取得远洋航海一等船长的证书，并担任万吨级远洋货轮"风涛"号轮船长，首航日本横滨。前往横滨需要进入东京湾的浦贺水道，这里航道复杂，来往船只多，几乎所有第一次通过浦贺水道的船长，都会申请雇佣日本引水员。而孔庆芬在没有引水员的情况下，凭借自己熟练的技术和丰富的航海经验，越过3米大浪区，5米狂浪区……最终抵达横滨，轰动日本航运界。横滨港商各界举行盛大宴会欢迎"风涛"的首航，八十高龄的引水工会老会长，特地赶来见孔庆芬，对她的出色航行技术表示钦佩。

1980年，孔庆芬任客轮"上海"号船长，完成了停航30多年的上海至香港间航线的复航工作。3月，孔庆芬被调至北京，安排到中国航海学会任职。但她心中始终惦念着大海。正在这时，天津市为了发展地方航运事业，需要招募一批海员。孔庆芬高兴极了，接受了天津对外经济联络服务总公司的邀请，于1981年元旦回到了天津。随后，她为祖国航海事业一直工作到退休。2005年5月28日，孔庆芬在天津逝世。

在孔庆芬的航海生涯中，先后驾驶过3 000—60 000吨级不同类型的轮船共计28艘。她用自己的实际行动证明，女性不仅能出海，还能航海；不仅能航海，还能航得出色万分。

回看联合国劳工组织1980年发布的一组数据报告：工业发达国家一共有海员80万名，其中女海员占4.2％；担当船长、大副和轮机长的女性比例则占4.2％中的0.55％。可见，1969年就担任船长的孔庆芬不仅在中国是首位，在世界上亦是航海界翘楚。而正是因为这些特殊行业中女性领军人物们的开拓引领和披荆斩棘，一代又一代的女性才能脚踏实地地踩在更宽阔顺遂的道路上，在岁月长河里闪闪发光。孔庆芬肩负的，除开与个人命运的顽强拼搏和砥砺追求，还有一份时代的感召。她树立了女性逐渐和海洋事业荣辱与共的信念旗帜。

巾帼亦有航海志。任何伟大的事业，都始于梦想，成于实干。

人类的体积，和大海相比，的确微小又渺茫，但这丝毫没有妨碍，因为我们的征程，是星辰大海！

（施禛禛）

▷　参考文献

[1]　陆国元、张少峰：《大海在她脚下》，《瞭望》1982 年第 3 期。

[2]　《中国妇女》杂志社编著：《古今著名妇女人物》(下)，河北人民出版社 1986 年版。

[3]　梁斌：《巾帼不让须眉——记三位中国女海员》，《海洋世界》2009 年第 11 期。

[4]　王剑：《孔庆芬：从天津港走出来的中国第一位远洋女船长》，《工会信息》2018 年第 20 期。

[5]　童孟侯：《海的女儿》，《航海》2021 年第 5 期。

赵梦桃：
梦里桃花　芳香永存

赵梦桃⋯⋯⋯⋯⋯⋯

1935—1963

河南洛阳人，中共党员。16岁成为西北国棉一厂的纺织工人，她钻研技术，不断寻找提高效率的纺织方式。在1952年学习"郝建秀工作法"活动中，以最优异的成绩第一个戴上了"郝建秀红围腰"，并于1956年和1959年获评全国劳动模范。1959年出席全国群英会，被授予"全国先进生产者"称号，成为纺织战线的一面旗帜。工作七年间，月月超额完成生产计划、年年保持均衡生产，帮助13名工人成长为工厂和车间先进生产者。1963年6月23日因肺癌病逝，年仅28岁。2009年被评为"100位新中国成立以来感动中国人物"之一。

一、 初入工厂，忆苦奋进

1935 年，赵梦桃出生在河南洛阳一户贫苦家庭。为了养活一家人，赵梦桃的父亲经常早出晚归去当劳工，母亲则待在家里织毛衣补贴家用，照料年幼的孩子们。为了给家里挣点钱，懂事的梦桃也总是有模有样地学着母亲织毛衣。小梦桃从小跟着父母逃过荒，要过饭，一家人在战火纷飞的年代过着食不果腹、颠沛流离的生活。1949 年初，14 岁的赵梦桃与母亲坐着铁轮大车，一路颠簸逃荒到了陕西蔡家坡，靠捡煤渣、挖野菜苦熬到新中国成立。

1951 年，蔡家坡陕棉二厂为正在修建的国营西北第一棉纺织厂招考工人，赵梦桃如愿招工入厂。逃荒来的农村苦孩子一下子成了先进的工人阶级，她乐得一夜都没有睡着。

几天的培训后，赵梦桃正式进入车间实习。这个受尽生活磨难的姑娘被棉纱厂热火朝天的生产氛围深深感染，看见明亮的车间里崭新的机器在运作，熟练的女工在纺织，她按捺不住自己激动的心情。最让她心头发热的，还是老师傅身上带着的红围裙——围裙周边镶着一条鲜红的宽边，中间绣着"郝建秀工作者"几个字。当时，郝建秀的优秀事迹广为流传，她的工作法更是全国闻名。为了鼓励工人们虚心学习郝建秀，工厂特意给业绩优秀的工人们系上这种红围裙。生活条件和工作环境的改善让赵梦桃立志报答国家、报答共产党，她暗暗在心里许下了成为像郝建秀一样优秀的工人的愿望。

从此，"好好干、下苦干、老实干"成了赵梦桃的口头禅。论干活的灵巧，她赶不上别人，生活上也寡言少语，但一进车间，赵梦桃就整个人都沉浸在生产中，像拉足了发条的钟表，无论人前人后，只顾埋头苦干。入厂不到两年，就创造了千锭小时断头只有 55 根、皮辊花率 1.89％ 的好成绩；看车能力从 200 锭扩大到 600 锭，生产效率提高了 2 倍；别人值车一个巡回 3 分钟至 5 分钟，她只用 2 分 50 秒。

经过一段时间的工作和学习，在厂里举办的学习"郝建秀工作法"活动中，赵梦桃怀着对心中劳动榜样的崇敬之情，和纺织厂的姐妹们一起参加了郝建秀学习班活动，并在班上以最优异的成绩第一个带上了"郝建秀红围腰"。随后，她因学习好、技术好、觉悟高、有威信，被推举为细纱车间乙班四组第一任工会组长，也就是后来的赵梦桃小组。

赵梦桃工作照

二、 凝聚一心，投桃报党

已经是工会组长的赵梦桃，除了自己好好干、能干好之外，开始想一些更深刻的问题：我们到底为什么干、怎么干、怎么让大家一起干好？

赵梦桃暗自打算：不让一个姐妹掉队，不让周围有一个小组掉队。为了更好地完成生产计划，她虚心学先进，热情帮后进，积极帮助其他组的工人们一起生产，并把自己小组总结出来的高效工作方法传授给其他组，激发了全厂工作人员的工作热情，提高了工厂整体的生产效率。

当时和赵梦桃一个小组的工友担心赵梦桃帮助其他组会影响自己小组的工作计划，赵梦桃在了解了姐妹的顾虑后耐心地解释："咱不能不帮忙。咱要红就红一片，不能说光咱们自己完成计划就可以了，咱还要帮助人家完成计划……而且帮助别人也是帮助自己，大家互相分享好的工作经验、共同得到提高！"

但并非所有女工都像赵梦桃这样，无私地把自己的技术教给别人。工厂里一位叫淑英的女工掐头掐得又好又快，但她却认为，自己留着技术提高自己的产量才能争取奖金。淑英生怕别人把自己的技术学去，总是推三阻四不愿意教给其他姐妹。一天下夜班后，淑英坐在床上正要睡觉，赵梦桃拉住她，然后从衣兜里掏出两个坏纱说："淑英，先不忙着睡，咱俩比一比掐头，看谁掐得快，掐得好。"好胜心强的淑英答应了，于是二人就忙了起来。淑英看着梦桃掐了几根，便捏住了她的手："不对，那样掐太慢了……"这天晚上，两个姐妹谈得很起劲。赵梦桃对淑英的工作方法表达了称赞，淑英也开心地发现，梦桃的工作方法也有可取之处，如果两个人的方法结合起来，肯定能让纺织效率上一个台阶。

赵梦桃趁热打铁，恳切地对她说："淑英，把你的掐头技术教给姐妹们吧，大家一定会非常感谢你的。咱们工人阶级就是领导阶级，要站得高，看得远，不能只顾自己，不顾集体。集体的力量要比个人大多了，集体强大了，我们才会受益更多。"听着赵梦桃真诚而坦率的话语，淑英有些不好意思地点点头，在第二天就主动地把自己的方法传授给了其他姐妹们。大家学了一周左右，就将掐头技术掌握得非常熟练。随后，她们又进一步互相学习了接头的技术。

1956 年 5 月，赵梦桃出席了全国先进生产者代表会议。在北京国棉二厂，看了无锡先进生产者徐凤妹表演的双手绞皮辊，她眼热心动："人家两手绞，我一手绞，比人家慢一倍，要是能学会两手绞该有多好！"她挤到前面，两眼盯着看，双手也在不停地模仿着。散会后，赵梦桃看见门口有人在吃糖葫芦，她被那人手里的糖葫芦棍吸引住了："这不正好做绞花签吗？"她立刻跑到街上，买了两串糖葫芦，用刀子把糖葫芦棍削成绞花签，就练了起来。刚开始做的时候手不听使唤，花签不是转不动，就是掉了。她心里憋住了气，下会后一直不停地练，回来坐在火车上还在练，有人问："为什么你这么急？"她笑着说："厂里的姐妹们在等着呢！要早早练会，一下火车就能教。"赵梦桃常说："我们要把学来的东西，当成党的财富，毫不自私地传授给更多同志。"她这样说，也这样做了，在回到厂里的第二天，将所有学来的先进经验，都传授给了姐妹们。在赵梦桃的影响下，"人人当先进，个个争劳模"蔚然成风，工厂的生产效率也水涨船高了。

为谁劳动？该用什么工作态度劳动？赵梦桃用自己的主人翁姿态和创新实干的精神回答了这个问题。她曾在文章中写道："工厂是自己的家，我们要热爱劳动，不能好吃懒做……在党的好政策下，我们吃穿好了，而且厂里按时给我们发工钱，我们应该报效我们的党和国家。作为组长，我要带领大家以主人翁的态度对待一切劳动，把国家利益摆在前头，不计较个人得失，埋头往前干，扎扎实实把工作做好！"

三、 厉行节约，实干表率

1952年，当时赵梦桃工作的生产车间每部车头上都放着一把蘸过水的短绒花，这是供值车工抹毛辊用的。这些短绒花到了第二天就会变得又干又硬，没法再用。赵梦桃每次抹毛辊，手压到这些短绒花上就觉得可惜。她暗自在心里盘算：一个人一天用三两短绒花，全车间三百多人，一年下来就要浪费三万多斤。三万多斤短绒花能纺多少纱、织多少布、缝多少衣服啊！为此，赵梦桃尝试了很多办法，希望能把这些棉花节约下来，可是结果都不理想。

一天早晨，当她正在打扫宿舍的时候，拿起湿抹布擦门窗。突然，她想到了抹毛辊的事，"抹布是不是可以代替棉花抹毛辊呢？抹布今天蘸湿明天照样能用，这不就节省了棉花吗？"说干就干，赵梦桃立刻拿着抹布到车间去试，她开心地发现效果出乎意料地好。抹布可以循环使用，这样一来，一年便可以为工厂省下约三万斤棉花。渐渐地，全车间的值车工都采用了这种方法，为国家节约了大量的棉花。

1958年，工厂党委号召一人多艺，人人都做多面手。赵梦桃盘算：如果空锭子少了，就能给国家多纺棉纱。于是，她准备先学络纱技术。为了掌握络纱技术，她将双手磨出了厚厚的茧，把手磨破皮就用胶布粘住再络，反反复复地练习。在络纱工的帮助下，赵梦桃很快掌握了络纱操作技术。这时，赵梦桃又想，值车工过去只掌握了运转值车这一项技术，除了接头、打擦板、搞清洁外，但凡机器出点毛病就干着急没办法。要是学会检修机器，有点小毛病自己就可以随时修好，不影响工作进度。她便买了简单的工具，和生产组长签订了包教包学合同，马不停蹄地开始学习检修机器。很快，赵梦桃不仅学会了值车、络纱、摇车等技术，也对检修机器略通一二。

此外，赵梦桃曾经和丈夫郑喜旺摸索出一套科学的巡回清洁检查操作法，并在陕西省全面推广。按照这种操作法，细纱车的清洁可得100分，断头减少2/3，粗细节坏纱比过去减少70％左右，大大充实了"郝建秀工作法"的内容，对提高棉纱条干均匀度和棉布的质量起了重要作用，极大地提高了生产质量和工作效率。赵梦桃因其勤俭节约、踏实肯干的品质，成为全国棉纺织工人的表率。

四、 梦桃精神，传承本色

1963年，《陕西日报》发表文章总结性报道了赵梦桃夫妇二人的巡回清洁操作法，但此时，一向体弱多病，又在前不久动过手术的赵梦桃病情加重，不得已再次住院。经检查，她的癌细胞已经扩散到全身。同年4月，陕西省人民委员会在咸阳市召开赵梦桃及赵梦桃小组先进事迹大会，授予赵梦桃"优秀的共产党员、模范的共产党员、先进工人的典范"光荣称号，陕西省人民委员会把赵梦桃所在的小组命名为"赵梦桃小组"。

梦桃小组现任组长何菲在纺车前穿梭

"一人先进孤单单，众人先进推倒山"，这是赵梦桃生前常说的一句话，她也用短暂的一生，为这句话写下了注脚。1963年6月23日，这位在平凡的工作岗位将自己一生奉献给社会主义建设的细纱女工安详地离开了，年仅28岁。赵梦桃生前提出和倡导的"高标准、严要求、行动快、工作实、抢困难、送方便"和"不让一个伙伴掉队"的思想品德，被概括为"梦桃精神"，成为一代又一代纺织工人的宝贵精神财富。

1987年4月，习仲勋同志为赵梦桃小组题写"梦桃精神代代相传"。曾经激励了几代人的"梦桃精神"薪火相传，如同永不熄灭的精神火炬，被一代代纺织女工坚守传承，铸就成永恒的丰碑。2009年9月，在新中国成立60周年"全国双百"人物评选中，赵梦桃被评为"100位新中国成立以来感动中国人物"之一和"时代领跑者——最具影响的劳动模范"。在新中国成立 70 周年时，赵梦桃被中宣部等九部门联合命名为"最美奋斗者"。

如今，赵梦桃曾经用过的老旧设备，已经换成了先进的机器，"赵梦桃小组"的接力棒也传了一代又一代，原来的西北国棉一厂也经历改制成为咸阳纺织集团一分厂。即便如此，在陕西，在咸阳，在赵梦桃曾经工作和生活的地方，在全国纺织劳动者的心中，仍处处可以感受到她鲜活的印记。新工人进厂的第一课就是进入 2017 年筹建的梦桃展览馆，通过 2.5 万余字、1 500 多张图片、400 余件实物和多部历史影像资料，充分了解赵梦桃及"赵梦桃小组"的先进事迹。

（朱逸著）

▷ **参考文献**

[1] 魏钢焰：《党的好女儿赵梦桃》，东风文艺出版社 1964 年版。

[2] 陕西省总工会宣传部：《优秀的共产党员赵梦桃》，陕西人民出版社 1965 年版。

[3] 共和国劳模故事丛书编写组：《赵梦桃——永远绽放的无悔青春》，中国工人出版社 2015 年版。

[4] 当代劳模编辑部、李瑾：《传奇劳模画传·赵梦桃传》，《当代劳模》2011 年第 9 期。

[5] 《赵梦桃：纺织战线的一面红旗》，《中国工人》2021 年第 10 期。

潘多：
用生命攀登高峰

潘多……………
1939—2014

西藏江达县人，中共党员。1959 年初成为我国第一批藏族女子登山运动员，同年 7 月和队友登上新疆境内海拔 7 546 米的慕士塔格峰，打破世界女子登山最高纪录。1961 年和队友登上海拔 7 595 米的公格尔九别峰，再次刷新世界女子登山纪录。1975 年 5 月 27 日和 8 名男队友一起从北坡登上世界第一高峰、海拔 8 848.13 米的珠穆朗玛峰，成为全世界第二位登顶珠峰的女性，也是世界第一位从北坡登顶的女性。在其多年登山生涯中，共荣获 10 余枚国家级奖章，被授予"杰出运动员""新中国体育开拓者""三八红旗手"等荣誉称号，在中国和世界登山史上留下了光辉的一页。

一、 出身农奴家庭的登山运动员

1939 年 5 月，潘多出生于日喀则。当时，西藏仍实行"政教合一"的僧侣和贵族专政的封建农奴制。潘多的父母是为领主工作的农奴，父亲常年在山上给领主放马，瘦弱的母亲则每天从早到晚捻羊毛，织氆氇。"潘多"这个名字，在藏语里的意思是"有用、有本事的人"，寄予了父母对她的朴素期望。潘多 8 岁那年，她的父亲因无钱治病过世。为了活下去，她的母亲拼命找活干。潘多为分担母亲的重负，小小年纪就开始给领主放羊。即便如此，她和母亲还是挣扎在死亡线上，有时甚至不得不沿街乞讨。

当时西藏不通公路，货物运输主要靠马、牦牛或人力背驮，这些人力被称为"背夫"，跟着马帮走长途。潘多十三四岁时和母亲做起了背夫，背上六七十斤的货物，从日喀则往南，步行穿过喜马拉雅山区，进入印度或尼泊尔。一路上每天要走十几个小时，爬海拔 6 000 多米的山路，到了晚上常常只能睡冰冷的山洞。潘多曾回忆："那时候，我连顿饱饭都吃不上，有时能吃上糌粑糊糊，我就用手蘸着吃，吃完了还要把手指舔干净。那时候，最大的愿望就是能吃上一整块硬实的糌粑。"不久，潘多的母亲也倒下了，很快就离开人世。潘多成了孤儿。

1955 年，16 岁的潘多到拉萨新建公路的工地上做小工。她吃苦耐劳，什么活都干，铲土、拉车、背石头，工地管吃管住，还发工资，一起干活的还有被藏民称为"金珠米玛"的汉族解放军。在潘多的回忆里，那时干活跟给领主做工不一样，好像是在给自己家干活，浑身有使不完的劲儿，非常开心。公路修完后，潘多的工头看她老实肯干，就把她介绍到解放军七一农场当工人，潘多终于在新中国成为靠自己的劳动挣工资的生产者。潘多回忆说，那时她虽然人很瘦，只有 80 来斤，但精神气质全变了，梳着齐耳短发，穿着漂亮的藏族服装，每隔一段时间还能洗上澡。

1958 年，农场来了几位披着军大衣，穿着军靴的人，大家都说他们是来招女兵的。潘多想起"金珠米玛"既和气又神气，而且自从他们来到西藏之后，人民的日子越来越好，就毫不犹豫地报名了。她和农场其他的女孩一起接受了测试，她们排成一排，俯卧撑、下蹲、赛跑，又做了体检。一周后，潘多被通知入选了，但不是像她以为的那样去当军人，而是当登山运动员。就这样，潘多从一个农奴的孩子、流浪的孤儿翻身成为新中国的主人翁，再被选拔为共和国第一代藏族登山运动员，从此她把自己的一生都奉献给了中国的登山事业。

潘多和其他一些从西藏各地招募而来的藏族姐妹前往位于拉萨的中国登山队集训营报到。刚进队，她们还要经过一个月的选拔期，通过后才能算是正式队员。所以潘多很快就开始了紧张而艰苦的训练，每天长跑、举重、跳鞍马，还时常负重行军，一走就是四五十公里。

潘多（右）和一起从七一农场被选拔参加登山队的西绕

在拉萨海拔 3 650 米的高原上进行这样高强度的训练对增加体能、提高高山活动能力和高山适应能力极为有效。然而，潘多虽自小就爬山，还曾经当过背夫穿行喜马拉雅山区，却从未接受过这样的身体素质训练。因此，一开始她只能勉强地跟上老队员，每天十几个小时训练完总是腰酸背痛、上气不接下气。很快潘多就有点承受不住，内心打起了退堂鼓。她不理解，对藏人来说，出门就是翻山，走路就是爬山，有什么需要训练的。好在经过教练员的及时指导，潘多逐渐认识到登山是一项专业极限运动，运动员在高海拔山区会遭遇严重缺氧、气压低、气候恶劣、极端低温以及冰陡坡、滚石、雪崩等各种困难或意外，如果没有体能上的准备，没有娴熟的攀登技术，没有不怕苦、不怕难、不怕死的精神，是不可能征服高峰、取得成绩的。

想通了这一点，潘多立刻全力投入到训练中，甚至给自己提出了更高的要求：别的队员做 10 下的练习，她要做 20 下；别人跑 4 000 米，她要跑 5 000 米。一个月后，潘多顺利通过了三次选拔测试，成为中国登山队的正式队员。

但潘多没有时间松懈，因为马上她又开始接受登山技术训练。登山运动有相当多独特的技术需要运动员掌握，比如冰镐的使用、打绳结、与队员的配合等，这些技术潘多闻所未闻，要在短时间内尽快掌握对她而言又是一个挑战。潘多一方面要面对自己的畏难情绪和不自信，另一方面还要抵御诸如"女同志本来就不适合登山""虽然潘多身体很好，但要进行登山这样的运动，非得从小训练不可"等议论。她再一次咬紧牙关，埋头苦练，终于又在念青唐古拉山的冰雪技术训练以及海拔 6 000 多米的东北峰攀登训练中取得优异成绩。

训练也不一味是痛苦的。为了锻炼身体的灵活性和迅速反应能力，登山队员在力量训练之后往往会进行乒乓球或篮球等球类运动。潘多以前从来没有打过任何一种球，因此刚开始她总是在乒乓球台边不停地捡球；在篮球场上，她只要一拿到球也会立马被对手抢走。队员们都开她玩笑：潘多打乒乓是大家生活中唯一的乐趣。尽管如此，她还是每天高高兴兴地跟着队友打球，大家也很乐意帮她提高球技。

潘多在紧张的训练间隙还下功夫学汉语。虽然登山队有藏汉翻译，但为了更好地同教练、队友交流，她决心要学会说汉语。于是潘多开始留心听、用心记生活中用到的语句，并且试着说。她回忆那个时候胆子很大，刚刚会一点儿汉语就敢开口，说不标准也不难为情；就算常被人笑话，笨嘴笨舌的样子还被人模仿取乐，她也不生气，甚至还觉得越是这样，能学得越快、越好。功夫不负有心人，没多久潘多就能流利地说汉语了。

二、 征服"慕峰""公峰"，刷新世界纪录

潘多很快迎来了出成绩的机会。1959 年，才加入中国新兴的女子登山运动不久的她参加了中国男女混合登山队，预备攀登帕米尔高原上的第一峰、有"冰山之父"之称、海拔 7 546 米的慕士塔格峰。当时世界女子登山纪录由法国女运动员克·郭刚保持，是她于 1955 年在尼泊尔境内登上海拔 7 456 米的加涅斯峰时所创造。如果潘多等人能成功登顶慕士塔格峰，将刷新这一纪录。

1959 年 6 月 19 日，经过长期艰苦锻炼和准备的潘多随中国登山队向慕士塔格峰挺进。攀爬过冰川之间的山脊，穿越雪线地区纵横交错的裂缝和陡坡，克服高原反应，7 月 2 日，潘多等人开始突击主峰的战斗。冲顶的这段冰区地形最为复杂，气候也相当恶劣，最后的 340 多米登山队员前进得非常困难，队员们下撤了不少。而潘多和其他 7 名女队员坚持了下来，成功登顶，刷新了女子登山世界纪录。潘多初战告捷，她和队员们被授予国家级运动健将称号，在北京工人体育场还受到周恩来、陈毅、贺龙等中央领导的接见及颁奖。她深刻地感受到，为国家和人民登山是如此光荣。

1961 年，潘多等受命攀登位于帕米尔高原、海拔 7 595 米的公格尔九别峰，再次冲击女子世界登山最高纪录。那次的登山队中包括她一共有

潘多（右一）和队友们在公格尔九别峰前

4 名女队员。经历了几次暴风雪的阻挠后，6 月 17 日，登山队顺利地登上了公格尔九别峰，潘多等再次创造了新的世界纪录。不料在下撤途中，登山队在 6 000 多米的海拔高度上遭遇雪崩，多名队员瞬间被冰雪吞没。潘多被滚雪卷起往山坡下冲去，不久就失去了知觉，等她醒来发现自己就躺在距离悬崖仅 1 米的斜坡上，护目镜被打掉，身体失温过久。之后，在队友的帮助下，潘多最终还是安全完成下撤，但她出现雪盲症状，冻伤也很严重，差点保不住双脚，还好治疗及时，只是失去了 3 根脚趾。然而，同她一起从七一农场一路走来的好姐妹、共同创造世界纪录的队友西绕，却没能够逃脱厄运，在九别峰献出了宝贵的生命。

多年后，潘多谈起当时登山的艰辛和危险：那时设备远没有如今先进，冲顶时身上的负重可达 30 公斤，包括衣服、冰镐、背包、氧气瓶等必需品，氧气瓶空瓶就有 8 公斤重，而且由于压力不够，携氧能力并不佳。她回忆那时的高山靴也是个负担，晚上睡觉要先把靴子上的冰凿卸下来，才能脱靴子，然而高山上的严寒常常把冰凿和靴子冻在一起，睡觉前脱不下来，只能穿着高山靴连着冰凿一起钻进睡袋，锋利的冰凿一下子就把睡袋划破了，人就挨冻。为了防止冻伤，登山运动员穿衣服往往是里三层外三层：上身鸭绒背心、毛衣、羊绒衣、冲锋衣，下身棉毛裤、羊毛裤、鸭绒裤、冲锋裤，整个臃肿不堪。潘多说："不管怎么样，我当时尤其注意的是保护好我的双手。手要是被冻坏了就什么也干不了了，脚就无所谓了，少几根脚趾头也不耽误什么。"

这一次登山后，潘多与当时同属一个结绳组的汉族登山队员邓嘉善萌生了爱情。回忆当年在高山上的相识相爱，潘多半开玩笑地表示："我们是通过组织的介绍，转化成当时最时髦的自由恋爱，是革命中结下的情谊。"1963年，邓嘉善和潘多在西藏登山队举行了简单的婚礼。之后两人携手继续登山事业，潘多常说，没有丈夫就不会有自己的成就，丈夫就好比是她在攀登人生高峰时手中不可或缺的一根拐杖。"这一生登的那许多高峰，其实不是我一个人在攀登，而是我们'潘邓'两个人一起在携手攀登，如果他不牵着我的手，我一个人绝对爬不到那么高！"

三、 勇攀珠峰，北坡登顶女性第一人

"文化大革命"期间，中国的登山运动停滞不前，世界女子登山纪录被国外运动员一再刷新。1973年，周恩来作出指示，为继1960年三位中国男登山运动员成功登顶后再次冲顶珠峰重组登山队。1974年3月，首批运动员在北京集中，其中没有女性。而潘多正怀着第三个孩子。之后，中央决定组建男女混合队登珠峰。1975年初，潘多等一批女队员被批准参加登山队。当时她已经36岁，属于"高龄"运动员，而且生完第三个孩子才半年，然而她想到能够实现登顶珠穆朗玛峰的梦想，为党、国家和人民争光，还是毅然给孩子断了奶，将三个孩子托付给邓嘉善的兄姐，奔赴北京报到。

开始集训前潘多发现自己又怀孕了，她决定为了登山放弃这个孩子。手术后仅仅休息了几天，她就下地跑步，"偷偷摸摸地干，可以说是豁出命了"。当时她的体重有80多公斤，体能也衰退得很厉害，训练几乎都跟不

上。在这样的情况下，她硬是坚持训练，还自己加练，练到冻伤过的脚红肿发炎，前脚掌不能着地就用后脚跟走，疼得厉害就打"封闭"继续……就这样，潘多很快就重塑了体型，焕发了体能，运动表现和年轻运动员不相上下。

1975 年 3 月，潘多随中国登山队来到珠穆朗玛峰山脚下。这一次，攀登珠峰的行动

潘多、邓嘉善辅导女儿功课

规模很大，包括负责前探的侦察队，负责高山物资运输的运输队和负责冲击顶峰的主力队三支队伍，队员达百余名，其中女队员 27 名。邓嘉善是侦察队的分队长，潘多则被安排在运输队，因为当时登山队将登顶的希望寄托在年轻的队员身上。潘多对此毫无怨言，背负物资多次来往于海拔 5 000 米的大本营和 6 500 米的高山营地之间，甚至上到 8 100 米海拔的高度，还体力充沛，能吃能喝，精神饱满。因此，当主力队第一次因遭遇恶劣天气而登顶失败，队中的女队员或因为严重的高山反应，或因为冻伤或意外受伤纷纷下撤时，潘多作为唯一一位具备登顶条件的女性被编入主力队，和另外 8 名男队员一起准备第二次登顶。

当潘多和队友们到达海拔 7 600 米的高山营地时，大本营党委通知潘多被正式批准加入中国共产党。

5 月 26 日，潘多和她的队友们到达 8 680 米的最后营地进行休整。当天晚上，他们同大本营取得了联系。大本营鼓励队员代表中国人民攀登，特别对潘多表示，她代表 4 亿妇女攀登，不管付出多大代价也要登顶。潘多的回答很坚决：只要还有一口气，爬也要爬上去。

潘多（左一）在登山途中

5月27日早晨，趁着珠峰地区罕见的好天气，潘多等人出发了，一口气到达征服珠峰的最后一道难关：被称为无法攀登的"第二台阶"。潘多自己是这么描述她登顶的最后一段路程："我在顶峰下方168米处，这段路无疑是漫长而极度危险的。经过半小时的艰难行走，我们到达了第二台阶。先前的队员已经在这里贴着岩壁架起了梯子。不远处是一些插在岩隙里面的钢锥，上方是褪了色的红色尼龙绳。这些都是王富洲和他的队友在15年前留下来的。2点30分我们发觉自己来到了一块约12平方米独立的平台上面，这就是地球上的最高点！"虽然她自己轻描淡写，实际上在这期间，潘多遭遇了两次滑坠，随时都可能牺牲。

在峰顶，9名队员心情激动，热血沸腾，同时又有条不紊地完成了好几项任务。他们架起一个刻有"中华人民共和国登山队"字样的3米高的金属觇标，测出了珠峰的高度8 848.13米（2022年公布最新测量结果显示珠穆朗玛峰的高度是8 848.86米）。这个觇标是中国登山家登上地球最高点的证明，在那以后，又见证了各国登山运动员登顶珠峰的壮举。

潘多还有一项特殊的任务：在珠峰顶上完成一次心电图的测试，这要求她穿着特制的测试服躺在峰顶的冰雪之中，衣服内的电线一端接着身体的各个部位，另一端则插到报话机上。潘多回忆道，作心电图测试要求身体放松，但是处于寒冷和缺氧的状态，她抖个不停，只能坚持放松四五秒，等听到大本营一说数据采集完成，她又忍不住发起抖来。

潘乡和队友们在最高处停留了一个多小时后安全返回。她成了第二位攻克珠峰的女性。先于她登顶的是日本女子珠穆朗玛峰登山队的副队长田部井淳子，比潘多早了11天，于1975年5月16日从南坡抵达珠峰。尽管如此，潘多作为世界上第一个从北坡登上世界最高峰的女运动员，创下的多项纪录至今仍无人能打破。

1980年潘多夫妇从登山队退役，为了补偿之前与孩子的长期分离，他们两人回到了邓嘉善的家乡——无锡。在海拔300多米的太湖之滨，潘多不再登山。她在无锡市体委工作了18年，任副主任分管过群众体育活动、射击等竞技体育项目和外事工作。退休后，潘多受聘担任上海同州模范中学的名誉校长，继续用自己的攀登精神教育和感染下一代。2008年8月8日，潘多是北京奥运会开幕式的执旗手之一。2009年8月29日，她在众多杰出的候选人中脱颖而出，当选新中国60年体坛名将。

潘多（左侧第2列）在2008年8月8日北京奥运会开幕式任护旗手

2014 年 3 月 31 日，潘多在无锡逝世，留下了她为中国人、为妇女争气而愿牺牲一切的精神。苦字面前不摇头，难字面前不低头，死字面前不回头，潘多精神不仅是她一生攀登的写照，更激励了一代代有志青年继续奋勇前进。

（杨丹蓉）

▷　参考文献

[1]　李元：《潘多：用一生攀登高峰的女人》，《中国民族报》2005 年 11 月 15 日。

[2]　马联芳：《潘多传》，上海社会科学院出版社 2005 年版。

[3]　索南措姆、玛利亚·安东尼、多娜海德格特·丁白克、阿克布卡洛·米扎尔：《比肩神女峰——女子登山实录》，《中国西藏（中文版）》2008 年第 1 期。

[4]　廖心文、吴建宁：《共和国体育 110 位见证者访谈》，贵州人民出版社 2008 年版。

[5]　代刚：《潘多：代表 4 亿姐妹跨越世界之巅》，《中国妇女报》2009 年 9 月 10 日。

[6]　共青团中央青运史档案馆：《新中国 60 年杰出青年成长故事》，中国青年出版社 2009 年版。

吕玉兰：
保持劳动人民本色的好干部

吕玉兰……………

1940—1993

河北省临西人，中共党员。曾任临西县县委书记、中共河北省省委书记、河北省正定县委副书记、河北省农业厅副厅长等职。吕玉兰曾是新中国最年轻的农业合作社社长，多次被评为劳动模范，1959 年获全国"三八红旗手"称号，先后多次受到毛主席、周总理的接见，2019 年被授予"最美奋斗者"荣誉称号。

一、15 岁的小丫当社长

吕玉兰出生在河北省临西县东留善固村一个贫苦农民家庭。东留善固村是全县出名的穷沙窝，当地人都说："沙河地，不养家，不怕种，就怕刮，神仙不下界，累死也白搭"，祖祖辈辈过着饥寒交迫的生活。

1955 年 7 月，吕玉兰高小毕业。当时党号召知识青年"学习徐建春，做新中国第一代有文化的新式农民"。吕玉兰听到后倍感振奋，她在笔记本中写道："我要在阳光下晒黑我的脸，炼红我的心，誓为建设新农村，争做第二个徐建春。"抱着这样的远大理想，吕玉兰毅然放弃学业，回到家乡。

回到村中的吕玉兰，果真一直在"阳光下"，她没有像其他女孩子一样在家跟着大人纺棉、织布、做针线活，而是和父亲一起下地干活，积极参加集体劳动。吕玉兰还经常帮乡亲们做事，像读信、写信、算账等，慢慢获得了大家的信任。1955 年，全国兴起大办农业合作社，吕玉兰积极响应号召，组织周围的 24 户结成一个社。当时上级规定各个社一定要有一名女副社长，也叫妇女社长。15 岁的吕玉兰年龄还不够，大伙抱着试试看、甚至是顶名开会的想法推选了吕玉兰。吕玉兰倔强地想，叫我顶名开会可不行，既然要干，就要干好，她按照上级党组织布置的任务动起了脑筋。

那时，村里的妇女下田干活的很少，吕玉兰决定挨家挨户去动员。有家新媳妇家里坚决不同意下地，还插上了大门，吕玉兰灵机一动，拿上鞋底子，上她家跟她学做活儿。趁老人不在，吕玉兰给新媳妇讲道理，说"妇女只有参加田间劳动，才能彻底解放，男女真正平等"，还给她讲社会主义、共产主义的幸福前景，新媳妇心动了，后来这位新媳妇不但主动参加劳动，还慢慢地说服了家人。

村里干活积极性不高，吕玉兰又想到做块黑板，在黑板上表扬好人好事。在吕玉兰坚持不懈的努力下，大家的干劲慢慢被带动起来，妇女出勤率高，连六十多岁的老奶奶都下地干活，其他社的人都称赞吕玉兰社人多心齐，风吹不散，雨打不烂，团结得像铁球一样，吕玉兰干脆给自己社起名叫"铁球社"。

吕玉兰去参加县里举办的合作社社长培训班，和吕玉兰一起来开会的社长，不好好开会和学习，又犯了严重错误，被撤了职。县、区领导看到吕玉兰的工作热情，特别是在区小组上的发言，非常具体和实在，就推荐吕玉兰当社长。1955 年 10 月，15 岁的吕玉兰被正式任命为社长，成为新中国最年轻的农业合作社社长。

这位小小年纪的社长开始用自己的一生践行着自己的誓言，把建设祖国、奉献集体作为最执着的人生追求和奋斗目标。

二、 敢叫荒漠变绿洲

1956 年，吕玉兰成为高级农业生产合作社副社长，她立志要从根本上改变家乡贫困面貌，她主动找老党员、老贫农了解情况、商量对策，大家一致决定：治穷必须治沙，治沙就得造林。

可是在数千亩沙荒地上植树造林谈何容易？再说村里也没有树苗，更没有钱买树苗。一位有经验的老农提议说榆钱成熟后可以育苗，不用花钱。说干就干，吕玉兰不顾别人的冷嘲热讽，带领几名姐妹爬树采榆钱。对于育苗的苗地，吕玉兰多次请求，社里勉强给了一块，还附加两个条件：一是搞不好的话要如数赔产，二是不给记工分，吕玉兰咬牙答应了，她和姐妹们种了 4 亩榆树、2 亩杨树，天天到地里观察树苗情况，细心照顾。时间一长，一个后来加入植树造林队的姐妹家里人多，因社里不给记工分，有点顶不住了，想退出，吕玉兰知道后，决定把自己的工分分给她一部分，这位姐妹非常感动，决定跟着吕玉兰，坚决造好林。

1956 年，时任聊城专区妇联主任的闫双珍和临清市妇联主任的周维贞到村里调研，当场表态给以支持，并积极和村里协调。领导的肯定给了吕玉兰很大信心。秋后，这些小树苗终于都长起来了，社里看到了成绩，终于肯定了吕玉兰，同时也把工分补记了上去。

　　冬天到了，对于冬季造林，有人又开始泼冷水，觉得种不活。吕玉兰和有经验的老农商量，研究出方法，那就是"冬天栽树先长根，春天栽树先发芽，根长好了，树就好活"。这次队伍壮大了，有40多名妇女参加，吕玉兰决定成立"妇女造林队"，自己任队长，队里还有几名"男参谋"。这一来大家干劲更足了，吕玉兰和队员们天天背着树苗早出晚归，战天斗地，寒风、飞沙、饥饿、劳累，没人叫一声苦。有一天吕玉兰的母亲发现她不脱鞋子睡觉，正想责备她，却发现她的脚上被冻得生疮流脓，袜子和鞋都粘在一块，一动就钻心疼，根本脱不下来！母亲非常心疼，让她不要下地了，吕玉兰拒绝了。脚冻了，可以过段时间再治，地冻了，树就栽不活啦。面对队员的动摇，吕玉兰带领大家学习《愚公移山》的文章，为大家鼓气加油！

吕玉兰带领妇女造林队改造沙荒

1956 年到 1959 年间，吕玉兰带领的妇女造林队，在东留善固村的土地上栽树达 11 万棵。县政府在东留善固村召开林业观摩会，在全县推广妇女造林队植树造林经验，专区还让吕玉兰到外县介绍经验。由于出色的工作表现，1958 年，吕玉兰光荣地加入中国共产党。

三、"傻玉兰"的《十个为什么？》

在带领大家植树造林时，很多人背地里叫吕玉兰"傻玉兰"。可正是这份傻劲儿，感染了身边的干部群众，带出了清正廉洁的队伍，更干出全国闻名的事迹。

1961 年初春的一天，正在田地里干活的吕玉兰，突然听到有人大喊："卫西干渠决口了！"吕玉兰急忙赶过去，只见渠水带着薄冰，直往麦田里灌。吕玉兰顾不得脱衣解鞋，直接跳进齐腰深的冰水里，在场的 20 多名社员也纷纷跳入水中，大家筑起一道冲不垮的人墙，其他赶来的社员们急忙用麦秸、树枝和草袋全力封堵决口。天快黑时，卫西干渠的决口终于堵住了，而吕玉兰在冰水里足足泡了两个多小时，她一下子病倒了，躺了好几个月。

1963 年，河南爆发特大洪水，东留善固村岌岌可危。吕玉兰和干部群众分工合作，加高加固堤坝，保护全村人民的生命和财产安全，与洪水奋战六天六夜后，终于保住了村庄。但是在这场洪灾中，村里刚栽种没几年的九百亩树苗，被冲毁七百多亩，吕玉兰并没有气馁，向省、市林业部门请教，重新制定了洼地压条子、坡地种杨柳、坑地种芦苇、沙荒种果树的造林规划，很快又在村里种上了新树苗。

吕玉兰的"傻"还差点把家都卖光了。去县里开会，吕玉兰很少跟队里预支钱，都是自备路费，家里的鸡蛋、小猪、小羊、旧被套等都被吕玉

吕玉兰带领社员群众平整土地

兰动员父母去收购站换了钱，父母称她为"赔本干部"，吕玉兰却说："只要对革命有利，对集体有利，赔得合算，赔得值得。"正是吕玉兰带了好头，东留善固村的干部形成了一个好作风——无论到县上还是公社开会，干部们从来没下过馆子，都是自带干粮，向人家要碗水喝。

1966年，吕玉兰结合自己的合作社管理经验，介绍了自己学习毛主席著作心得和怎样对待人生的体会，以"为什么有人说我'傻'，怎么看待'精'和'傻'？""为什么我把革命当作终身大事？""为什么越斗我干得越欢？""为什么我当干部不觉得'赔本'？""为什么越怕出事越出事？""为什么我团结人不怕'吃碰'？""我为什么带头实干？""为什么我不讲'人情'？""为什么我一个心眼的突出政治？"等心得体会，由报社记者帮助整理成文章《十个为什么？》发表在《河北日报》上，文中说她决心做一个"傻于集体，傻于人民，傻于社会主义"的人，被新华社、《人民日报》等几十家海内外通讯社和报纸杂志广泛转载，轰动全国。

今天重读这篇文章，结合吕玉兰的言行，尽管有时代印记，但仍然可以看出吕玉兰对先进与落后、奉献与索取、大公无私与自私自利这些问题的看法，不仅对促进当时广大干部和群众的思想有很大的进步意义，就是对今天的年轻一代，也很有启发意义。

四、"农业要上去，干部要下去"响彻大地

1970 年初，吕玉兰担任中共临西县委第一书记。1972 年 11 月，周恩来总理接见吕玉兰时提出"争取临西县 3 年实现东留善固化"的发展要求，吕玉兰既激动又感到肩上沉沉的压力。回到临西县的当天，吕玉兰就召集领导干部们开会，原原本本地向大家传达了周总理的嘱托，具体研究如何贯彻落实。不久，临西县委就通过层层召开干部会、群众大会，利用广播、板报、文艺活动等形式，进行广泛宣传和发动，使"为三年实现东留善固化而奋斗"这一口号迅速传遍临西每个角落。

吕玉兰到山西昔阳县取经，发现当地各级干部必须带头参加集体生产劳动，不参加劳动的人不能当干部，劳动不好的不算好干部。这给吕玉兰很深的印象。回到临西，吕玉兰立即提出"农业要上去，干部要下去"的口号，要求县乡两级干部除留下必要的值班人员以外，全部下到生产第一线，与广大人民群众同吃同住同劳动。曾有人走进县委大院，办公室里冷冷清清，有的办公室甚至空无一人，一问，原来是大家都"下去了"。

干部们同各公社干部一起，分别蹲在 170 多个生产大队。吕玉兰自己带头作表帅，亲自到偏远的东贺大队蹲点，和社员们边干活边聊天，社员们感受到她的真诚，才敢于把真实想法告诉她。吕玉兰了解情况后，先组织干部和群众学习，提高政治觉悟，接着和大家制定改变生产面貌的规划。一年来，大家平整了全大队的"骆驼鞍"地，新打了四眼机井，开挖了一千八百多米的水渠，引来了卫河水，一部分旱地变成了水浇地。其他干部也先后蹲点落实，全县面貌发生了巨大变化。

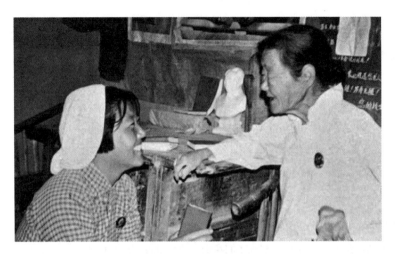

吕玉兰访问社员群众

　　作为 20 世纪 70 年代曾经传遍中华大地的口号，"农业要上去，干部要下去"对促进机关干部作风转变、推动农业发展仍有积极的现实意义。

五、 保持本色，始终与人民在一起

　　20 世纪 70 年代，吕玉兰先后担任县、省领导，但她依然习惯头扎白毛巾，艰苦朴素，积极参加劳动，被群众亲切地称为"头扎白毛巾的女省委书记"。

　　吕玉兰主动放弃省委分配她的高干楼，住到省政府的普通住宅楼里。当时，吕玉兰是挣工分加补贴的省委书记，除了生产队每天给她记一个工外，省委每月发放 40 元的生活补贴。因为工分要到年底才能结算，实际上每月就是靠 40 元支撑着生活。吕玉兰带领全家人在门口开了块菜地，种了各种蔬菜，有的人说这是吕玉兰的农民情结，但她的丈夫江山如实说："其实我们家小院里种菜的最原始动力，是补贴家用，自己吃，以减少菜金支出。"对于吕玉兰家的困难，有次省委主动提出年底一次性补助 200 元，吕玉兰坚决不要。有一年春节前，吕玉兰的秘书给她拿来 100 元，说是机关给她发的生活补贴，所有拿工分加补贴的工农领导干部都有，但吕玉兰还是坚决不要，硬是叫秘书给退回去了。

1981年9月，吕玉兰到正定县担任县委副书记，她坚持搞好工作，必须深入实际调查研究，她骑着自行车几乎跑遍了全县的所有乡镇及数十个村庄，每天都是早出晚归。其间，她提出"下去一把抓，回来再分家"的工作方法，意思是说领导干部不要只浮在上面，要深入基层，广泛接触群众和工作实际，不论哪方面的情况、哪方面的反映都要听、都要看，回来以后再分门别类加以分析研究，分头解决、落实。因此，面对群众的意见建议，她总是力所能及地帮助解决，在她看来，领导就是服务，就要联系群众，不能因为分工就绕着走，不去管。在调研过程中，她又提出"农民要想富，必须上工副"的口号，建议成立县多种经营办公室，把发展农业、工业和多种经营作为正定经济腾飞的突破口。她不顾身体抱恙，亲自带队到经济发展水平较高地区学习取经，先搞试点，再逐步推开，从而全面打开正定县多种经营、综合发展的局面。脚踏实地的务实作风，重视调查研究的科学态度，为吕玉兰赢得群众的广泛支持。

吕玉兰深入基层调研

在吕玉兰身上，爱党爱国不是一句空洞的口号，而是体现在她一生的践行中。在那个火红的年代，不管身居何位，吕玉兰都坚定不移、一以贯之地听党话，跟党走，时刻和群众在一起，艰苦奋斗、鞠躬尽瘁，这不仅是吕玉兰的个人品质，更是优秀共产党人的共同本色。

1993年，由于长期操劳成疾，吕玉兰因病在石家庄去世。在吕玉兰逝世一周年后，习近平同志曾亲笔撰写了一篇纪念吕玉兰的文章《高风昭日月　亮节启后人——深切怀念吕玉兰同志》。文章最后写道："'高风昭日月，亮节启后人；痛心伤永逝，挥泪忆深情。'玉兰同志虽然离开了我们，但她给我们留下了宝贵的精神财富，她的品德和风范将永远激励我们为党和人民的事业努力奋斗。"

（华　晨）

▷　**参考文献**

[1]　吕玉兰：《英勇坚持社会主义道路的吕玉兰》，中国青年出版社1966年版。

[2]　吕玉兰：《十个为什么？》，中国青年出版社1966年版。

[3]　江山：《吕玉兰》，花山文艺出版社1998年版。

[4]　于俊祥：《吕玉兰的品德和风范》，河北人民出版社2015年版。

[5]　王玉婧、于俊祥：《玉兰花开　吕玉兰》，河北美术出版社2018年版。

[6]　习近平：《高风昭日月　亮节启后人——深切怀念吕玉兰同志》，《共产党员》2014年10月（上）。

邢燕子：
社会主义建设中的最美奋斗者

邢燕子⋯⋯⋯⋯⋯⋯

1941—2022

曾用名邢秀英，天津宝坻人，中共党员。历任宝坻县委副书记、地委常委，天津市市委书记，天津市委六届市政协副主席，天津市北郊区永新知青综合场党支部副书记，天津北辰区人大常委会副主任等职务，两次当选全国人大代表，是党第九至十三大代表，第十至十二届中央委员。她是新中国知识青年建设社会主义新农村的典型，全国闻名的"知青楷模"，先后5次受到毛泽东主席接见、13次受到周恩来总理接见。2009年，入选"100位新中国成立以来感动中国人物"，2019年，荣获全国"最美奋斗者"光荣称号。

一、 红色家庭中成长

邢燕子出生在一个进步的革命家庭，父亲在她一岁时开始参加革命，是一名经历过血与火洗礼的共产党员。抗日战争后，父亲因为革命的需要，在村里参加了冀东地区的"二五减租"和土地革命，组织附近七个村庄的贫苦农民召开两千多人的清算斗争大会，领导宝芝麻窝等 14 个村的土改复查。

她印象最深刻的事情发生在 1947 年 1 月，国民党在宝坻执行"扫除共产党根据地"的恶毒计划，从东、南、北三路疯狂袭击，制造了骇人听闻的"火烧北大洼"惨案。敌人手持美式喷火器，用火开路，进村先抢后烧。一时间，北大洼黑烟滚滚，烈焰冲天，成为一片火海。当时邢燕子的家中藏有八路军的药箱，等敌人搜查到她家时，爷爷临危不乱，机智勇敢地安排全家人掩护，把药箱转移到安全的地方。

在火与血的革命斗争中，幼小的邢燕子接受洗礼，在稚嫩的心中埋下了对敌仇恨、对党热爱的革命种子。父亲和爷爷的言行深深地影响了邢燕子，她向往自由，愿意为独立的新生活而勇敢奋斗。

1949 年，新中国成立了！原本水深火热的司家庄和全国人民一样迎来了新的生活。邢燕子的父亲被任命为天津市铁路局印刷所副所长，把邢燕子接到天津生活。男女平等的新政策，给了邢燕子上学的机会。父亲投身于新中国的经济建设，工作非常忙碌，有时几日几夜都不会回家，这种拼搏的精神在她的心里留下了深刻的烙印。

邢燕子上中学时，所在的巴庄子中学响应党的号召更名为农业中学，担负起为农业培养技术人才的任务。根据学校安排，邢燕子和同学三天学习文化知识，三天当社员进行农业生产，把理论学习和实践结合起来。学校里随处可见这样的口号："立志做祖国第一代有文化的农民""到农村去安家立业""做社会主义事业接班人"。在这里，邢燕子经历了艰苦的农业生产磨炼，学习到相关的知识技能，更形成了正确的人生观、世界观，有了正确的政治方向。她觉得：没有什么比做有知识的青年农民更具吸引力，更能实现自己人生抱负的了。

1958 年 7 月，邢燕子中学毕业。她的前途非常光明，可以选择升学深造，也可以选择在天津和家人在一起，去做一名人人羡慕的工人。但是她不顾爷爷的反对，毅然坚定地选择回到老家司家庄，决心做新中国第一代有知识有文化的农民，来改变家乡经济文化落后的现状。

二、 回乡接受新挑战

邢燕子回到家乡，村里的人都不相信她会扎根农村，因为她父亲是市里一个工厂的副厂长，除了爷爷，她一家子都在城里，她怎么能吃得了农村的苦？村支书为了照顾她，给她安排的第一份工作是集体食堂的炊事员。刚开始工作时，让她烧大锅的稀饭，结果锅开了，眼看着稀饭要溢出来，她不知怎么办急得大叫："快来人！粥跑了！"旁边有个老大爷逗趣地说："你快跪下来给粥磕头，磕了就不跑了"，天真的邢燕子真的就跪了下去……闹出笑话的邢燕子没有气馁，而是认真学习，最后终于胜任了这份工作。

村支书分配给她的第二份工作是做幼儿园老师，从来没有带孩子经验的邢燕子打了退堂鼓，她完全不知道如何教孩子，她明确表示要去参加生产工作。村支书告诉她，因为"大跃进"，整个村只有 8 个男劳力，村里两千多亩地基本都要靠妇女们耕种，但是很多妇女为了照顾孩子不能出来工作。如果她能办起幼儿园就可以解放几十名农村妇女，让她们能参加农业生产。邢燕子明白了这份工作的重要意义，她当即表示，作为一名共青团员要听党的话，困难再大也要克服，一定做好这份工作。

但是，面对 30 多个孩子，邢燕子懵了。每个孩子都有自己的想法，东跑西窜，还要经常打架。邢燕子绞尽脑汁想着各种办法，和孩子们斗智斗勇。为了培养孩子们饭前洗手的习惯，她就编故事讲细菌的害处，让孩子们爱上洗手；为了更好地让孩子们接受知识，她自编歌谣教孩子们唱；为了形成孩子们比学赶超的风气，她在表现好的孩子名字后面插上小红旗，鼓励每个孩子都为得到小红旗而努力。有时候家长田里忙，没空接孩子，她就陪他们学习、做游戏，陪孩子睡觉。经过一段时间的努力，30 多个孩子大变样，一个个干净整洁，守纪律、懂礼貌、明事理。家长们都放心地把孩子交给邢燕子，安心地搞生产，建设社会主义。

三、 天灾中交出漂亮成绩单

1959 年夏天，邢燕子终于如愿以偿地争取到前往生产第一线工作的机会。司家庄有一条宽数丈，高一丈多的护河土堤用以防汛，以保护村里两千多亩的庄稼。为了能够及时对护河土堤进行修复，村里在堤上每间隔两三米就堆一个"土牛"，这是一种长两米、宽一米、高半米的土堆。"土牛"堆成后，远远望去就像长城城墙布满了垛口，威严壮观。堆"土牛"的土，要到堤内脚 30 米、堤外脚 20 米外的地方取土，实际走过去有百米远，所以这项工作是公认的重活儿。何况遇到连雨天，上游的水不断冲击堤坝，蓟运河河水暴涨到土堤的高

青年时代的邢燕子

度，整个北洼一片汪洋。邢燕子看在眼里急在心里，她找了十几个同为共青团员的姑娘，组成"生产突击队"（后改名"燕子突击队"），决定龙口夺食，完成这个艰巨的任务。

村支书看着这些姑娘稚嫩的脸庞，说什么也不同意。一方面下雨天土不好取，堆"土牛"难度增大；另一方面，这些姑娘都还是孩子，淋着雨干活身子受不了。但是邢燕子和姑娘们很坚决，一致表示再苦再累也要向老天要粮食。等村支书同意之后，她们两人为一组，喊着"一双手，一副锹，斗倒龙王战胜天"的口号，抬着一百多斤重的泥兜展开了竞赛。大家心里只有一个信念，就是争先进，插红旗，当穆桂英，完成堆"土牛"的任务。

虽然司家庄人民付出了非常艰辛的努力，但在汹涌的洪水面前，当年的庄稼还是没有收成，全村人民冬春的口粮没了着落，只能生产自救。邢燕子和姑娘们一起商量对策，最终商定两个方案：一是农业损失副业补，通过打苇帘、编草帽辫来增加收入，二是冰上治鱼。

冬天，司家庄周围就是一片冰原，无畏的邢燕子带着姑娘们开始冰上治鱼。冰上治鱼有四个步骤。一是凭水头判断下面是否有鱼；二是凿凌眼，冰足有三尺厚，几十斤重的冰戳凿起来难度可非常大。她们先是凿一个长方形与网同宽的冰洞，然后每隔出一两米远凿一个圆形冰洞，最后在通道尽头再凿一个长方形与网同宽的冰洞；三是撒网，先将渔网从第一个冰洞里慢慢地撒进去，再小心翼翼地用竹竿将渔网绳送入第二个冰洞、第三个冰洞……四是收网，大家站在最后一个长方形冰洞前把渔网拉出来。她们顶着凛冽的寒风，丝毫不管溅在身上的冰水转眼就变成了冰坨，勇敢地用手抓住出水就结冰的网绳，然后把冰绳扛在肩上，低着头向前拉，远看就像一队冰雪纤夫。她们的双手经常被冰粘掉一层皮，肩磨破了，露出嫩肉渗着血；身上出的汗湿透了衣服，转眼结成冰……但是这所有的痛苦在看到一条条欢蹦乱跳的鲜鱼时消失了，她们看到的不是鱼，而是老人的棉衣、孩子们的文具、牲口槽里的草料和地里的籽种。

邢燕子带领姑娘们白天冰上治鱼，晚上挑灯打苇帘、编草帽辫，每天只睡五六个小时。作为队长的邢燕子，更是恨不得把自己当两个人使，脏活、累活抢着干，不图名利，一心为生产队赚钱。付出就有收获，她们三个月辛苦的劳作赚了 3 600 多元钱，就是这笔不小的财富，让司家庄在全国农村普遍遭受严重自然灾害、粮食紧缺、生活十分困难的情况下，过了一个安稳的春节，支撑了第二年的生产和生活。

1960 年春节刚过，为了避免汛期带来的减产，司家庄决定抢种"六九"麦，就是在天还冷地还没化冻的时候种麦子。很多人都提出质疑，因为没化冻的盐碱地像石头一样硬，根本抢不起沟，种子没法着床。但是邢燕子站出来，她认为只要把地粉起来就可以克服这个困难。2 月 5 日是立春，寒气依然袭人，她就带着司家庄姑娘们下地了。没有牛，邢燕子把拾子往地上一戳，姑娘们把绳子扛在肩上拉着走。由于地还没开化，她们费尽九牛二虎之力也只能拾起浅浅的一道沟。见此情景，大家都有点泄气，坐在地头想"办法"。邢燕子没有放弃，她一边思考一边观察着土地，突然她发现耜过的土沟化冻了，只要再拾一次就可以达到种麦的深度了。就这样，邢燕子带领着队员把 430 多亩地都拾了两遍。之后完成顺沟施肥，覆土、碾压等流程，抢在"六九"结束时（2 月 13 日）将麦全部播种完毕。"六九麦"以提前 9 天的优势成熟了，夏至一过就开始收割，成功地避开汛期，司家庄获得粮食大丰收。

四、 知识青年好榜样

在我国经济最困难的年份，邢燕子作为一个有知识的青年，用积极乐观的态度，以坚韧不拔的意志和毅力，带领着"生产突击队"埋头苦干，经过艰苦的考验，取得了鲜亮的成绩。她用实际行动告诉人们——自然灾害并不可怕，只要在党的领导下，艰苦奋斗就能战胜无情的灾害！她的事迹迅速引起一些媒体的注意，《人民日报》《中国青年报》等一些媒体开始报道"劳动模范邢燕子"的先进事迹。

1960年9月12日，时任全国人大常委会副委员长郭沫若为邢燕子的事迹所感动，激情澎湃，创作了一首白话朗诵诗《邢燕子歌》发表在同日的《中国青年报》上，全面、深刻道出了邢燕子的事迹。全文如下：

> 邢燕子，好榜样。学习王国藩，学习铁姑娘。全家都在城，自己愿留乡。园中育幼幼成行，冰上治鱼鱼满网。天寒地冻，抢种开荒，要使石头长出粮。吃苦在前享乐在后，一切工作服从党。北大荒变成金银窝，燕子结成队，奋飞过黄河。

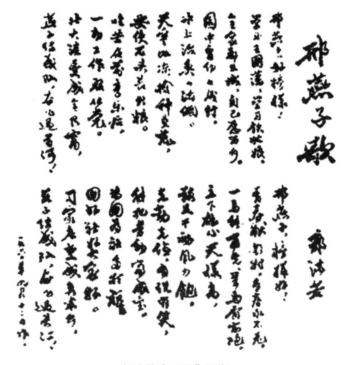

郭沫若诗《邢燕子歌》

299

邢燕子，榜样好。青春献农村，青春永不老。一马能当先，万马齐赛跑。立下雄心天样高，鼓足干劲风力饱。克勤克俭，有说有笑，能把劳动当成宝。为国为社多打粮，国好社好大家好。司家庄变成鱼米乡，燕子结成队，奋飞过长江。

不久后，著名曲作家刘炽为这首诗谱了曲，《邢燕子歌》开始在广大青年中广为传唱。邢燕子成了"发奋图强，扎根农村，大办农业"的青年典型，宣传的方式多样，有连环画书籍、话剧、事迹展览等。在强大的宣传攻势下，中华大地上掀起了学习邢燕子的热潮，成千上万的知识青年，唱着《邢燕子之歌》，背起背包，远离亲人，满怀豪情壮志，走向农村的广阔天地，走向边疆，走进兵团，"到祖国最需要的地方去""哪里需要到哪里去"，用知识去建设农村，发展农业，为社会主义建设贡献力量。

邢燕子出名后，一下子忙了起来，很多活动都需要她参加。1960年10月，她以农民和知青代表的双重身份随"英模"慰问团赴福建前线慰问"炮轰金门战斗"的广大官兵，后在全国各地不断为学生、农民、干部做报告，用她的事迹和精神鼓舞着全国人民。

邢燕子两次当选全国人大代表，五次当选全国党代会代表，三次当选中央委员。她先后5次受到毛泽东主席的接见，13次受到周恩来总理的接见。是毛泽东牵着手把她领上了第三届全国人民代表大会的主席台；在毛泽东不许子女参加的生日宴会上，她是被特别邀请坐在毛泽东身边的青年代表之一；在以廖承志为团长的访日代表团中，是周恩来提名她为团员；在为庆祝中国和罗马尼亚首航而组成的中国政府代表团里，她被周恩来亲自安排为团长……

面对如此高的荣誉，邢燕子没有沾沾自喜，更没有飘飘然，而是以更严格的标准要求自己，激励自己，参会回来就扛着锄头接着种田，积极从事农业生产。在任中共天津市委书记期间，她坚持不拿工资，靠村里记工分来养家。

时间如水，生命如歌。虽然邢燕子去世了，但在她当年奋战的司家庄，那条通向市区的马路，人们还叫它"燕子路"；横跨潮白河的石桥，人们也还叫它"燕子桥"。邢燕子用自己的热血和生命谱写建设社会主义新农村的新篇章，是影响了一代人的青年标兵。她积极进取的态度，无私无畏、艰苦奋斗的精神感召着一代又一代人，以她为榜样，努力成为时代的奋进者、开拓者和奉献者。

（闫　云）

▷　**参考文献**

[1]　《河北日报》记者、《唐山劳动日报》记者：《邢燕子发愤图强建设新农村》，《党史文汇》1997 年第 9 期。

[2]　100 位新中国成立以来感动中国人物书系编委会：《激情中国》，广东教育出版社 2009 年版。

[3]　孟红：《邢燕子是怎样成为全国劳模的》，《文史月刊》2010 年第 2 期。

[4]　郑雄：《他们影响中国》，上海辞书出版社 2010 年版。

[5]　赵文秀、李冰梅：《100 位新中国成立以来感动中国人物：邢燕子》，吉林文史出版社 2012 年版。

后　记

2021 年，我们组织编写了《巾帼传奇（1921—1949）》，该书出版后受到社会各界和读者好评，这激发了我们继续讲好巾帼故事的勇气和信心。2022 年，在上海市妇联的指导下，上海市妇女干部学校再出发，开始撰写《巾帼传奇（1949—1978）》一书，终于在今年得以面世。

由于篇幅所限，该书从"100 位新中国成立以来感动中国人物"和 1978 年前的全国劳动模范之中选取了 31 位杰出女性代表，按照出生年月进行排序。本着尊重历史事实的原则，编写组不仅收录那些耳熟能详的事迹，也尽力挖掘鲜为人知的史料，以期更全面、更立体、更真实地展现新中国建设时期的巾帼风采、巾帼精神。

在该书的撰写过程中，得到了各方的大力支持。市妇联党组书记、主席马列坚始终关心书籍的进展，及时给予指导。市妇联党组成员、二级巡视员刘武萍全程参与策划组织，就编写工作提出明确要求。市委党校常务副校长徐建刚、上海人民出版社党委副书记何元龙、市委党史研究室科研处处长年士萍、上海师范大学教授邵雍和裔昭印、复旦大学教授陈雁、上海大学教授谭旭东等都对书稿给予了专业指导。知名女书法家、市书法家协会女书法家联谊会副会长徐梅题写了书名，市政协书画院画师、市书法家协会会员、吴（昌硕）门第四代传人张国恩篆刻了印章。在此，我们一并致以诚挚的感谢！

特别要感谢上海师范大学副教授姚霏及其带领的研究生团队，她们的加入极大地增强了写作力量。妇干校编写组的同志们克服了百年不遇的新冠疫情带来的种种困难，居家避疫、担任社区抗疫志愿者的同时，笔耕不辍。她们边写作边汲取女英雄身上闪烁着的光芒与力量，最终完成了全书的编写。

因学识所限及出版时间较紧，书中难免有疏漏或不当之处，敬请广大读者批评指正。

本书编写组

2022 年 9 月

图书在版编目(CIP)数据

巾帼传奇.1949—1978/上海市妇女干部学校编著
.—上海：上海人民出版社，2023
ISBN 978 - 7 - 208 - 17976 - 9

Ⅰ.①巾…　Ⅱ.①上…　Ⅲ.①妇女-英雄模范事迹-
中国- 1949-1978　Ⅳ.①K828.5

中国版本图书馆 CIP 数据核字(2022)第 189576 号

封面题字	徐　梅
篆　刻	张国恩
责任编辑	陈佳妮
封面装帧	陈绿竞

巾帼传奇(1949—1978)

上海市妇女干部学校　编著

出　版	上海人民出版社
	(201101　上海市闵行区号景路 159 弄 C 座)
发　行	上海人民出版社发行中心
印　刷	上海商务联西印刷有限公司
开　本	720×1000　1/16
印　张	19.5
插　页	3
字　数	254,000
版　次	2023 年 6 月第 1 版
印　次	2023 年 6 月第 1 次印刷
	ISBN 978 - 7 - 208 - 17976 - 9/K · 3245
定　价	88.00 元